Schmitt/Jacobi

Der Garten im Jahreslauf

Elisabeth Schmitt/Karlheinz Jacobi

Der Garten im Jahreslauf

BLV

Die Deutsche Bibliothek – CIP-Einheitsaufnahme

Schmitt, Elisabeth:
Der Garten im Jahreslauf / Elisabeth Schmitt /
Karlheinz Jacobi. – 9., überarb. Aufl. –
München; Wien; Zürich: BLV, 1995
   ISBN 3-405-14626-7

NE: Jacobi, Karlheinz:

BLV Verlagsgesellschaft mbH
München Wien Zürich
80797 München

9., überarbeitete Auflage

Lektorat: Barbara Kiesewetter
Herstellung: Ernst Großkopf

Gesamtherstellung: Pustet, Regensburg

Gedruckt auf chlorfrei gebleichtem Papier

Printed in Germany · ISBN 3-405-14626-7

Bildnachweis

Apel: 6, 42, 43, 57, 76, 127, 131, 143 u, 155 l,
   188
CMA: 49, 72, 73, 75, 107, 147, 149
Compo: 95
Eisenreich: 89
Euflor: 31 l, 99, 125
fleuroselect: 21
florabild: 38, 118, 180, 184
Funke: 113, 150
Gärtner Pötschke: 58
Gardena: 13, 29, 98, 109, 130
Heissner: 81, 84
infobild: 33, 36, 91, 166
Bloembollencentrum: 34, 54, 63, 120, 139, 179
Jesse: 185 l
Krieger: 18
Nillerj: 67, 86, 87, 159, 171, 174, 185 r
Pauck: 121, 133
Reinhard: 9, 72
Sammer: 182
Seibold: 39, 155 r
SKW: 32
Sperling: 49, 65, 110, 129, 145, 158
Stangl: 2, 14, 15, 60, 69, 122, 126, 164, 172
Stehling: 31 r, 59, 62 o, 92, 102, 134, 138
Tetra: 80
ubbink: 82, 115
Wilhelm: 144
Wothe: 143 o, 173
Alle übrigen Fotos von Karlheinz Jacobi.

Umschlagfotos: Reinhard
Umschlaggestaltung: Studio Schübel, München
Grafiken: Hannes Limmer

Inhalt

Januar

Januar

Ziergarten

So mancher ist nicht mehr ganz glücklich mit seinem Garten, weil die Pflanzen im Lauf der Jahre zu groß geworden sind, weil sich manche allzu breit machen und die schwächeren, die oft die schöneren sind, verdrängen, ihnen keine Wachstums- und Blüten-Chance mehr lassen.

Gärten werden auch nicht jünger, sie zeigen Alterserscheinungen, die Pflanzen werden anfälliger gegen Krankheiten und Schädlinge. Oft fehlt die nötige Sonne, die allzu hohe Bäume und ein Sträucherdickicht fernhalten. Wachstumskraft und Blüheifer lassen deutlich nach. Grüne Langeweile kehrt in solche Gärten ein.

Die Garten-Renovierung

Manchmal wird es höchste Zeit für eine Garten-Renovierung. Man muß sich von blühfaulen Pflanzen trennen, von Gewächsen, die uns nur Arbeit und keine Freude machen. Eine solche Renovierung, die allen nützt, uns, den Pflanzen und den Tieren, die im Garten leben, muß keine Radikalkur sein. Einzelne Gartenecken werden mit anderen Pflanzen besetzt, die besser zu den im Laufe der Jahre veränderten Kleinklima- und Bodenverhältnissen passen. Gewächse, die uns nicht soviel Arbeit, die den Garten pflegeleichter machen.

So ist es zum Beispiel »dunkel« geworden unter hohen Bäumen, und so etwas wie ein Waldcharakter ist entstanden.

Bäume und hohe Sträucher bilden einen eigenen Lebensbereich mit Pflanzen, die Wurzeldruck und Trockenheit vertragen. Dies ist auch ganz natürlich, weil Bäume dem Boden viel Feuchtigkeit entziehen, und die Laubbäume eigentlich nur im Frühjahr und Herbst genügend Licht durchlassen. Schwieriger noch sind die Wachstumsbedingungen für Gewächse, die neben oder unter Nadelgehölzen, wie Schwarzkiefern, Blauzedern oder Serbischen Fichten, wachsen sollen.

Reizvolle Pflanzen unter Bäumen

Und doch gibt es unverwüstliche, bescheidene und trotzdem ansehnliche Gewächse, die unter diesen miserablen Bedingungen zur vollsten Zufriedenheit wachsen. Die Mahonie *(Mahonia aquifolium)* gehört dazu, ein immergrünes Gehölz mit lackgrünen, gezähnten Blättern, die sich im Winter bronzerot verfärben. Im April/Mai erscheint eine Vielzahl hübscher gelber Blüten, die im Herbst zu dekorativen blaubereiften Beeren werden.

Ein guter alter Bekannter aus der Familie der Wacholder, und zwar der wachstumsstarke Pfitzer-Wacholder *(Juniperus chinensis* 'Pfitzeriana')*, von dem es grün- wie gelbnadelige Formen gibt, wächst unter hohen Koniferen genauso gut wie Zwergmispeln *(Cotoneaster)*, die mit ihren oft meterlangen Trieben schnell den Boden unter den Nadelgehölz-Riesen zudecken. Unter diesen waldesähnlichen Bedingungen zeigen auch eine ganze Reihe Stauden wie Geißbart *(Aruncus)*, die schnell alles bedeckende Goldnessel *(Lamiastrum galeobdolon)*, Maiglöckchen *(Convallaria majalis* 'Grandiflora')*, Schaumblüte *(Tiarella cordifolia)*, Buschwindröschen *(Anemone nemorosa)* und das zierliche Leberblümchen *(Hepatica nobilis)*, was an Blütenschönheit und Wachstumskraft in ihnen steckt. So braucht kein Meter Boden blütenleer zu sein.

Blütenpflanzen am Gehölzrand

Neben großen Bäumen bestimmen nach einigen Jahren auch Ziersträucher und Hecken das Aussehen des Gartens. Das ergibt dann einen »Waldsaum«, dem einige bunte Farbtupfer gut zu Gesicht stehen würden. Diese Aufgabe übernehmen Blütenstauden, nicht nur bodenbedeckende, bescheidene Arten, die auch ihre Berechtigung haben, sondern prächtig blühende Gewächse, die das stille Immergrün der Koniferen und die Blattdickichte der Laubgehölze stimmungsvoll aufhellen und bereichern. Damit alles schön wächst und blüht, empfiehlt es sich, den Gehölzrand zu verbreitern und den Boden zu lockern, soweit es die Wurzeln zulassen.

Auch im Schatten kann es blühen

Die Prachtstauden, die hier wachsen sollen, brauchen etwas mehr Pflege und genügend Platz zur Entfaltung. Allzu dicht an die Sträucher gepflanzt, wird das Blütenergebnis mager sein. Werden jedoch die Pflanzenwünsche erfüllt, entwickelt sich vor den Gehölzen ein Staudenblühen, das nirgendwo schöner sein könnte. Und das sogar im Schatten, wo Spezialisten, wie farbenprächtige Prachtspieren *(Astilben)*, Akelei *(Aquilegia)* frühblühende Bergenien *(Bergenia)*, Ball- und Sommerprimeln *(Primula denticulata, P. florindae)* ihr Blütenfeuerwerk entfalten. Dazu gesellen sich Christrosen *(Helleborus)*, schönblättrige Funkien *(Hosta)*, stattliche Ligularien (*Ligularia* in Arten und Sorten) und hochwachsende weiße Silberkerzen (*Cimicifuga racemosa* var. *cordifolia, C. simplex*).

Schattenstauden sind genauso sehenswert, wie die Prachtstauden, die es gerne heller und sonniger hätten. Hier blühen die unverwüstlichen Margeriten, die hübschen Trollblumen (*Trollius europaeus, T.*-Hybriden), der dunkelblaue Eisenhut *(Aconitum napellus)* und das romantische Tränende Herz *(Dicentra spectabilis)*. Außerdem sorgen zierliche Purpurglöckchen (*Heuchera*-Hybriden in Sorten), der frühblühende Gemswurz *(Doronicum)*, Stauden-Geranien, blaublütige Knäuelglockenblumen *(Campanula glomerata)* und die reizvolle Rasenschmiele *(Deschampsia caespitosa)* ein hübsches Staudengras, dafür, daß der Platz vor den Gehölzen ein rechtes Schmuckstück wird.

Eigentlich erstaunlich, was diese an Gehölzrändern, unter Bäumen oder in vollem Schatten lebenden Pflanzen zu leisten imstande sind. Man sollte ihnen helfen und das abgefallene Laub liegenlassen, weil auf diese Weise der Boden nicht so schnell austrocknet und durch Verwelken der Blätter Humus entsteht, der dringend benötigt wird. Ohne diesen Humus wird der notwendige Mineraldünger erst aufgeschlossen und den Pflanzen zugeführt. Alle Gartenfreunde sollten wissen, daß eine ausreichende Ernährung und gelegentliche Wassergaben die Widerstandskraft der Pflanzen gegen Trockenheit und damit Wachstum und Blühen erheblich fördert.

Aussaat von Kaltkeimern

Es empfiehlt sich, jetzt schon Überlegungen über die Einplanung und Anzucht von Sommerblumen anzustellen, ebenso auch den Ersatz älterer Sorten von Stauden, Blütengehölzen, Koniferen und Rosen durch Neuheiten zu überdenken.

Die Anzucht neuer Blütenpflanzen kann schon beginnen. Denn in den kalten Januartagen, möglichst nicht später, in denen der Frost scheinbar alles pflanzliche Leben zum Stillstand bringt, können Blumen ausgesät werden. Folgende Pflanzen sind Kaltkeimer: das Tränende Herz *(Dicentra spectabilis)*, der Eisenhut *(Aconitum napellus)*, die Trollblume (*Trollius* in Arten und Sorten), das Hungerblümchen *(Draba aizoides)*, Christrosen *(Helleborus)*, die vielen hübschen Primel-, Sedum- und Steinbrecharten, die Enziane (*Gentiana* in

Blüht zuverlässig in Sonne und Schatten: das Tränende Herz *(Dicentra spectabilis)*.

Januar

Arten und Sorten), Schwertlilien (*Iris* in Arten und Sorten) *Phlox,* Fackellilie *(Kniphofia)* und Duftveilchen *(Viola odorata),* um nur die bekanntesten und schönsten Stauden zu nennen, die diese kalte, unwirtliche Kinderstube verlangen.

Wer Lust am Experimentieren hat, sät die Samen in kleine Schalen, die lediglich als Schutz vor dem Austrocknen mit einer etwa 3 cm hohen Schicht Aussaaterde bedeckt und im Freien aufgestellt werden. Dann gießen wir diese Aussaatgefäße, ohne mit Wasser zu sparen, versenken sie bis zum Rand in die Erde und überlassen sie völlig ihrem Schicksal. Im März/April werden die Saatgefäße halbwarm, das heißt bei 10–15 °C aufgestellt und zwar im Frühbeetkasten, Gewächshaus oder am Zimmerfenster und behandelt wie andere Aussaaten im Warmen. Nach der Keimung werden die Pflänzchen vereinzelt und erhalten dann wenig später als starke junge Pflanzen ihren Platz im Garten.

Frostschutz-Kontrolle

Wenn Fröste angekündigt werden, empfiehlt es sich, die Pflanzen-Wintermäntel aus Laub, Fichtenreisig oder ähnlichem draußen auf den Beeten zu kontrollieren und wieder in Ordnung zu bringen, falls Wind und Sturm die Schutzdecken weggeweht haben.

Sollte reichlich Schnee gefallen sein, so sind diese Kontrollgänge überflüssig, weil Schnee auf die natürlichste Weise den Frost abhält und außerdem die Erde mit Feuchtigkeit versorgt; dieses Schneewasser wird vor allem von den immergrünen Stauden und Gehölzen begrüßt, da sie auch im Winter über die Blattoberflächen Feuchtigkeit verbrauchen. Auch die Nadeln von Koniferen geben Wasser ab, das ersetzt werden muß.

Sehr starker Schneefall allerdings macht manchen Pflanzen zu schaffen: Liegt viel Schnee auf Fichten, Tannen, Wacholder, Eiben und anderen Nadelgehölzen, so können Zweige abbrechen. Deshalb nassen Schnee sofort abschütteln.

Ziergehölze schneiden

Fast alle Ziergehölze brauchen einen regelmäßigen Schnitt, damit sie in Form bleiben, nicht zu groß werden und die Pflanzennachbarn nicht bedrängen. Mit regelmäßigen und richtigen Scherenschnitten wird das Wohlbefinden der Gehölze gefördert, und es wird sogar Pflanzenkrankheiten und Schädlingsbefall vorgebeugt, denn in Büschen oder Bäumen mit lockeren, luftigen Kronen, wo Sonne, Luft und Licht stets Zutritt haben, besteht für Plagegeister keine Chance.

Natürlich entwickeln sich manche Ziergehölze auch ohne Schnitt zu großen, lebenskräftigen Pflanzen. Nur durch ein maßvolles Einkürzen der Zweige erreichen wir einen großen Blütenreichtum. Außerdem sterben die älteren Teile der Ziergehölze allmählich ab, während aus dem Wurzelstock neue Triebe gebildet werden. Grundsätzlich entferne man das trockene Holz und alle Zweige, die sich kreuzen und reiben.

Sträucher und Bäume sind Individualisten, und es wäre verkehrt, sie alle über einen Kamm scheren zu wollen. So richtet sich der Schnitt der Laubgehölze nach der Wachstumsform und nach der Blütezeit.

Ziergehölze, die im Frühjahr geschnitten werden

Alle sommerblühenden Gehölze vertragen einen kräftigen Schnitt in den Frühjahrsmonaten, am besten während der Saftruhe im Februar/Anfang März. Um kräftige Triebe zu erhalten, werden sie bis auf 10–30 cm eingekürzt, so daß nur wenige Augen stehenbleiben. Schwache Zweige sind ganz zu entfernen.

Auf diese Weise schneiden wir: Schmetterlingssträucher *(Buddleia),* die sommerblühenden Spiersträucher *(Spiraea albiflora* 'Anthony Waterer', *decumbens* 'Froebelii', 'Little Princess', *douglasii)* Säckelblumen *(Ceanothus),* Färberginster *(Genista tinctoria),* Buschklee *(Lespedeza),* den winterharten Hibiskus *(Hibiscus syriacus)* und die Rispenhortensie *(Hydrangea paniculata* 'Grandiflora').

Ziergehölze, die im Sommer geschnitten werden

Alle Ziergehölze, die mit bereits vorgebildeten Blüten ins Frühjahr gehen, werden erst nach der Blüte geschnitten; nur die alten Zweige und Äste sind zu entfernen. Wenn der Schnitt unterbleibt, können sich die jungen Triebe, an denen sich sofort wieder Knospen bilden, nicht richtig entwickeln.

Wenn Sträucher zu mächtig geworden sind und blühfaules Holz gebildet haben, wird das alte Holz, erkennbar an der dunkleren Rinde, radikal herausgeschnitten.

Folgende Gehölze werden sofort nach der Blüte geschnitten: Kornelkirsche *(Cornus mas)*, Forsythien, Mandelbäumchen *(Prunus triloba* und *tenella)*, Zierpflaumen *(Prunus* × *blireana, P. cerasifera* 'Nigra'), die frühjahrsblühenden Spiersträucher mit Ausnahme von *S.* × *arguta* und *S. thunbergii*, die sommergrünen Schneeballarten *(Viburnum fragrans, V. lantana, V. opulus* 'Roseum', *V. plicatum* 'Mariesii', *f. tomentosum)*, Besenginster *(C. scoparius* und *V. praecox,* alle Sorten), Blut-Johannisbeere *(Ribes sanguineum)*, Chinesische Goldrose *(Rosa hugonis)*, Zentifolie *(Rosa centifolia* und Sorten), einmalblühende Rankrosen, Deutzien, Weigelien und Flieder.

Zu groß und kahl gewordene Rhododendronbüsche vertragen (nach der Blüte) einen radikalen Rückschnitt bis ins alte Holz. Die schnelle Begrünung der dann etwas ärmlich wirkenden Sträucher kann durch Rhododendrondünger oder eine Horn-Knochenmehl-Mischung gefördert werden, was auch für unbehandelte Rhododendren gilt, die nach der Blüte neue Knospen entwickeln. Von allen Rhododendren und von Fliedersträuchern sollte man unbedingt die Fruchtstände vorsichtig mit der Hand ausbrechen. Die Fruchtstände schwächen die Pflanzen beträchtlich und schränken die Blütenbildung ein.

Ein prachtvoller Schmuck für das Haus ist die Glyzine *(Wisteria sinensis)*. Geschnitten wird im Vorfrühling nur die Spitze, die Seitentriebe bleiben verschont.

Januar

Schnitt der Klettergehölze

Rankende oder kletternde Ziergehölze bleiben zumeist von regelmäßigen oder gar radikalen Schnittmaßnahmen verschont. Die Schere tritt erst in Aktion, wenn ein undurchdringlicher Sträucherwirrwarr entstanden ist, wie das schon einmal bei Schlingknöterich *(Fallopia aubertii)* und den Geißblättern *(Lonicera)* der Fall ist.

Diese Lianen, die alle keinen Stamm bilden, können auch stark zurückgenommen werden, da sie sofort wieder meterlange Triebe bilden. Sogar ein Schnitt bis kurz über den Boden ist möglich, wenn die Pflanzen in ihren unteren Teilen kahl geworden sind.

Bei selbsthaftenden Klimmen wie Efeu und Wildem Wein genügt das Abschneiden der Spitzen- und Seitentriebe, damit das Wachstum nicht zu üppig wird. Aber auch ein stärkerer Rückschnitt ist möglich. Das ist vor allem bei Efeu nötig, dessen Ranken bereits nach einigen Jahren ein beträchtliches Gewicht aufweisen.

Von den Lianen, die erst am älteren Holz blühen, wie Glyzinien *(Wisteria sinensis)* und Baumwürger *(Celastrus)* wird einfach die Spitze abgeschnitten. Nichts zu suchen hat dagegen die Schere am Seitenholz der Glyzinien, weil sich dort die Blütenknospen bilden; erst nach der Blüte wird dieses Holz geschnitten. Alle Schnittmaßnahmen sollten erst nach dem Winter, am besten im Vorfühling, durchgeführt werden.

Beim Schnitt der *Clematis* ist zu beachten, daß die frühjahrsblühenden Sorten anders als die Sommerblüher zu behandeln sind. Die Frühjahrsblüher werden im Frühjahr nur ausgelichtet, wobei das ältere, kräftige Holz erhalten bleiben muß. Den Sommerblühern dagegen macht ein kräftiger Rückschnitt nichts aus, bei ihnen kann sogar einmal in das ältere Holz geschnitten werden. Zu dieser Gruppe gehören die meisten und schönsten *Clematis*-Sorten. Es wäre gut, ihre Namen zu kennen.

Schnitt der immergrünen Laubgehölze

Hier ist ein Rückschnitt eigentlich nur nach Frostschäden nötig. Schnittmaßnahmen werden von Stechpalmen und Lorbeerkirschen vertragen, aber auch von Mahonien, Felsenmispeln, Buchsbäumen, Berberitzen, Pfaffenhütchen, Efeu, wintergrünem Liguster, Heidekrautgewächsen und Schneeball.

Viele dieser Immergrünen verlieren im Frühjahr einen Teil der Blätter, was nicht bedeutet, daß die Pflanzen erfroren sind. Man sollte deshalb bis Juni warten, um zu sehen, was wirklich weggeschnitten werden muß.

Gehölze, die ungeschnitten bleiben sollten

Nichts zu suchen haben Schere und Säge bei einigen besonders schönen Blütengehölzen, aber auch bei Sträuchern, die durch ihr attraktives Blätterkleid auffallen. Hier haben regelmäßige Schnittmaßnahmen zu unterbleiben. Gelegentlich wird allerdings ein Verjüngungsschnitt notwendig sein. Den sollte man im Spätwinter vornehmen, weil man dann die Knospen erkennen und schonen kann.

Schnitt der Nadelgehölze

Nadelgehölze werden viel weniger geschnitten als laubabwerfende Gehölze, auch deshalb, weil viele von ihnen symmetrisch wachsen und jeder Eingriff störend wirkt. Das gilt besonders für Tannen und Fichten, für Hemlocktannen *(Tsuga canadensis)*, Zedern *(Cedrus)*, Scheinzypressen *(Chamaecyparis,* außer Hekken) und alle säulenförmig wachsenden Koniferen.

Problemlos schneiden lassen sich dagegen breitwachsende Wacholder-Arten und Eiben. Bei Krummholzkiefern kann man, ohne Wachstum und Aussehen zu beeinträchtigen, ganze Zweigpartien der letzten 2–3 Jahre herausschneiden. Bei den übrigen Kiefern sollte man lediglich die Jungtriebe zurückschneiden. Einfach ist das bei Zwergkiefern: Die Jungtriebe auf mehr als die Hälfte kürzen. Das kann durch Auskneifen geschehen. Die Pflanzen bleiben dann buschiger und länger klein, ohne Schaden zu nehmen.

Geschnitten werden natürlich in regelmäßiger Folge alle Nadelholzhecken und die sogenannten Kunstformen wie Kugeln, Pyramiden und Tiergestalten.

Gemüsegarten

Bodenvorbereitung

Boden ist nicht gleich Boden. Der eine ist schwer, der andere leicht. Die ganz schweren sind mühsam zu behandeln, bei den leichten ist das einfacher, nur läuft hier schnell das Wasser weg und mit ihm die Nährstoffe. Damit es nicht zu kompliziert wird: Alle Bodenarten mit viel Humusstoffen, vor allem mit viel Kompost verbessern, aber nicht eingraben, sondern mit einem Kultivator nur leicht einarbeiten – zentimeterweise. Dadurch werden schwere Böden locker und leichte, sandige halten das Wasser besser fest. Torf kommt nur im Notfall zum Einsatz: Wenn der Boden zuviel Kalk enthält. Pflanzen helfen mit: Porree, Sellerie und Buschbohnen zum Beispiel bilden viel Wurzeln und machen dadurch den Boden locker. Und dann: möglichst keinen Quadratmeter frei lassen, damit das Gemüse den Boden schattig halten kann. Das tut der Erde gut, vor allem, wenn die Sonne scheint.

Wo Sträucher oder Stauden standen, muß gegraben werden, dabei Wurzelunkräuter auflesen, dann Kompost auf der Fläche gleichmäßig verteilen.

Anbauplanung

Im Gemüsegarten herrscht noch völlige Winterruhe, so daß wir an diesen Gartenteil nur vom Schreibtisch aus denken müssen. Ein sorgfältig aufgestellter Anbauplan, der die richtige Aufteilung der Gemüsearten nach Fruchtfolge und Erntezeit enthält, hilft Zeit und Geld sparen.

Die Größe pro Familienmitglied

Man rechnet 25 m^2 pro Familienmitglied, 100 m^2 für eine 4köpfige Familie. Das ist die ideale Größe, weil damit die Familie das ganze Jahr mit Gemüse versorgt wird, und zwar direkt vom Beet. Die Fläche kann natürlich kleiner sein für Menschen, die zum Beispiel nur Kräuter und Tomaten mögen oder nur Bohnen und Möhren. Manche wollen überhaupt nur Kräuter und Zwiebeln. Dann rechnet man 5 oder 10 m^2 pro Gemüseesser, also jede Größe, die sich mit 5 multiplizieren oder teilen läßt. Nach oben, also zu noch größeren Flächen, sind natürlich keine Grenzen gesetzt.

Für alle gilt: Die Beete sollen nicht mehr als 2,30 m breit sein (bei beliebiger Länge), damit sie von beiden Seiten gut bearbeitet werden können. Von der Gesamtfläche sind die Wege abzuziehen, die zwischen den Beeten etwa 30 cm breit sein sollen. Nur der Hauptweg wird breiter angelegt, mindestens 50 cm = 1 Zementplattenbreite.

Wege müssen sein

Sie müssen sein, damit man trockenen Fußes ernten und Petersilie schneiden kann. Deshalb empfiehlt es sich, rund um das Beet und auf dem Hauptweg Platten zu legen. Das ist dann auch so etwas wie eine »Grenzbefestigung« zum anderen Gartenteil. Die Platten auf jeden Fall höher legen als Beetniveau. Sie geben nämlich nach, und man bekommt sie nicht mehr sauber. Am besten sind quadratische Platten in der Größe 50 × 50 cm.

Die Beete links und rechts vom Hauptweg sollten 3,75 m breit und in der Länge variabel angelegt werden. Hier wird man keine Platten verwenden, sondern sich nur auf einem Trampelpfad bewegen, der im Spätherbst dann um-

Der Sauzahn, auch Bio-Bodenlüfter genannt, sorgt für die naturgemäße Bodenlockerung, mit der Regenwürmer und Mikroorganismen ungestört bleiben.

Januar

gegraben wird. Bei einer Größenordnung von 3,75 m Breite und höchstens 3 m Länge sind die Beete von beiden Seiten gut zu bearbeiten.

Blumen im Gemüsegarten

Ein Gemüsegarten ist kein Exerzierplatz. Gewiß wachsen Möhren und Radieschen in Reih und Glied, damit man sie besser pflegen kann. Aber schon die Tomaten und Stangenbohnen, die an Stangen aus Holz oder Welldraht wachsen, fallen aus der Reihe: Die Stangen kann man wie bei einem Zelt anordnen. Gurken und Erbsen wachsen wunderbar an Rankgittern aus Draht, zwischen dessen Maschen dann lustig die Gürkchen und Erbsenhülsen herunterhängen.

Damit es nicht zu langweilig wird, pflanze man eine Reihe Ringelblumen, Einjahrsnelken, Astern oder Löwenmäulchen einfach zwischen die Beete; entweder von vornherein oder dorthin, wo gerade Platz geworden ist, nach den Radieschen oder der Kresse beispielsweise. Oder man setzt die einjährigen Sommerblumen zwischen solche Gemüsearten, die lange Zeit für ihre Entwicklung brauchen, wie Grün-, Rot-, Weiß- oder Wirsingkohl. Bis Sie den ganzen Platz brauchen, können die Sommerblumen herausgenommen werden. Ausgesät werden sie auf einem Saatbeet (unter Folie). Dann stehen immer Blütenpflanzen in Hülle und Fülle zur Verfügung. Mit diesen Sommerblumen lassen sich Gemüsebeete in einen Blumenrahmen setzen: einfach Blumen zu Zweierreihen entlang der Wege pflanzen. Das sieht sehr hübsch aus. Und auf einmal ist das alles ein Gemüse-Blumen-Garten, eine bunte Sondermischung, äußerlich vom »Restgarten« gar nicht mehr zu trennen.

Das in Mieten gelagerte Gemüse an einem frostfreien Tag kontrollieren.

Die letzten Gemüsebeete werden frei

In manchen Gärten geht der draußen gebliebene Vorrat an frosthartem Gemüse, wie Grün- und Rosenkohl und Porree, zu Ende. Dann werden auch die letzten Gemüsebeete frei. An einem milden Tag werden sie abgeräumt, wie schon die anderen im Herbst, und danach umgegraben. Das ist besser, als damit bis zum Frühjahr zu warten.

Gleich, ob jetzt oder im Herbst umgegraben wurde, der Boden ruht sich in diesen Wochen aus, erneuert sich, lüftet durch und speichert Feuchtigkeit.

Eingelagertes Gemüse kontrollieren

Etwa alle 2 Wochen sollte man das eingelagerte Wintergemüse kontrollieren:
- Faule Deckblätter an Kohlköpfen entfernen, nicht aber trockene Umblätter, weil sonst das darunter liegende Blatt vertrocknen würde.
- Faulstellen an Wurzelgemüsen beseitigen; solche Gemüse werden bevorzugt in die Küche gebracht und verwertet.
- Gegen Schrumpfungsverluste an Wurzelgemüsen den zu trockenen Einschlag einmal leicht überbrausen.
- Durch Lüften die Temperatur im Lagerraum nicht höher als 4° C steigen lassen, um dadurch auch zugleich die relative Luftfeuchte ausreichend hoch zu halten.

Kompost umsetzen

Jetzt kann man Ende des Monats den bereits im Dezember einmal umgearbeiteten Komposthaufen erneut umsetzen. Zwischen dem ersten und zweiten Mal sollten allerdings wenigstens 5–6 Wochen liegen. Das zweite Umsetzen hängt daher von diesem Zeitpunkt ab und kann auch erst im Februar wieder nötig sein.

Auslichten der Obstgehölze

Mit dem Auslichten der Obstgehölze kann jetzt begonnen werden. Vorher sollte man sich rasch noch einmal darüber klar werden, was dabei zu beachten ist:
- Nur Kernobst und Beerenobst während der Winterruhe auslichten, Steinobst kommt später an die Reihe.
- Auch bei jungen Kernobstbäumen jetzt noch keinen Kronenerziehungsschnitt durchführen.
- Nicht bei weniger als −5° C schneiden, weil dann das Holz zu brüchig ist und die Wunden schlecht verheilen.
- Lieber eine ganze Astpartie aus der Krone

Jetzt oder nach der Ernte ist Zeit für den Beerenobstschnitt.

herausnehmen, als 3–5 Zweige stutzen, weil dann weniger Schnittstellen oder Wunden entstehen.

- Bei Kernobst starke Äste etwas außerhalb der eigentlichen Schnittstelle zuerst von unten her einsägen, danach von oben absägen und zuletzt auf Astring nachsägen.
- Keine »Zweigstummel« oder Aststümpfe stehen lassen, also stets auf Astring schneiden.
- Jede Schnittstelle oder Wunde, die größer als ein 5-Mark-Stück ist, mit einem scharfen Messer glattschneiden und danach mit Baumwachs oder einem Wundverschlußmittel bestreichen.

Dieses winterliche Auslichten ist wichtig, auch im Hinblick auf den Pflanzenschutz. Lichte Kronen trocknen nämlich nach sommerlichen Regenfällen rasch ab, so daß sich die feuchtigkeitsliebenden Pilzkrankheiten, allen voran der Schorf, bei weitem nicht so stark entwickeln können wie in undurchdringlichen, schattigen Obstbäumen. Das Auslichten erspart uns also so manche Spritzung, und außerdem bekommen die Früchte eine schönere Farbe.

Ältere Obstbäume, die zwar reich tragen, deren Früchte aber zu klein bleiben, können jetzt verjüngt werden. Dazu wird nach einem gründlichen Auslichten die gesamte Krone um gut ein Drittel zurückgesetzt. In Verbindung mit einer Düngung kommt es im Frühjahr zu kräftigem Neutrieb und später zur Ausbildung wesentlich größerer Früchte.

Obstbäume

Sie werden nach der Ernte bis etwa Mitte April geschnitten. Dabei neugepflanzte Bäume zunächst nicht schneiden. Ab zweiten Standjahr sollen breitwachsende Zweige und Äste geschont werden, steiles Holz kann man schräg bis waagerecht binden oder, wenn kein Platz ist, wegschneiden. Senkrechte Wasserschosse im Kroneninneren lassen sich im Juli sehr gut durch Herausreißen oder Schneiden entfernen, sonst müssen sie beim Winterschnitt fallen.

Ob runde Kronen, Spaliere, Fächer oder andere Wuchsformen: Was nicht in die gewünschte Form paßt, wird entweder dorthin gebogen und vorsichtig festgebunden oder ganz herausgeschnitten.

Eine Baumkrone muß im oberen Teil kräftiger ausgelichtet werden als unten. Sonst wächst der Baum nach oben weg und vergreist darunter. Die Kronen dürfen in der Form einem Vogelnest ähnlich sein. Sägewunden sollten mit Baumwachs bestrichen werden.

So wird Beerenobst geschnitten

Der Schnitt von Beerenobst geht folgendermaßen vor sich:

- Alles, was auf der Erde liegt oder zur Erde hängt, wird entfernt.
- Im Inneren der Büsche werden die 2 bis 3 ältesten Äste am Erdboden ganz herausgeschnitten.
- Wenn viel Jungholz steht, werden zu schwache und schlecht hochkommende Triebe entfernt.
- Werden Sträucher zu hoch, schneidet man die zu hoch stehenden Triebe bis in eine untere Vergabelung zurück. Das wird wiederholt, bis die gewünschte Endhöhe erreicht ist.

Stämmchenformen werden im wesentlichen ähnlich behandelt. Die zu weit nach außen hängenden Zweige werden zurückgeholt bis an das senkrechte, kräftige Holz. Wildtriebe sollten entfernt und die Stämmchen an einen Pfahl gebunden werden.

Bei Himbeeren ist es nötig, nach der Ernte oder im Frühjahr abgetragene Ruten herauszuschneiden. Wo zu viel Jungzuwachs ist, das Schwache wegschneiden, das Kräftige schonen.

Für Brombeeren gilt, abgetragenes Seitenholz zurückschneiden, Langruten etwa auf die Hälfte zurücknehmen.

Bei all diesen Arbeiten lassen wir das abgeschnittene Holz bis zum Frühjahr unter den Bäumen liegen, wenigstens in Gärten, bei denen Gefahr von Hasenfraß besteht. Die Hasen verschonen dann meist die Baumstämme und tun sich an den abgeschnittenen Ästen gütlich. In diesem Zusammenhang noch ein anderer Tip: Bei hohem Schnee sollte man die Drahthosen an den Stämmen hochziehen, weil die Hasen sonst an den Stammteilen die Ringe abnagen, was vermieden werden sollte.

Geräte, Werkzeuge, Zubehör

Es gibt Gartenfreunde, die besitzen mehr Geräte als Bäume und Sträucher und sind darüber genauso stolz wie andere über ihre Rhododendren und Erdbeerbeete. Dafür kann man eigentlich Verständnis haben. Einmal, weil Gartengeräte nicht mehr so aussehen wie graue Mäuse, zum anderen, weil sich heutzutage damit einfacher und bequemer arbeiten läßt und schließlich, weil plötzlich neue, bisher noch unbekannte Geräte da sind, die das Leben im Garten noch lebenswerter machen.

Geräte zur Bodenbearbeitung

Bei allen Gartenüberlegungen spielt der Spaten die erste Rolle. Ein Spaten muß her, auch deshalb, weil man sich so schön zum Ausruhen auf ihn stützen kann. Die gleiche Bedeutung hat mittlerweile die Grabe- oder Spatengabel erlangt, die anstelle des Spatenblattes vier Zinken besitzt. Sie wird gern beim Umgraben eingesetzt und von solchen Gartenfreunden bevorzugt, die das Wenden der Erdschollen ablehnen.

Für viele Gartenfreunde unentbehrlich wurden die sogenannten Kultivatoren, die so aussehen wie handbetriebene Minipflüge, die die Aufgabe haben, den Boden feinkrümelig zu lockern, Geräte mit einem bis zu fünf Scharen, die sich noch dazu verstellen lassen.

Kein großer Unterschied besteht zwischen diesen großen Bodenzerwühlern und den Krümlern oder Grubbern, die vornehmlich für Lockerungen gebraucht werden. Sie haben ein wenig die Hacken verdrängt, die eigentlich nur noch dort in Aktion treten, wo viele Unkräuter auftauchen.

Wer es nicht nur beim Bodenlockern belassen will, der kann die Erde auch noch feinkrü-

meln, was sich vor allem beim Ausbringen feiner Saaten bezahlt macht, die ansonsten hinter rohen Klumpen ungekeimt dahindämmern. Für den Handbetrieb nehmen wir eine sogenannte Multifräse, die die Erde zerkleinert, Dünger, Torf und Samen unter die Erde bringt und auch noch jätet – alles in einem Arbeitsgang.

Balkon- und Kübelpflanzen

Vergessen wir nicht unsere überwinternden Kellerkinder, die Kübel- und Balkonpflanzen und die sorgsam im Torf verpackten Dahlien- und Gladiolenknollen. Dieses Torfbett sollte immer ein wenig angefeuchtet werden, damit die Knollen nicht zu sehr austrocknen. Und daß die Balkon- und Kübelpflanzen gelegentlich auch ein bißchen Wasser erhalten, versteht sich von selbst. In den Kellern ist die Luftfeuchtigkeit erfreulicherweise relativ hoch, so daß wir die Pflanzen nur selten anfeuchten (nie richtig gießen) müssen.

Von den Kübelpflanzen brauchen die Agaven, Schmucklilien und Feigenkakteen fast den ganzen Winter über kein Wasser. Pflanzen, die mit vielen Blättern überwintern, wie Oleander, Drazänen und Dattelpalmen wollen mehr gegossen werden als blattabwerfende Kübelpflanzen.

Die Pflanzen, vor allem die Geranien, sollen auch regelmäßig geputzt, das heißt, die welken Blätter entfernt werden. Auf diese Weise verhüten wir Fäulnis. Geranien wollen übrigens wesentlich trockener stehen als die holzbildenden Fuchsien und Lantanen. In Kellerräumen, die von Heizungsrohren durchzogen sind, sollte man alle 14 Tage den Fußboden mit Wasser begießen. Das erhöht die Luftfeuchtigkeit und das Wohlbefinden unserer Winterschläfer. Wer im Herbst versäumt hat, die Geranien und Fuchsien zurückzuschneiden, sollte das jetzt schleunigst nachholen, um gleichmäßig rund gewachsene Büsche und eine möglichst frühe Blüte zu erzielen.

Februar

Ziergarten 20

Gemüsegarten 26

Obstgarten 29

Geräte, Werkzeug, Zubehör 30

Februar

Ziergarten

Man kann jetzt schon Stauden für den Ziergarten pflanzen, zumindest dort, wo der Boden »offen«, das heißt, nicht gefroren ist. Das gilt auch für alle Ziersträucher, für Rosen und Nadelgehölze, weil die Winterfeuchte des Bodens ein mögliches Austrocknen der Wurzeln verhindert.

Geschnitten werden von den Blütengehölzen nur die Spätsommerblüher wie Sommerflieder *(Buddleja)*, die Bartblume *(Caryopteris)* und der Buschklee *(Lespedeza)*, die radikal, das heißt, dicht über dem Boden, zurückgeschnitten werden müssen (siehe Januar: Schnitt der Ziergehölze).

Winterschutz überprüfen

Der Winter bringt meist einen häufigen Wechsel von frostigem und mildem Wetter. Solche Schwankungen sind für empfindliche Zierpflanzen oft gefährlicher als eine lange Periode mit −6 bis −8° C Kälte. Es ist daher ratsam, den Winterschutz der Stauden und Kleingehölze zu überprüfen.

Es könnte sein, daß die Schutzdecke durch Wind gelockert oder verschoben wurde. Hinzu kommt noch an sonnigen Tagen die mittags schon recht große Sonneneinwirkung – besonders in der zweiten Hälfte des Monats. Wird das Wetter zeitweilig außergewöhnlich mild, kann es notwendig werden, die Reisigdecke etwas zu lockern und zu heben. Sie liegt dann luftiger über den Pflanzen, schützt und beschattet trotzdem noch genügend, ohne treibend zu wirken, wie dies sonst vielleicht bei einer anderen winterlichen Auflage, zum Beispiel aus Laub, der Fall ist.

Wenn bei Koniferen die Nadeln fallen

Dann ist Gefahr im Verzuge. Aber nicht immer sind der »saure Regen« oder andere Umweltverschmutzung schuld, sondern auch widrige Bodenverhältnisse und Mangelerscheinungen. So fehlt oft Magnesium, denn Pflanzen benötigen Magnesium zum Aufbau von Blattgrün. Fehlt dieser Nährstoff, kommt es zu Blatt- bzw. Nadelaufhellungen. Die Pflanzen-Lungen sind dann geschädigt und bringen nicht mehr ihre volle Leistung. Kümmerwuchs stellt sich ein. Bei starkem Magnesium-Mangel verlieren Laubgehölze ihre Blätter vorzeitig und Koniferen werfen Nadeln ab.

Bittersalz gegen Nadelfall

An Magnesium-Mangel sterben besonders häufig Fichten, Tannen und Kiefern. Da nasse Winter das verfügbare Magnesium im Boden erheblich verringern können, ist auch für das gerade begonnene Gartenjahr die Gefahr des Nadelholzsterbens nicht gering einzuschätzen. Relativ wenig Schnee und Frost, dafür bei offenem Boden aber um so mehr Regen zehren am Magnesium-Vorrat. Bittersalz sollte deshalb in keinem Düngerplan fehlen. Der Magnesium-Einzeldünger enthält fast 50% Magnesiumsulfat. Es ist besonders gut geeignet, um Magnesium-Mangel zu beheben.

Am wirkungsvollsten ist es, Bittersalz zu streuen, bevor an den Nadeln irgendeine Mangelerscheinung sichtbar wird. Dazu bringt man 50 g/m² im Wurzelbereich um die Koniferen herum aus, harkt die Düngergabe leicht unter und wässert gründlich nach. Es ist aber auch möglich, Bittersalz zuvor in Wasser zu lösen und den Magnesium-Stoß dann flüssig zu verabreichen. In akuten Fällen, wenn also schon bräunlich angekränkelte Nadeln rieseln, empfiehlt es sich, zusätzlich Bittersalz zu spritzen. Dazu werden 200 g in 10 l Wasser gelöst. Von Kopf bis Fuß sprüht man damit den Magnesium-Mangel-Patienten tropfnaß ein.

Bittersalz, das sollte man nicht vergessen, ist ein Einzeldünger für ganz speziellen, wenn auch verbreiteten Nährstoffmangel. Man wird deshalb langfristig nur den gewünschten Erfolg erzielen, wenn auch die anderen lebenswichtigen Nährstoffe in ausreichender Menge und in einem ausgewogenen Verhältnis zur Verfügung stehen. Übrigens ist Magnesium, das maßgeblich an der Bildung von Blattgrün beteiligt ist, auch in Algenkalk, Urgesteinsmehl und natürlich im Kalimagnesia enthalten.

Speziell für Nadelgehölze empfiehlt sich der organische Blattdünger 'Koniferen-Balsam', der die Gehölze kräftigt und nach Schäden durch Frost, Trockenheit und schlechte Standortbedingungen wiederbelebt.

Einjahrsblumen sind unentbehrlich

Es wird Zeit, sich um Einjahrsblumen zu kümmern, die gewünschten Samentüten zu kaufen und auch schon die ersten Aussaaten am Zimmerfenster oder im Kleingewächshaus durchzuführen. Man sollte nie auf sie verzichten, weil sie wertvolle Gartenblumen und unentbehrliche Bewohner von Rabatten und Blumenbeeten sind. Sie lösen die Blumenzwiebeln, die Krokusse, Hyazinthen, Tulpen und Narzissen ab und füllen im Sommer alle jene Lücken, die die Frühlingsblüher aus dem Reich der Blütenstauden auf den Beeten zurückgelassen haben.

Bei aller Blütenschönheit geben sich die Einjahrsblumen bescheiden, machen sich nicht ungebührlich breit, respektieren die anderen Gartenbewohner aus dem Pflanzenreich, stellen keine hohen Ansprüche an Boden und Lage und verschwinden am Ende des Jahres so unauffällig, wie sie gekommen sind. Einjahrsblumen lassen dem Gartenfreund jedes Jahr die Möglichkeit, mit Farben und Pflanzen zu experimentieren und den Garten alljährlich ganz neu zu gestalten.

Die meisten Sommerblumen blühen lange und in einer Farbenpracht, die uns immer Freude macht. Es sind aber die Blüten nicht allein, mit denen Einjahrsblumen aufzuwarten wissen. Manche krönen ihr blütenschönes Einjähriges noch mit bunten Blättern, mit hübsch anzusehenden Stengeln, ja sogar mit reizvollen Stacheln und Früchten. Dann gibt es »Romantiker«, Einjahrsblumen mit romantischen Namen wie »Gretel im Busch« *(Nigella damasce-*

Eisenkräuter (*Verbena*-Hybriden) müssen in warmen Räumen vorgezogen werden.

na) »Schnee auf dem Berge« *(Euphorbia marginata),* und Raritäten, die nur deshalb so selten sind, weil wenige Blumenfreunde sie kennen und weil sie als Jungpflanzen so gut wie gar nicht vom Gärtner angeboten werden. Wer zur Selbsthilfe greift, sich Samen in seinem Gartenfachgeschäft besorgt und aussät, braucht auf diese Außergewöhnlichen nicht zu verzichten; viele werden an Ort und Stelle ausgesät, und manche lassen sich am Zimmerfenster leicht heranziehen.

Überhaupt sollte man wissen, daß die einjährigen Sommerblumen in zwei, die Anzucht betreffenden Gruppen eingeteilt werden. Die einen nennen die Gärtner Einjahrsblumen mit Vorkultur; das sind alle jene Pflanzen, die man im Frühbeetkasten, Gewächshaus oder am Zimmerfenster heranziehen muß. Diese Spezialbehandlung brauchen zum Beispiel Astern, Löwenmäulchen, Zinnien, Goldlack, Levkojen und andere. Die anderen werden einfach an Ort und Stelle ausgesät.

Einjahrsblumen-Anzucht im Zimmer

Sommerblumen, wie zum Beispiel Glockenreben, Fleißige Lieschen und Männertreu wer-

Februar

den drinnen am Zimmerfenster oder im Klein-gewächshaus vorgezogen – was auch für Papri-ka- und Tomatenpflanzen gilt. Draußen im Freien ausgesät, würde es zu lange dauern, bis diese Pflanzen blühen oder Früchte tragen. Also warm muß es sein, damit die Samen keimen: Temperaturen um 22° C sind gut, 25° C sind besser. Das trifft auf 90% aller Fälle zu. Wohlgemerkt, diese Temperaturen gelten für Aussaaten im Zimmer.

Wichtig: Aussaatschalen nicht auf kalte Fen-sterbänke aus Stein stellen, genausowenig wie in die pralle Sonne. Beides kann zu Keimhem-mungen führen, ebenso wie eine schlechte Er-de. Kompost ist schön und gut, aber nur drau-ßen im Garten; im Zimmer entwickeln sich darin viele Pilze und Bakterien. Mit »norma-ler« Blumenerde hat man auch so seine Proble-me, weil sie oft zu stark gedüngt ist, was den Keimlingen ganz und gar nicht bekommt. Was tun? Spezielle Aussaaterde nehmen, die sich übrigens zum Vereinzeln und für Stecklinge genausogut eignet. Der Nährstoffgehalt dieser Erde wird auch von den Kleinsten der Kleinen gut vertragen.

Da kann eigentlich gar nichts mehr passieren, vor allem dann nicht, wenn man dafür sorgt, daß die Samen nicht austrocknen. Dabei hel-fen sogenannte Zimmergewächshäuser mit Abdeckfolie. Diese Treibhäuser gibt es in vie-len Größen und Ausführungen, gewisserma-ßen für jede Fensterbank.

Die Angehörigen der zweiten Gruppe sät man einfach dorthin, wohin man sie haben will. Es empfiehlt sich, diese raschwüchsigen Gesellen gleich mit Nahrung zu versorgen, damit sie recht schnell wachsen und blühen.

Denn alle Einjahrsblumen wachsen und blü-hen besonders gut, wenn sie am besten orga-nisch-mineralischen Dünger, und zwar vor der Aussaat und Pflanzung 30 g/m^2 und später im Juli/August dann noch einmal die gleiche Men-ge erhalten.

Gleich, zu welcher Kategorie die Einjährigen gehören, die man gern in seinem Garten (sie wachsen auch in Pflanzgefäßen prächtig her-an) haben möchte: Zu aller mit Sicherheit zu erwartenden Blütenfreude gesellt sich der gro-ße Spaß am Selbstheranziehen, an der Ver-mehrung der Blatt- und Blütenschönheiten. Für wenig Geld kann jeder bestimmen, ob er zehn, hundert oder tausend Astern blühen lassen will. Wenn man viel Platz hat, sind die tollsten Sachen möglich.

Canna »vortreiben«

In nicht zu kleinen Töpfen werden jetzt auch die *Canna* am Zimmerfenster oder im Kleinge-wächshaus vorgetrieben. *Canna,* auch Indi-sches Blumenrohr genannt, sind Mittelpunkt-pflanzen für Blumenbeete und Rabatten, aber genauso gut in großen Pflanzgefäßen zu ver-wenden. Sie werden ab Mai an einen sonnigen Platz gepflanzt und tüchtig gegossen.

Canna kann man einzeln oder in Gruppen zu dreien oder mehr zusammenpflanzen, am be-

Einjahrsblumen-Aussaat und Anzucht. Zuerst Topfscherben ins Anzuchtgefäß (1), Erde glattstreichen (2), nach dem Säen leicht andrücken (3), in kleine Töpfe vereinzeln (4)

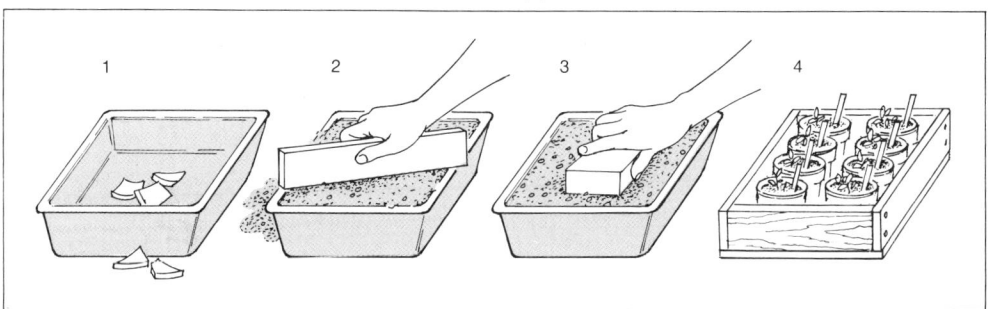

Üppig blühendes Sommerblumenbeet. ▶

Februar

Auswahl von Einjahrsblumen, die man am Zimmerfenster, im Frühbeet oder im Kleingewächshaus (in günstigen Lagen auch im Freien*) aussäen muß

Name	Blütenfarbe	Blütezeit	Bemerkenswertes
Bartfaden *Pentstemon*	bunt aus vielen Farben	Juli bis Oktober	für Beete und Gruppen, Schnittblume, Höhe: 30–40 cm
Brokatblume *Salpiglossis*	kunterbunt	Juni bis September	herrliche Schnittblume, für Beetränder, Höhe: 60–80 cm
Chineser-Nelke *Dianthus chinensis* in Sorten	viele Farben	August bis September	für Beete, Steingärten, Schnittblume, Höhe: 20–40 cm
Eisenkraut *Verbena*	viele Farben	Juni bis Oktober	für Beetränder, Balkonkästen, Höhe: 30–40 cm
Mittagsgold *Gazania*	viele Pastell-farben	Juli bis Oktober	für Einfassungen, Höhe: 10–30 cm
Gauklerblume *Mimulus*	gelb mit braunen und roten Flecken	Juni bis Oktober	für Beete, Höhe: 40–60 cm
Hahnenkamm *Celosia*	gelb, rot	Juli bis Oktober	für Beete, Wegeinfassungen, Höhe: 30–40 cm
Husarenknöpfchen *Sanvitalia*	goldgelb mit schwarzer Mitte	Juni bis Oktober	für Wegeinfassungen, Steingärten, Pflanzgefäße, Höhe: 10–15 cm
Leberbalsam *Ageratum*	blau	Juni bis September	für Beete und Wegeinfassungen, Höhe: 10–20 cm
Levkoje *Matthiola*	viele Farben	Juni bis August	für Beetränder, Schnittblume, Höhe: 20–60 cm
Löwenmaul* *Antirrhinum*	reiches Farbenspiel	Juni bis Oktober	für Beete, Schnittblume, Höhe je nach Sorte: 20–70 cm
Männertreu *Lobelia*	blau, weiß	Mai bis September	für Beetränder, Balkonkästen, Höhe: 10–25 cm
Einjahrs-Phlox* *Phlox drummondii*	viele Farben	Juni bis September	für Beete, Wegeinfassungen, Schnittblume, Höhe: 30–50 cm
Schmuckkörbchen *Cosmos*	weiß, rosa, rot, fliederfarben	Juni bis Oktober	für Beete, Schnittblume, Höhe: bis 130 cm
Silberblatt *Senecio bicolor*	unscheinbar	–	silbergraues Blätterkleid, für Beete, Wegeinfassungen, Höhe: 30–40 cm
Sommeraster* *Callistephus*	viele Farben	Juli bis Oktober	für Beete, Wegeinfassungen, Schnittblume, Höhe je nach Sorte: 20–90 cm
Sommerzypresse *Kochia*	unscheinbar, »Blattpflanze«	–	wunderschöne grüne, im Herbst sich rot verfärbende Büsche für Stauden- und Sommerblumenbeete, Höhe: 100 cm

Name	Blütenfarbe	Blütezeit	Bemerkenswertes
Sonnenhut *Rudbeckia hirta*	goldgelb bis gelb- braun und rotbraun	Juli bis Oktober	für Beete, Einfassungen, herrliche und haltbare Schnittblume, Höhe: 70–80 cm
Spinnenpflanze *Cleome*	rosa, weiß, fliederfarben	Juli bis Oktober	für Beete, Einzelstellung, Höhe: 120–150 cm
Studentenblume* *Tagetes*	hellgelb, orange, viele Gelbtöne	Juli bis Oktober	für Beete, Gruppen, Schnittblume, Pflanzgefäße
Wolfsmilch, bunte *Euphorbia marginata*	unscheinbar	Juli bis August	wunderhübsche, weißbunte Blätter, für Einfassungen, Höhe: 60–80 cm
Wunderbaum *Ricinus 'Carmencita'*	leuchtend rote Blütenknospen und Samenstände	August bis Oktober	einjähriger »Baum« für Einzelstellung, Höhe: 200 cm
Wunderblume *Mirabilis*	weiß, gelb, rot gestreift	Juli bis September	für Beete, Schnittblume, Höhe: 40–70 cm
Ziertabak *Nicotiana*	rot, weiß	Juni bis Oktober	für Beete, Höhe: 30–45 cm
Zinnie* *Zinnia*	viele Farben	Juli bis Oktober	für Beete, Gruppen, Schnittblume, Höhe: 80–100 cm

sten in Beete mit Frühlingsblühern (Blumenzwiebeln, Polsterstauden), deren Blütenfeuerwerk bereits erloschen ist, wenn die *Canna* ihre Blätter und Blüten entfalten.

Öl gegen Läuse

Erfahrene Gartenfreunde erinnern sich. Früher rückte man Anfang des Jahres den an Sträuchern und Bäumen überwinternden Schädlingen mit Elefantenöl zuleibe. Das Öl verteilte sich langsam und klebrig auf Stämmen, Zweigen und Ästen und hinderte die Schädlinge daran, sich zu entwickeln und die jungen Pflanzentriebe abzunagen. Erfreulicherweise gibt es diese weitgehend »ungiftigen« Mittel zum Beispiel unter der Bezeichnung 'Promonal', einem reinen Paraffin-Spritzmittel, wieder. Sie vor allem sollten im manchmal unausweichlichen Kampf gegen unerwünschte »Mitesser« eingesetzt werden. Paraffinöle sind Erdöl-Produkte und bestehen

Spinnenpflanzen *(Cleome)* werden bis 1,5 m hoch.

aus einer Mischung verschiedener Kohlenwasserstoffe. Solange diesen Ölen keine weiteren chemischen Wirkstoffe zugesetzt sind, sind sie für den Menschen nicht giftig. Es empfiehlt sich, die Äste und Stämme bis spätestens zum Mausohrstadium gründlich zu spritzen.

Die beste Anwendungszeit für Paraffinöle ist – zur Vorbeugung – der Winter und das Frühjahr, wenn die Knospen austreiben und beginnen, aufzubrechen. Das Öl legt sich als feiner Film über die Larven, Eier und auch erwachsenen Schädlinge. Allerdings werden auch Nützlinge getötet, deshalb sollte man diese Mittel wirklich nur im Notfall benutzen.

Gemüsegarten

Im Februar sollte man sich schon das Saatgut für alle Frühlingsaussaaten besorgen. Auf keinen Fall ausgerechnet am Saatgut sparen, denn in den Körnchen ist der Erfolg des kommenden Gartenjahres vorprogrammiert.

Fruchtfolge und Mischkulturen

Gemüse aus dem eigenen Garten ist nicht zu überbieten, was die Frische und die innere Qualität betrifft. Außerdem weiß man, was auf den Teller und in den Kochtopf kommt. Im selbstgeernteten Gemüse befinden sich so gut wie keine Schadstoffe gleich welcher Art, weil man Salat und Früchte kontrollieren kann. Was bedeutet, daß man mit Läusen oder anderen Tierchen machen darf, was man will: Leben und leben lassen, oder was unternehmen.

Fruchtfolge ist nötig

Viele Gartenfreunde stellen fest, daß Schädlinge und Krankheiten vor allem solches Gemüse befallen, das saft- und kraftlos heranwächst, weil es in ungepflegten, armen Böden gedeihen muß. Deshalb ist die fachgerechte Bodenvorbereitung wichtiges Gebot im Gemüsegarten. Natürlich spielt auch der Platz – Gemüsebeete sollten möglichst viel Sonne bekommen – und der Fruchtwechsel eine Rolle.

Fruchtwechsel, das ist ein Begriff aus der Landwirtschaft und bedeutet: Eine Gemüseart nie hintereinander auf dieselbe Stelle pflanzen, weil die Pflanzenwurzeln dem Boden die gleichen Nährstoffe entziehen und gleichzeitig giftige Stoffe absondern. Da wächst natürlich bald nichts mehr.

Mischkulturen

Fruchtfolge wird im Garten mit Mischkulturen durchgeführt. Die haben noch einen weiteren Vorteil: Mit Mischkulturen wird mehr vom Quadratmeter geerntet, die Pflanzen wachsen dichter zusammen, beschatten dadurch den Boden, was wiederum die Aktivität der so wichtigen Bodenorganismen fördert. Grundsätzliches gilt für Mischkulturen: Pflanzen Sie nie mehr als 4 bis 5 verschiedene Gemüsearten auf ein Beet. Am besten, Sie stellen sich einen Mischkultur-Plan zusammen. Vermeiden Sie dabei Kombinationen von Kohl mit Kartoffeln, Buschbohnen mit Erbsen, Porree mit Erbsen, Tomaten mit Kartoffeln, Bohnen mit Zwiebeln, Rote Rüben mit Kartoffeln, Petersilie mit Salat.

Gemüsepflanzen-Anzucht

Gemüsepflanzen selbst heranziehen, lohnt sich auf jeden Fall: Tomaten und Paprika am Zimmerfenster oder im Kleingewächshaus. Sellerie, Kohlrabi, Blumenkohl, Brokkoli im Frühbeet, um nur einige zu nennen. Wenn Aussaaten im Zimmer, Frühbeet oder Kleingewächshaus nicht gelingen, so liegt das weniger am Samen, sondern meist an der Erde, die Keimung und Wachstum der jungen, oft empfindlichen Pflanzen erheblich beeinflußt.

Die ideale Erde soll durchlässig, aber gleichzeitig wasserhaltend sein, keine Krankheiten enthalten, nur schwach gedüngt und nicht zu sauer sein. Komposterde ist für diesen Zweck völlig ungeeignet. Sie erfüllt andere Aufgaben im Garten. Besser ist abgepackte Aussaaterde, wie sie in Fachgeschäften unter dieser Bezeichnung erhältlich ist. In solche Aussaaterde können Sie nicht nur säen, sondern auch vereinzeln (pikieren) oder Ableger stecken.

Mit Aussaaten noch warten

Selbst in klimatisch begünstigten Gebieten wird man in diesem Monat noch nicht mit der Frühjahrsbestellung beginnen können. Sollte der Februar in seiner zweiten Hälfte ausgesprochen mild werden, braucht man sich dadurch nicht drängen zu lassen. Entscheidend für die ersten Aussaaten, auch für Gemüse mit langer Keimzeit, ist die Bodenwärme. Wenn auch einige dieser Gemüsesämereien schon bei $+2°$ C keimen, so kann man dennoch ruhig bis $+4°$ C Bodenwärme warten. Das hat den Vorteil, daß man gleich mehrere Aussaaten auf einmal machen kann, außerdem besteht dann kaum mehr Gefahr, daß bei Wetterrückschlägen, die immer noch möglich sind, durch die geringe Bodenwärme der Keimvorgang unterbrochen wird.

Im Gemüsegarten warten wir also mit den ersten Aussaaten bis zum März. Eine Ausnahme stellen die Dicken Bohnen oder Puffbohnen dar, deren Aussaat so früh wie möglich erfolgen sollte, damit sie nicht von der Schwarzen Bohnenlaus befallen werden.

Gepflanzt wird dann Anfang März, während Aussaaten von frühem Kopfsalat, Kohlrabi, Frühkohlarten am besten im letzten Februardrittel am Zimmerfenster vorgenommen und die kleinen Pflänzchen erst nach Ausbildung der zwei Keimblätter gegen Anfang März ins kalte Frühbeet pikiert, das heißt vereinzelt werden.

Kompost-Anlage ist unentbehrlich

Der Kompost ist weit mehr als nur die »Sparbüchse« des Gartenfreundes. Sachgerecht angelegt, braucht er nicht zu riechen oder häßlich auszusehen. Geld muß er auch nicht kosten – es sei denn, man wünscht sich eines der gutaussehenden, sauberen Kompostsilos aus Holz oder Drahtgeflecht.

Charme des Bauerngartens: Wenn Gemüse und Blumen so richtig durcheinanderwachsen.

Februar

Wichtig ist, daß der Kompostplatz ein bißchen im Schatten liegt. Eine Umrahmung mit Himbeeren (die schnell und stark wachsende Sorte 'Malling Promise' sei besonders empfohlen) leistet auf nützliche Weise schattenspendende Dienste. Auch unter einem Holunderstrauch oder einem breitkronigen Apfelbaum entwickeln sich die Abfälle zu humusreichem Kompost. Auf diesen Kompost kommt dann alles, was an organischen Stoffen in Garten und Küche anfällt, Laub, abgestorbene Pflanzenteile (nur keine samentragenden Unkräuter), abgemähte Rasengräser, Kartoffel- und Apfelsinenschalen, aber auch Kaffeesatz und Teebeutel.

In der Küche sollten deshalb auch immer zwei Abfalleimer zur Verfügung stehen, und zwar einer für den Komposthaufen und einer für die Mülltonne, dann läuft die Mülltonne nicht über, und der Komposthaufen wird immer größer und gehaltvoller.

Wir legen unseren Komposthaufen etwa 1 m hoch an. Damit alles schön und schnell verrottet, wird der Haufen schichtweise angelegt. Auf jede 20–30 cm hohe Schicht aus organischen Abfällen schütten wir normale Landerde, die gerade anfällt.

Wer sein Frühbeet mit Pferdemist packen kann oder ein Elektroheizkabel besitzt, wird gegen Ende des Monats den Kasten herrichten und mit Kopfsalat, Kohlrabi und Rettichen bepflanzen bzw. einen Teil der Fläche für die Jungpflanzenanzucht verwenden. Steht dagegen nur ein »kalter«, also ungeheizter, Kasten zur Verfügung, so legen wir ebenfalls bereits Mitte Februar die Fenster auf, damit der Boden auftauen und sich erwärmen kann.

Düngung

Auf das Gemüseland kommt nun die Grunddüngung des Jahres. Wichtig ist, für ausreichende Ergänzung des abgebauten Humus durch Kompost oder einen Humusdünger zu sorgen. Die noch nötigen Nährstoffe werden als Volldünger gegeben. Je 10 m^2 Gemüsefläche streut man nun wenigstens 400 g Volldünger breitwürfig aus. Die Zusatzdüngung für Gemüsegruppen mit höheren Nährstoffansprüchen wird erst beim Einteilen der Beete direkt auf diese Fläche gegeben.

Der Boden braucht Kalk

Viele unserer Böden sind »sauer« geworden, das heißt, viele schädliche Säuren machen den Pflanzen zu schaffen. Da empfiehlt es sich, mit Düngekalk die Bodenwelt wieder in Ordnung zu bringen. Denn Düngekalk bindet die Säuren und schließt Nährstoffe sowohl aus dem organischen als auch dem mineralischen Bereich auf. Verwendet werden sollte nicht irgendein Kalk, sondern kalkhaltige Dünger, wie zum Beispiel Thomasmehl, Urgesteinsmehl oder Düngekalk, und zwar nur dort, wo der Boden wirklich unter Kalkmangel leidet.

Eine Überkalkung kann gefährlich werden, weil sie nur schwer wieder rückgängig gemacht werden kann. In Gartenfachgeschäften gibt es einfache Kalktester ('Calcitest') zu kaufen, mit deren Hilfe festgestellt werden kann, ob die Gartenerde sauer, alkalisch oder ausgeglichen ist. Für die meisten Pflanzen ist eine leicht saure Bodenreaktion mit pH-Werten zwischen 6 und 7 am besten.

Kalkstickstoff düngt und hält Unkräuter fern

Für den Gemüsegarten zu empfehlen ist der Kalkstickstoff. Obwohl als ein besonders wertvoller Stickstoffdünger bekannt, wird er noch viel zu wenig eingesetzt. Zunächst sollte man wissen, daß der verwertbare Stickstoff (20%) in diesem Dünger für die Pflanze nicht sofort verfügbar ist. Erst mit Hilfe der Bodenfeuchtigkeit und Wärme erfolgt seine Umsetzung. Nach dem Streuen und Einarbeiten bildet sich zunächst Cyanamid, dann Harnstoff, Ammoniak und schließlich Salpeter. Der erste Abschnitt der Umsetzung, die sogenannte Cyanamidphase, hat eine besonders pflanzenhygienische Wirkung und richtet sich gegen Schädlinge und Krankheitserreger im Boden. Weiterhin bringt das Cyanamid junge aufgelaufene Unkrautsämlinge zum Absterben.

Deshalb kann Kalkstickstoff sowohl zur Unkrautbekämpfung als auch zur Düngung in einem Arbeitsgang im Gemüsegarten eingesetzt werden. Zusätzlich bindet der im Kalkstickstoff enthaltene Kalk (60%) infolge seiner feinen Verteilung im Boden schnell pflanzenschädliche Bodensäuren, was der Bodenfruchtbarkeit förderlich ist.

Zur Unkrautbekämpfung wird granulierter Kalkstickstoff am besten dann gestreut, wenn die Unkräuter auflaufen. Beim Ausbringen sollte der Boden etwas feucht, die Pflanzen jedoch trocken sein. Der Kalkstickstoff wird gleichmäßig zwischen die Reihen gestreut, ohne mit den Pflanzen in Berührung zu kommen. Gelangen dabei einige Körner auf die Pflanzen, entstehen keine ernstzunehmenden Schäden, wenn die Pflanzen trocken sind, die Körner rieseln ab.

Bei der Anwendung von granuliertem Kalkstickstoff zur Kopfdüngung sind mitunter nach einiger Zeit auf dem Beet noch Rückstände zu finden. Diese enthalten jedoch keinen Stickstoff mehr, da dieser Pflanzennährstoff durch die Bodenfeuchtigkeit rasch in die oberste Bodenschicht eindringt und von den Wurzeln aufgenommen wird. Vorsicht beim Ausbringen, da Vergiftung und Schädigung der Kleidung erfolgen kann. Am besten, man verwendet Spezial-Kalkstickstoff, der nicht stäubt.

Es hat sich auch herausgestellt, daß die Unkrautbekämpfung mit Kalkstickstoff keine Rückstands- bzw. Nachbauprobleme bringt.

Wichtige Regeln bei der Verwendung von Düngemitteln

- Nie mehr als die vorgeschriebene Menge ausbringen, ganz gleich, wie klein sie auch erscheinen mag.
- Dünger nicht auf Blätter oder Blüten streuen – Verbrennungsgefahr! Bei trockenem Wetter gründlich einwässern.
- Dünger nicht zu tief in den Boden einbringen. Langsam wirkende mit der Grabgabel flach einarbeiten, schnellwirkende in die Oberfläche einrechnen.
- Schnellwirkende Dünger nie bei der Pflanzung unter die Pflanzerde mischen.
- Flüssigdünger nie auf trockenem Boden ausbringen, sondern diesen vorher gründlich wässern

- Dünger nicht in einem feuchten Raum oder auf dem nackten Boden im Vorratskeller aufbewahren.

An milden Tagen kann die Gemüsemiete oder das Frühbeet geöffnet und eingelagertes Gemüse für die nächsten Wochen entnommen werden. Anschließend wird die Miete bis zum nächstenmal wieder geschlossen.

Obstgarten

Bis Ende dieses Monats muß im Obstgarten einiges getan werden, wenn man nicht mit der Arbeit in Verzug geraten will. So ist das Auslichten von Kernobst hochaktuell. Nicht jedoch bei Steinobst, das nicht nur anderen Schnittgesetzen unterliegt, sondern auch andere Schnittzeiten hat.

Gutes Werkzeug zum Schnitt

Voraussetzung für das Auslichten und ebenso für die späteren Schnittarbeiten an Kernobst und Steinobst ist das richtige Werkzeug. Mit einem Fuchsschwanz oder einer Stichsäge mit zu dickem Blatt sollte man nicht versuchen, Äste aus einer Obstbaumkrone herauszunehmen. Wir brauchen eine Baumsäge mit genügend hohem und ausladendem Bügel sowie mit drehbarem Blatt, sonst kommt man nicht in den Astwinkel hinein und kann nicht auf

Astscheren für den Schnitt dickerer Äste.

Februar

Astring schneiden. Abgesehen davon dürfte das dünne, breite Blatt eines Fuchsschwanzes klemmen.

Um sie zu glätten und dadurch eine bessere Wundpflege zu ermöglichen sowie dem Eindringen holzzerstörender Pilze vorzubeugen, muß jeder Sägeschnitt mit dem Messer nachgeschnitten werden. Dazu genügt aber kein Küchenmesser oder leichtes Taschenmesser – auch kein Gartenmesser; dazu braucht man eine Hippe mit sichelförmiger Klinge und einem starken, gerundeten Heft, das sicher in der Hand liegt.

Die Zweige werden mit der Schere herausgeschnitten. Aber – reicht die für den Schnitt vorhandene Schere dafür aus? Quetscht sie nicht vielleicht und schadet so mehr, als sie nutzt? Wem eine garantiert zweischneidige Obstbaumschere zu teuer ist, sollte es mit einer Schere versuchen, bei der die Schneide auf eine dazu waagrecht stehende Fläche auftrifft.

Über den Winterschnitt der Obstbäume und Beerensträucher siehe Januar-Obstgarten.

Die Baumrinde schützen

Wenn warme Mittagssonne und eisige Nachtfröste sich innerhalb weniger Stunden ablösen, besteht Gefahr für manche Obstbäume.

Der Saft in den Zellen dehnt sich zu rasch aus – die Rinde kann platzen. Um solche starken Temperaturunterschiede mit ihren Folgen zu vermeiden, empfiehlt es sich, die Baumstämme mit einer Kalkbrühe anzustreichen. Die helle Farbe reflektiert die Sonne und mildert dadurch die krassen Schwankungen zwischen Wärme und Kälte. Im Gartenfachgeschäft gibt es auch fertiggemischte Baumanstrich-Präparate. Sie enthalten außer Kalk auch pflegende Substanzen für die Rinde. 'Bio-Baumanstrich' enthält Spurenelemente wie Eisen und Magnesium und Tonminerale und Kräuterextrakte. Eine solche Mischung über die Beerensträucher gesprüht, schützt die dicken, schwellenden Knospen durch einen festen Überzug vor den Vögeln.

Zeit wird es für die sogenannte Austriebsspritzung mit 'Promonal-Weißöl', die wirkungsvoller ist als die Winterspritzung.

Geräte, Werkzeug, Zubehör

Die Folien

Mit Folien hat das Gartenjahr plötzlich 12 Monate, vor allem deshalb, weil es die wachsende Folie gibt. Eine Folie mit tausenden von kleinen Schlitzen, die man einfach über die Aussaaten oder Setzlinge legt und ringsherum an den Beeträndern befestigt. Die Folie kann sich dann bis zu 25% ihres Umfanges ausdehnen: Sie wächst eben mit. Der große Vorteil dieser Pflanzenbedeckung: Die Schlitze öffnen sich automatisch und ermöglichen das direkte Gießen von oben. Neben der wärmehaltenden Wirkung hält die Schlitzfolie Schädlinge fern und sorgt dafür, daß die Erde immer locker bleibt. Die Folie kommt im Frühjahr und im Herbst zum Einsatz, wenn es darum geht, das junge Gemüse oder Blumen vor Frost zu bewahren und die wärmende Kraft der Sonne zu multiplizieren.

Frühbeet aus Folien
Von vielen Sommerblumen und Gemüsen, wie Tomaten, Kohl, Kohlrabi, Paprika, Salat und Porree, müssen Jungpflanzen in einem Frühbeet herangezogen werden. Weil sie, hier ausgesät, schneller heranwachsen als auf den Wind und Wetter ausgesetzten Gartenbeeten. Das gilt vor allem für die Frühjahrsmonate, wo die Erde noch so kalt ist, daß sich kein Samenkorn zum Keimen entschließt. Eine solche lohnende Anzuchtstätte kann sich jeder schnell selbst aus einem vierkantigen Kasten aus Holz, bedeckt mit wachsender Folie und gefüllt mit abgepackter Blumenerde, zusammenzimmern. Da gedeiht dann alles wie beim Gärtner.

Folie sorgt für Bodenwärme
Zu empfehlen ist auch die schwarz eingefärbte Mulchfolie, die keinen Unkrautwuchs zuläßt,

Mitwachsende Folie über jungem Gemüse.

Ein Folientunnel schützt bis zur Ernte.

Temperaturschwankungen am Boden ausgleicht und für eine gute Bodengare sorgt. Erstklassig sind bei der Verwendung dieser Schwarzfolie die Ernten von Gurken, Melonen, Paprika und Auberginen. Ist ja auch kein Wunder, handelt es sich doch um Gewächse, die einen besonders warmen Boden lieben. Wobei noch hinzuzufügen wäre, daß diese mehrfach zu verwendende Folie auch bei anderen Gemüsearten zum Vorteil eingesetzt werden kann.

Folie für Spargel und Erdbeeren
Bei Spargel zum Beispiel übernimmt die lichtundurchlässige Folie die Rolle der breiten Dämme. Also, den Spargel einfach in Reihen wie Grünspargel pflanzen und einen Tunnel aus schwarzer Mulchfolie darüberstellen und schon gibt es statt grüne, weiße Spargelstangen.
Erdbeeren sollte man in diese Folie pflanzen, weil sie Unkräuter fern und den Boden feucht hält. Dadurch bleiben die Pflanzen kerngesund und bringen regelmäßig höhere Erträge. Bei Erdbeerpflanzen mit größeren Wurzelballen empfiehlt es sich, zum Einpflanzen jeweils einen Kreuzschlitz in die Folie zu schneiden.

Folienzelte und Folientunnel
Mit diesem Schlitz-, Schwarz- und Schutzfolien, die neben anderen zur Gattung der Flachfolien gehören, ist es noch lange nicht getan.

Denn auch die Folienzelte, Folienhauben verdienen Erwähnung, einfach konstruierte Modelle, die über Saaten und Setzlinge gestülpt, für Wärme sorgen.
Folientunnel gibt es in verschiedenen Breiten, Längen und Höhen. Besonders erwähnt sei ein sogenannter Kombi-Tunnel, dessen Folie jalousienartig bewegt werden kann. Wird die Folie nach Gebrauch entfernt, bleibt ein Nylonnetz übrig, was die Vögel zu lautem Schimpfen bewegt, weil wieder nichts war mit frischem Salat und leckeren Erdbeeren. Folientunnel mit Doppelbügeln aus Federstahl genügen auch höheren Ansprüchen, weil die Bedienung der darunter wachsenden Pflanzen möglich ist, ganz einfach durch Hochschieben des gesamten Tunnels.
Unter den Folienabdeckungen, gleich welcher Art, wachsen außer den bereits genannten Gemüsen, auch Rettich, Buschbohnen, frühe Möhren, Radies, Spinat, Endivien und Feldsalat, wobei der Experimentierlust keine Grenzen gesetzt sind.

Frühbeetkästen: Bauweisen und Nutzung

Manche Gartenfreunde sprechen noch von Mistbeetkästen, eine Bezeichnung, die längst überholt ist. Der Name entstand, weil das wärmende Packmaterial aus Pferdemist bestand. Dieser Mist wurde in den Kasten geschüttet und mit Erde bedeckt; der Mist sorgt dann dafür, daß die Pflanzen warme Füße bekamen und besonders schnell heranwuchsen.

Das Prinzip ist geblieben und wird noch praktiziert, wo es noch Pferdemist gibt. Andernfalls behilft man sich mit Stroh und Kalkstickstoff, Laub und einigen Spezialrezepten.

Fortschrittliche Gartenfreunde placken sich mit solchen Füllungen gar nicht erst ab, sondern geben der technischen Erwärmung den Vorzug, oder anders ausgedrückt, sie beheizen den Frühbeetkasten. Da bleibt die Temperatur konstant, wird automatisch reguliert, je nach dem, was für ein Wetter herrscht.

Kästen, elektrisch beheizt

Wo ein Frühbeet in der Nähe des Hauses steht, kann es an eine vorhandene Warmwasserheizung angeschlossen werden. Weniger umständlich und arbeitsaufwendig geht die Installation einer elektrischen Heizung vor sich. Sie ist schon deshalb zu empfehlen, weil leichtgebaute Frühbeete damit genauso beheizt werden können wie die Folientunnel und jene Gebilde aus Kunststoff, die den Pflanzen im Frühjahr Schutz vor Kälte und späten Frösten geben.

Fertig-Frühbeetkästen

Nun kann man einen Frühbeetkasten natürlich selber, ganz oder auch nur zum Teil, bauen. Mittlerweile wird eine ganze Anzahl Fertig-Frühbeetkästen aus unterschiedlichen Materialien angeboten. Sie haben den großen Vorteil, daß sie beweglicher sind als die selbstgebauten, die nun einmal jahrelang auf dem selben Fleck stehen müssen, damit sich überhaupt der Aufwand lohnt. Wenn man diese schmucken Gebilde näher betrachtet, kommt einem die alte Bezeichnung Mistbeetkasten wie eine Majestätsbeleidigung vor. Da gibt es Konstruktionen aus feuerverzinkten Stahlrahmen mit Faserzementplatten und Fensterrahmen aus schwedischer Fichte oder solche mit Seitenteilen aus PVC-Wellplatten und Plexiglasscheiben.

Mit Kalkstickstoff im Stroh wird das kalte Frühbeet zum warmen Mistbeet.

Sehr zu beachten ist ein Frühbeetfenster mit automatischem Fensteröffner, der durch die Sonnenenergie angetrieben, das Frühbeet selbständig lüftet.

Selbstlüftende Frühbeetfenster, die auf entsprechend große Kastenfundamente gesetzt werden können, erleichtern die wichtige Arbeit des Belüftens. Das ist vor allem dort von Bedeutung, wo sich der Kasten nicht in der Nähe des Hauses befindet; denn ein Frühbeetkasten muß ständig kontrolliert werden.

Glas oder Kunststoff?

Überhaupt sollten die Frühbeetfenster vor der Anlage kritisch unter die Lupe genommen werden. Sie entscheiden schließlich über das Keimen, Wachsen und Gedeihen. Wer Glas bevorzugt, muß wissen, daß es Normalfenster (100 cm breit und 150 cm lang) und Holländerfenster (80 cm breit und 150 cm lang) gibt. In jedes Fenster werden entsprechend große Scheiben eingeschoben.

Kenner ziehen Metallrahmen solchen aus Holz vor, weil diese länger leben und weniger Wartung brauchen. Bei manchen Fabrikaten wurde das Glas aus Plexiglasplatten oder durch PVC-Folie ersetzt. Hier geht dann nichts zu Bruch, und außerdem sind die Fenster leicht zu handhaben und zu temperieren.

Jungpflanzenanzucht im Frühbeet

Mit einem Frühbeet läßt sich eine ganze Menge anfangen. Erst einmal ist das Frühbeet eine prima Anzuchtstelle für Einjahrsblumen und Gemüsepflanzen, die hier, ausgesät, schneller heranwachsen als auf ungeschützten, Wind und Wetter ausgesetzten Gartenbeeten. Das gilt vor allem für die Frühjahrsmonate, wo die Erde noch so kalt ist, daß sich kein Samenkorn zum Keimen entschließt. Der Vorsprung im Frühbeet herangezogener Gemüsepflanzen kann beträchtlich sein. Vor allem kälteempfindliche Pflanzen aus dem sonnigen Süden, die immer beliebter werden, wie Zuckermelonen, Bleichsellerie, Artischocken und Auberginen, aber auch »gewöhnliche« Gemüsearten, wie Kopfsalat, Kohlrabi, alle Kohlarten und Porree, werden im Frühbeetkasten ausgesät, um später dann als kräftige Pflanzen das schützende Frühbeet zu verlassen.

Ernten im Frühbeet

Neben der Jungpflanzenanzucht wachsen im Frühbeetkasten eine Reihe von Gemüse von

Frühbeetfenster gibt es aus Glas (Bild) oder Kunststoff, mit Metall- oder Holzrahmen.

der Aussaat bzw. Pflanzung bis zur Ernte heran. Das beginnt mit Kopfsalat und Radieschen, mit Kresse und Kohlrabi, Möhren, Rettich, Schlangengurken, Melonen, Paprika, Buschbohnen, Buschtomaten bis hin zu Endivien, Winterspinat und Feldsalat, die das alte Gartenjahr beschließen und das neue beginnen. Verwendet man den Frühbeetkasten auch noch zur Gemüselagerung (Porree, Kopfkohl, Sellerie), als »Miete« sozusagen, so läßt er sich rund ums Jahr nutzen, ganz gleich, ob es sich um ein geheiztes oder ungeheiztes Frühbeet handelt.

Kein Quadratmeter Fläche wird im Garten so genutzt wie die in einem Frühbeetkasten. Und das nicht nur mit Gemüse, sondern auch mit der Anzucht vieler schöner Einjahrsblumen, von denen nur wenige als fertige Pflanzen, aber als Samen erhältlich sind.

März

Ziergarten 36

Der Rasen 49

Gemüsegarten 50

Obstgarten 51

Balkon- und Kübelpflanzen 53

März

Ziergarten

Zuerst heißt es, den Winterschutz von den Pflanzen zu entfernen. Aber nicht zu früh. Sonst könnten die Pflanzen bei einem immer möglichen Wetterrückschlag doch noch Schaden nehmen. Lieber wartet man daher eine Woche länger und lockert die für einen sonnenreichen Frühling manchmal zu dichte Reisigdecke. Sie soll ja die Pflanzen nicht verweichlichen, kein 'Treibhaus', sondern nur ein leichter Schutz vor kühlen Temperaturen und vor zu warmer Frühlingssonne sein. Gerade in diesen Wochen zwischen Winter und Frühling ist der Winterschutz nichts anderes als ein leichter Übergangsmantel. Selbst nach dem Entfernen der wärmeren Decke wird nicht alles Reisig gleich entfernt. Es ist ratsam, einen Teil noch in Griffnähe liegen zu lassen, um einige besonders empfindliche oder schon blühende Pflanzen bei Nachtfrostgefahr rasch bedecken zu können. Und was besonders wichtig ist: Hochgefrorene Stauden in die Erde drücken! Dieses Hochfrieren ist oft bei Polsterstauden festzustellen; ein paar kräftige Tritte genügen schon, daß die Wurzeln wieder Fuß fassen.

Rosen aus dem Winterschlaf holen

Jetzt heißt es, die Rosen aus ihrem Winterschlaf zu holen. Die Reisig- oder Mulchdecke verschwindet zuerst, dann folgen die Erd- oder Torfhaufen, die den Rosen Schutz vor Bodenfrösten gaben. Wer Hochstammrosen im Garten hat, entfernt die Erde oder die schützenden Zweige, von den niederliegenden oder aufgerichteten Kronen.
Eine Spezialbehandlung erhalten die Kletterrosen. Ihre Triebe werden gleichmäßig an den Spalieren verteilt und einzeln, je nach Länge ein- oder zweimal, aufgebunden. Das geschieht mit Weidenruten oder Bindfaden, jedoch niemals mit Draht. Beim Festbinden immer daran denken, daß die Zweige an Umfang zunehmen, deshalb lassen wir ihnen in der Schlinge etwas Luft.

Die Stämme von Edel-, Hochstamm- und Kletterrosen erhalten jetzt einen neuen Haltestab, der fest in die Erde getrieben wird. Dabei achten wir darauf, daß er etwa 30 cm in die Krone hineinragt.

Rosendüngung und Schnitt

Nach diesem Frühjahrputz und der so wichtigen Nährstoffversorgung, am besten mit Spezial-Rosendünger 40 bis 50 g je m^2, gönnen wir uns erst einmal eine 10- bis 14tägige Ruhepause. Solange nämlich soll man mit dem Schnitt warten. Denn erst nach dieser Frist läßt sich mit Sicherheit das gute, lebende Holz vom trockenen, frostgeschädigten unterscheiden. Jetzt werden auch die Rosen geschnitten. Dabei gilt grundsätzlich: Schwache Triebe tiefer zurückschneiden als starke. Nach dieser Regel empfiehlt sich bei allen schwachwachsenden Beet- und Edelrosen ein tiefer Schnitt auf etwa 3 bis 4 Augen (Blatt- oder Blütenknospen, an

Rosen werden jetzt auf ein Drittel ihrer Länge zurückgeschnitten.

36

der Verdickung am Stiel leicht zu erkennen) oder – anders ausgedrückt – auf 10–15 cm. Wer gern und viel Sträuße von seinen Edelrosen schneidet, sollte auch die starkwachsenden Sorten genauso tief zurücknehmen. Die Pflanzen werden dann größer und blühen reicher. An mittelstark wachsenden Buch- und Beetrosen bleiben sonst 6 bis 8 Augen stehen, bei starkwachsenden sogar noch ein paar mehr; das entspricht etwa einer Höhe von 15–25 cm.

Verjüngungsschnitt auch bei Rosen
Alle paar Jahre sollte ein Verjüngungsschnitt vorgenommen werden. Dabei wird die Schere ziemlich tief angesetzt, wobei es keine Rolle spielt, ob an diesem alten Holz noch ein »Auge« zu sehen ist. Neue Triebe kommen dann bald aus der Veredlungsstelle. Zierstrauchrosen und Parkrosen werden nur ausgelichtet, das heißt, von allzu dicht gewordenen Büschen schneide man die Triebe heraus, die älter als 3 oder 4 Jahre sind.

Rosen-Pflanzung

Wer im Frühjahr Rosen pflanzt, sollte sie mit den Wurzeln erst einmal 24 Stunden in einen Eimer Wasser stellen. Das gilt aber nur für Rosen mit »nackten« Wurzeln. Vorgepackte Rosen nach den Systemen »Gartenjuwel« oder »Plant-o-fix« brauchen diese feuchte Vorbehandlung nicht.
Nicht vergessen werden darf das Einkürzen der Wurzeln um etwa ein Drittel ihrer Länge; an den Schnittstellen bilden sich dann schneller die wachstumsfördernden neuen Saugwurzeln.
Eine gründliche Bodenvorbereitung entscheidet mit über Blüherfolg und Wachstumsfreude. Bei Rosen wird deshalb die Erde mindestens 30 cm tief gelockert und der Mutterboden mit grobbrockigem Kompost oder Rindenhumus gemischt. Es empfiehlt sich, den Durchmesser des Pflanzlochs so breit auszuheben, daß sich die Wurzeln am Boden gut verteilen können. Die deutlich sichtbare Veredlungsstelle am Wurzelhals muß etwa 2–3 cm

unter der Erdoberfläche liegen. Nach dem Einfüllen der Erde und dem Festdrücken sollte um die Pflanze herum eine flache Mulde für das Gießwasser entstehen.
Als Pflanzentfernung sind bei Busch- und Edelrosen 35–40 cm, bei Strauchrosen mindestens das Doppelte zu empfehlen. Kletterrosen brauchen einen Abstand von 150–200 cm.

Rosen werden in Gruppen eingeteilt
Rosen gehören in jeden Garten. Einmal der Blüten wegen, die monatelang den Garten mit Farbe und Duft beleben, und weil sich mit ihnen im Garten soviel anfangen läßt – mit Beetrosen zum Beispiel, die ganze Gartenpartien in ein Blütenmeer verwandeln können. Kletterrosen lassen Häuserwände und Pergolen blühen, während Wildrosen undurchdringliche Hecken bilden. Strauchrosen zählen, einzelstehend oder mit anderen Gehölzen zusammen, zu den schönsten Blütensträuchern des Gartens. Moosrosen und duftende Centifolien findet man in dieser Gruppe genauso wie Alte Rosen.
Topfrosen wachsen in Balkonkästen und Blumenschalen, während andere niedrigbleibende Arten auf Beeten und Böschungen bodenbedeckende Aufgaben erfüllen. Hoch in der Gunst der Blumen- und Gartenfreunde stehen die Edelrosen, von denen es auch folgerichtig die meisten Sorten gibt. Da jährlich neue Rosen hinzukommen, ist eine Klassifizierung angebracht, die Sie in den Katalogen der Rosenbaumschulen wiederfinden. Diese Gruppeneinteilung erfolgt nach Wuchsformen, also nach dem Verwendungszweck, und hilft dadurch, Wachstums-Probleme zu vermeiden.

Beetrosen Dazu gehören Polyantha- und Floribunda-Rosen, die sich von Edelrosen vor allem dadurch unterscheiden, daß sie dichte Blütenbüschel mit vielen Einzelblüten bilden. Die meisten lassen sich durch Scherenschnitte kurz, das heißt auf 40–100 cm Höhe halten. Die einfachen, halbgefüllten Blüten erscheinen den ganzen Sommer lang.

Edelrosen Sie heißen jetzt alle Edelrosen,

Zwergrosen, die meist nur 30 cm hoch werden, blühen den ganzen Sommer lang.

auch jene Sorten, die früher als Teehybriden und großblumige Floribunda-Rosen bezeichnet wurden. Sie erfreuen uns durch stark gefüllte, oft duftende, edelgeformte Blüten. Die Triebe sind weniger stark verzweigt. Meist sitzt nur eine Blüte am Ende eines Stieles.

Strauchrosen Strauchrosen passen besonders gut zu anderen Ziersträuchern, weil sie höher und breiter werden als Beet- oder Edelrosen. Manche erreichen einen Umfang von 3–4 m Höhe und Breite. Die Rosen-Experten unterscheiden öfterblühende Strauchrosen, die sich wegen des lang anhaltenden Flors besonderer Beliebtheit erfreuen, und einmalblühenden Strauchrosen, zu denen die sogenannten Park- und Moosrosen und die Wildrosen gerechnet werden. Sie alle zeichnen sich durch große Winterhärte aus, brauchen nicht regelmäßig geschnitten zu werden und schmücken sich im Herbst mit roten oder gelben Hagebutten.

Kletterrosen Sie bilden lange kletternde Ranken, die an Gerüsten wie Scherengitter, Pergola oder hohe Zäune festgebunden werden müssen. Besonders reizvoll wirken sie an Häuserwänden und Lauben. Es gibt Sorten mit 6 m langen Trieben, die jedes Jahr nur einmal blühen und andere neuere Kletterrosen, die nur 4 m hoch werden und jeden Sommer zweimal zur Blüte kommen.

Zwergrosen Meist nur 30 cm hoch, aber in vielen Sorten den Sommer über blühend, verdienen diese früher als Zwergbengalrosen bezeichneten Liliputaner mehr Beachtung. Mit ihren kleinen Blütchen und zierlichen Blättern passen sie auch in Balkonkästen und andere Pflanzgefäße.

Bodendeckende Rosen Das ist eine neue Gruppe niedrigwachsender Rosen, die, wie andere bodendeckende Pflanzen (Zwergmispeln, Teppichphlox), kleine und große Gartenbeete für lange Zeit zudecken. Sie sind je nach Sorte nur etwa 20, 40, 50 oder 80 cm hoch, kriechen flach am Boden, bilden kleine Büsche oder wachsen bogenartig heran.

Stammrosen Das sind auf 60 und 90 cm hohen Stämmen veredelte Edelrosen oder Beetrosen. 140 cm lang sind die Stämmchen der sogenannten Trauerrosen, von deren luftiger Höhe die blütenübersäten Triebe der aufveredelten Kletterrosen-Sorten herabhängen.
Weil sie also Sorten aus vielen Klassen vorweisen können, bilden sie keine eigene Gruppe.
Übrigens, Hochstämme gibt es nicht von allen Rosensorten, aber dennoch mehr als genug, um auch den verwöhntesten Geschmack zufriedenzustellen.

Gehölze pflanzen

Neben Rosen können alle anderen Gehölze gepflanzt werden. Dazu sollte man wissen, daß in vielen Gärten der Boden »dichtgemacht« hat. Vor allem in schwerer, toniger Erde oder auf Baustellen-Grundstücken kommen die Pflanzen nicht zurecht, weil die leidige Bodenverdichtung den Ausgleich des Wassers zwischen Bodenoberfläche und Grundwasser verhindert. Dann kommt es zu Wasserstaus, die bei Dauerregen die Wurzeln faulen und in Trockenheitsperioden das Wurzelwerk vertrocknen lassen. Das gilt für alle Gehölze, für Stauden und Rosen, für die jetzt wieder Pflanzzeit ist.

Deshalb sind Wachstumsstockungen und Blühfaulheit nur selten auf die Qualität der Gehölze, sondern zumeist auf mangelhafte Vorbereitung der Pflanzgrube zurückzuführen. So brauchen alle Sträucher und Bäume einen möglichst lockeren, weichen und humushaltigen Boden.

Humus läßt sich dem Boden zuführen. Er bildet sich aus organischen Materialien wie Laub, Rasenschnitt, Stallmist, Kompost, gehäckselten Zweigen und Rindenmulch. Alljährlich wird der Boden mit solchen Materialien abgedeckt, man sagt, der Boden wird gemulcht.

Ohne eine solche oberirdische Zufuhr von humusbildenden Stoffen lassen das Wachstum und die Blühlust deutlich nach. Vor dem Mulchen wird der Boden gelockert und organischer Dünger ausgebracht. Auf keinen Fall sollte man versuchen, den Boden mit hohen Düngegaben zu verbessern und die genannten humusbildenden Stoffe unterzugraben.

Auch ist davon abzuraten, Boden und Pflanzloch mit vorratsgedüngten Torfprodukten zu veredeln. Das bringt die Pflanzen zwar in der ersten Zeit ganz schön in Schwung, verwöhnt sie aber derart, daß sie später dann das harte, nährstofflose und humusarme Erdreich nicht mehr oder nur sehr schwer bewurzeln können. Das Schlappmachen der Zweige und Triebe ist die oft beobachtete Folge.

Zur pflanzenfreundlichen Verbesserung der Pflanzgrube eignet sich am besten krümeliger oder halbfertiger Kompost.

Tip: Die für das Pflanzloch ausgehobene Erde mit Kompost und ein paar Handvoll organischem Dünger wie Echter Guano, Hornspäne oder Knochenmehl vermischen. Rindenmulch

Eine Hochstammrose, hier die schöne, altbewährte Duftrose 'Sutters Gold'.

Die langen Blütentriebe der Kletterrosen brauchen unbedingt ein Gittergerüst.

März

nur im oberen Bodenbereich einarbeiten, nicht untergraben.

Die Tiefe des Pflanzlochs errechnet sich bei immergrünen Laub- und Nadelgehölzen aus der Höhe des Wurzelballens und bei blattabwerfenden Stäuchern und Bäumen aus dem Wurzelwerk plus 20 cm.

Als Breite errechnet man den doppelten Umfang der Wurzeln. Nicht vergessen, beim Einsetzen von umhüllten Erdballen das Ballentuch aufzuschneiden, aber nicht entfernen! Nur Töpfe und Folienbeutel kommen nicht mit in die Erde. Von den offenliegenden Wurzeln werden die abgeknickten und beschädigten abgeschnitten und allzu lange um die Hälfte ihrer Länge eingekürzt.

In das Pflanzloch setzen wir die Pflanzen so tief, wie sie vorher in der Baumschule gestanden haben. Nie – Ausnahmen wie Strauchpaeonien und Clematis bestätigen die Regel – darf ein Gehölz höher oder tiefer in die Erde. Vor allem bei Rhododendron wirkt sich das verhängnisvoll aus.

Kräftiges Schütteln sorgt für eine gute Verteilung der Erde rund um die Wurzeln und verhindert zu tiefes Einsetzen. Mit ein paar kräftigen Tritten wird die notwendige Standfestigkeit erreicht und eine Mulde für Gieß- oder Regenwasser gebildet. Bäume und hochwach-sende Sträucher bekommen fürs sichere Anwachsen einen Pfahl, sonst bringt sie der Wind zu Fall, was die Wurzelentwicklung beträchtlich erschwert. Es ist besser, erst den Pfahl in die Erde zu schlagen und dann das Gehölz darum herum zu pflanzen. Danach muß gegossen werden, vor allem in den ersten Wochen.

Keine Angst vor Frühjahrsfrösten

Frühjahrsfröste können den Gehölzen und Stauden ganz und gar nichts anhaben. Da braucht man nicht ängstlich zu sein, denn Gehölze sind keine Geranien oder Fuchsien, die erst nach den Eisheiligen auf die Beete dürfen. Das gilt für laubabwerfende Gehölze genauso wie für immergrüne, die, wenn jetzt keine Zeit ist, problemlos noch im Mai gepflanzt werden können, weil Koniferen, Rhododendren und andere immergrüne Sträucher wie Stechpalmen *(Ilex)*, Mahonien oder Kirschlorbeer *(Prunus laurocerasus)* entweder mit festverschnürtem Wurzelballen oder in Containern erhältlich sind. Bei der Pflanzung dieser Gehölze, die Container (= Kunststoff-Gefäß, in dem sich die Pflanze befindet) entfernen oder das Ballentuch an der Verknotung lösen. Anschließend tüchtig gießen, auch wenn es regnet oder man glaubt, der Boden sei bereits feucht genug.

Vor dem Pflanzen wird der Wurzelballen aufgeschnitten bzw. der Topf oder Folienbeutel ganz entfernt. Die Pflanzgrube soll für alle Gehölze geräumig sein. Den Rückschnitt der Wurzeln nicht vergessen!

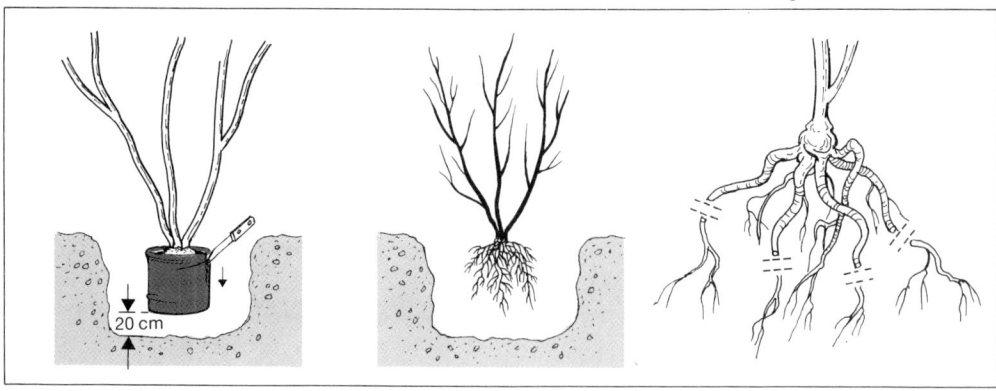

Stauden pflanzen

Ist die Erde warm genug, kann man Stauden pflanzen. Da heute fast alle Stauden in kleinen Töpfen (Containern) angeboten werden, kann von März bis August gepflanzt werden. In den Töpfchen haben sie bereits einen festen Wurzelballen gebildet, so daß sie, ausgetopft, sofort weiter wachsen.

Schwertlilien *(Iris germanica* var. *germanica)* wachsen am besten nach dem Abblühen im Juli an, Pfingstrosen *(Paeonia)* schätzen eine Pflanzung Ende August/Anfang September, und für das Tränende Herz *(Dicentra)* ist die Herbstpflanzung angebracht. Bei anderen wiederum ist eine Pflanzung im Frühjahr zu empfehlen, wie bei der Bergaster *(Aster amellus),* Herbstanemone *(Anemone japonica),* Winterastern (jetzt *Dendranthema-Grandiflorum*-Hybriden), Fackellilie *(Kniphofia),* Lupine, Skabiose und Königskerze *(Verbascum).* Selbst das robuste *Pyrethrum,* die bunte Sommermargerite *(Chrysanthemum coccineum,* jetzt *Tanacetum coccineum)* nimmt, obwohl sie einen starken Wurzelballen hat und deshalb fast das ganze Jahr verpflanzt werden kann, ausgerechnet ein Umsetzen im Herbst übel. Man sollte sich daran halten.

Auch Aubrietien, Phloxe beider Arten, also die hohen Sommerphloxe und die kriechenden Arten, lieben Herbstpflanzung nicht. Sogar Pflanzen mit Topfballen haben oft große Ausfälle. Auch die Gräser entwickeln sich von Anfang an besser, wenn sie im Frühling verpflanzt werden. Der Grund: Sie alle vertragen den Winter nicht, wenn sie nicht fest eingewurzelt sind.

Bodenvorbereitung vor dem Pflanzen

Noch vor dem Einkauf der Stauden sollte man die Bodenvorbereitung bedenken, denn sie trägt wesentlich zum Wohlbefinden und schnellen Anwachsen der Pflanzen bei. Stauden schätzen humusreiche Erde, in der die meist flach im Boden verlaufenden Wurzeln gut gedeihen.

Zuerst jedoch werden die Pflanzstellen spatenstichtief gelockert und dabei gleich sämtliche Wurzelunkräuter entfernt, die einem sonst später in ausgewachsenen Büschen schwer zu schaffen machen. Dabei darf man nicht vergessen, daß jedes, auch das kleinste Wurzelstück dieser lästigen Unkräuter in Kürze große Pflanzen bildet; ein bißchen Sorgfalt bei dieser Arbeit erspart also später viel Ärger.

Wer ganze Staudenbeete anlegen will und dessen Boden schwer oder zu leicht ist, der streue auf 10 m² , je nach Bodenverhältnissen (leichte mehr, schwere weniger), etwa 1 bis 2 Ballen Humus-Volldünger (z. B. Humobil) aus. Dieser echte Bodenverbesserer besteht aus kompostierter organischer Masse, angereichert mit Hauptnährstoffen und Spurenelemente. Mit solchen auf Torfbasis hergestellten Humusdüngern kann man nichts verkehrt machen.

Auf kleineren Pflanzflächen wird der Boden rund um die Pflanzlöcher mit einer etwa 10 cm hohen Humusdüngerschicht umgeben, die leicht in die Erde eingehackt wird.

Sehr wichtig ist, daß die Standortwünsche unserer Stauden beachtet werden, daß also keine sonnenliebenden Gewächse in den Schatten und keine Schattenstauden an Sonnenplätze kommen.

Stauden müssen zusammenpassen

Außerdem muß man aufpassen, daß keine niedrigen oder zwergig wachsenden Stauden hinter hochwachsende geraten. Um solche Fehler zu vermeiden, lege man alle Pflanzen nach den genannten Gesichtspunkten geordnet auf die Beete. Ganz allgemein gilt, daß hohe Stauden im Sommer und Herbst und die niedrigen und halbhohen Gattungen, Arten und Sorten meist im Frühjahr das Fest ihrer Blüten feiern.

Man sollte auch daran denken, daß für die Blütenwirkung der Stauden nicht nur die Einteilung nach Standorten und Höhen ausschlaggebend ist, sondern auch, daß die Farben gut zusammenpassen. Voraussetzung dafür ist auch, daß man nicht von jeder Sorte oder Art eine einzelne Pflanze setzt, sondern größere Gruppen zusammenpflanzt.

Aber auch hier gibt es Ausnahmen durch breit- und hochwachsende Stauden, wie Pfingstrosen

Zu den schönsten Stauden gehören die duftenden Pfingstrosen *(Paeonia lactiflora)*.

(Paeonia), Herkuleskraut *(Heracleum),* und einigen Ziergräsern, wie Pampasgras *(Cortaderia selloana).* Sie sind sich in ihrer Größe und Schönheit selbst genug.

Wie weit man auseinander pflanzen soll, ergibt sich aus dem Höhen- und Breitenwachstum der einzelnen Arten und Sorten. Es gibt hier eine Faustregel: Der allseitige Pflanzenabstand betrage bei hohen Stauden etwa 80 cm, bei halbhohen 40 cm, bei niedrigen 20 cm. Einige besonders Raschwüchsige kann man immer noch nach ein paar Jahren teilen oder durch Abstechen in ihre Schranken verweisen. Grundsätzlich aber gilt: Nicht zu eng pflanzen – den Stauden und dem Gelbbeutel zuliebe.

Bevor mit der eigentlichen Pflanzung begonnen wird, empfiehlt es sich, die Wurzeln mit einem scharfen Messer um ein Drittel ihrer Länge einzukürzen, damit sie senkrecht in die Erde kommen, was das Anwachsen beträchtlich fördert. Das unterbleibt jedoch bei Stauden mit dickfleischigen Wurzeln, wie Tränendes Herz *(Dicentra),* Schleierkraut *(Gypsophila),* Türkenmohn *(Papaver orientale),* Pfingstrosen *(Paeonia)* und Lupinen *(Lupinus);* man entferne nur faulende Blätter und beschädigte Teile.

Fast alle Stauden werden heute in kleinen Plastiktöpfen (Containern) geliefert, was sehr zu begrüßen ist, weil damit ein fast sicheres Anwachsen garantiert wird. Aber aufgepaßt! Die festen, dichten, nur aus Wurzeln bestehenden Ballen sind, wenn sie trocken bei uns ankommen, unbedingt ein paar Stunden in einen Wassereimer zu stellen, damit sie sich tüchtig vollsaugen, sonst besteht Gefahr, daß sie in der Erde vertrocknen. Erfahrungsgemäß ist es auch besser, den festen Wurzelfilz etwas aufzulockern, damit die Wurzeln gleich Anschluß in der Erde finden.

Bitte darauf achten, daß das Pflanzloch groß genug ist und daß die Stauden nicht zu tief oder zu flach in die Erde kommen. Auch hier gibt es eine Regel: Die Stauden so tief pflanzen, wie sie in der Gärtnerei beziehungsweise im Topf gestanden haben, was an den Erdresten, die sich meist noch an den Wurzeln befinden, leicht zu erkennen ist. Sind die Pflanzen an ihrem Platz, darf man nicht zimperlich sein, sondern drücke die Pflanzstelle fest mit der Hand oder mit dem Fuß an. Wichtig ist ferner ein reichliches Angießen, selbst bei Regenwetter. Bewährt hat sich eine Bodendecke aus feuchtem Kompost oder nassem Rindenmulch, die vor Trockenheit und Unkrautwuchs schützt.

Einjahrsblumen-Aussaat an Ort und Stelle

Um das Monatsende kann man auch an die ersten Aussaaten im Freiland denken; ausgesät werden unempfindliche Einjahrsblumen, die keine Anzucht am Zimmerfenster oder im Kleingewächshaus erfordern. Allerdings sollte man sich dazu vorher schon die Mühe machen und die Bodenwärme mit einem, in Fachgeschäften erhältlichen Bodenthermometer messen. Bei weniger als 5° C hat eine Aussaat kaum Sinn, denn die Samen liegen im Boden, ohne zu keimen.

Unter Einjahrsblumen versteht man die Zierpflanzen, die bei Frühjahrsaussaat schon nach wenigen Monaten zur Blüte kommen und unsere Gärten mit der Farbenpracht ihrer meist tropischen oder subtropischen Heimat erfüllen. Der Gartenfreund zieht viele dieser Einjahrsblumen natürlich selbst heran. Auch weil es eine Menge Arten gibt, die nicht als Pflanzen erhältlich sind. (Siehe Februar-Ziergarten). Andere kommen ohne Vorkultur aus und werden direkt ins Freiland gesät. Bei der Freilandaussaat ist die sorgfältige Vorbereitung des Saatbeetes wichtig. Je lockerer und luftiger, um so rascher erwärmt es sich unter der Frühlingssonne und um so eher keimen die Samen. Dann säen, wenn der Boden feucht, die Oberfläche aber ziemlich trocken ist. Saatbeet mit Grubber, dann mit Rechen durcharbeiten, bis die Erde feinkrümelig ist.

Die Aussaat erfolgt in Reihen von 15–20 cm Abstand. Saatrillen mit einer schmalen Hacke ziehen oder mit einem flachliegenden Gerätestiel in den Boden drücken. Je feiner der Samen, um so flacher säen. Dann den Samen mit einer feinen Erdschicht bedecken und leicht andrücken. Die Deckschicht soll etwa zweimal so dick wie der Samendurchmesser sein. Sobald die aufgegangenen Sämlinge das Keimblattstadium erreicht haben, Pflänzchen auf einen Abstand von 4–5 cm vereinzeln. Ein Lineal ist dazu natürlich nicht nötig. Ein gutes Augenmaß genügt.

Mit fortschreitender Entwicklung weiter vereinzeln, bis die Pflanzen einen Abstand von je nach Größe 15–30 cm, bei Sonnenblumen (Helianthus) bis zu 100 cm haben. Ist ja klar, denn Sonnenblumen werden nicht selten 180–250 cm hoch und gehen auch ganz schön in die Breite. Und doch sollte man auf Sonnenblumen nicht verzichten, weil sie als »Futterquelle« für unsere Vögel dienen.

Der Stengellose Enzian (Gentiana acaulis).

März

Auswahl von Einjahrsblumen für eine Direktsaat an Ort und Stelle

Name	Blütenfarbe	Blütezeit	Bemerkenswertes
Atlasblume *Godetia*, in mehreren Sorten	meist zweifarbig z. B. rosa auf karmin, orangefarben	Juli bis September	je nach Sorte 35–60 cm hoch, Aussaat: ab März
Bechermalve *Lavatera trimestris*	rosa, weiß	Juli bis Oktober	bis 120 cm hoch, nicht an feuchten Plätzen säen, haltbare Schnittblume, Aussaat: April
Einjahrs-Rittersporn *Delphinium consolida*	blau, versch. Rot-töne, rosa, weiß, Mischung zu empfehlen	Juli bis Oktober	je nach Art und Sorte 50 cm oder 120 cm hoch, Aussaat März
Goldmohn *Eschscholzia*	hellgelb bis orangerot	Mai bis Oktober	für Wegeinfassungen, Schnittblume, blühen nur bei Sonne, Aussaat: März/April, Höhe: 40–60 cm
Jungfer im Grünen *Nigella*	blau, weiß	Juni bis September	Schnittblume, Samenstände als »Trockenblumen« stehenlassen, Aussaat: März/April, auf 20 cm ver-einzeln, Höhe: 35–40 cm
Kapringelblume *Dimorphotheca*	orangegelb	Mai bis September	für Wegeinfassungen, Schnittblume, Aussaat: März, wünschen Sonne, auf 15 cm vereinzeln, Höhe: 15–30 cm
Kornblume *Centaurea*	je nach Sorte blau, weiß, gelb, rosa, rot	Juli bis September	Schnittblume, Aussaat: März/April, auf 15 cm vereinzeln, Höhe: 50–60 cm
Mandelröschen *Clarkia*	weiß, rosa, rot	Juli bis September	für Rabatten, Schnittblume, schon junge Pflanzen an Stäbe binden, Aussaat: März/April, auf 20 cm vereinzeln, Höhe: 40–60 cm
Margerite *Chrysanthemum carinatum*	verschiedene Farben, Mitte dunkel. Blüten-blätter weiß oder gelb	Juli bis Oktober	für Beete, Schnittblume, Aussaat: April/Mai, auf 30 cm vereinzeln, Höhe: 50–60 cm
Reseda	rot, weiß, gelb	Juni bis September	Blüten duften wunderbar, Schnittblume, Aussaat: April, vertragen auch leichten Schatten, Höhe: 20–30 cm
Ringelblume *Calendula*	gelb, orange	Juni bis August	für Beete, Schnittblume, Dauerblüher, Aussaat: März bis Mai (Folgesaaten)
Roter Lein *Linum*	rot	Juni bis Oktober	für Beete (zwischen Blumenzwiebeln), Aussaat: April, auf 15 cm vereinzeln, Höhe: 30–40 cm
Schleierkraut *Gypsophila*	weiß	Juni bis August	für Zwischenpflanzung, Aussaat: März/April, auf 25 cm vereinzeln, Höhe: 15–20 cm
Schleifenblume *Iberis*	weiß, rosa, purpur	Juni/Juli	für Wegeinfassungen, Steingärten, Aussaat: März/April, auf 20 cm ver-einzeln, Höhe: 15–20 cm

Auswahl von Einjahrsblumen für eine Direktsaat an Ort und Stelle

Name	Blütenfarbe	Blütezeit	Bemerkenswertes
Sonnenblume *Helianthus*	je nach Sorte gelb bis rotbraun, einfache bis gefüllte Blüten	Juli bis September	für Einzelpflanzung oder in Gruppen, Schnittblume, Aussaat: April/Mai, Höhe je nach Sorte: 50–300 cm
Steinkraut *Lobularia* (früher *Alyssum*)	weiß, rosa oder violett	Juni bis Oktober	für Steingärten und Wegeinfassungen, Aussaat: April, auf 10 cm vereinzeln, Höhe: 20 cm
Witwenblume *Scabiosa*	weiß, blau, rosa, rot, gelb, purpur	Juli bis Oktober	für Beete, Schnittblume, Aussaat: April/ Mai, 3 bis 5 Korn in 15 cm Abstand, Höhe: 35–40 cm
Zwerg-Kapuzinerkresse *Tropaeolum*-Majus-Nanum, Sorten	goldgelb, orange, rot	Juni bis Oktober	für Steingärten, Wegeinfassungen, Aussaat: April/Mai, 3 bis 5 Korn in 15 cm Abstand, Höhe: 15–20 cm
Trompetenzunge *Salpiglossis sinuata*	reiches Farbenspiel mit gelben, roten und lila-braunen Tönen	Juni bis September	je nach Sorte 60 bis 80 cm hoch, kalkhaltiger Boden erwünscht; Aussaat: März
Winde *Convolvulus tricolor*	blau-weiß	Juli bis September	20–40 cm hoch, windet nicht, sondern wächst aufrecht, Aussaat: April

Ziergehölze vermehren

Ziergehölze werden in erster Linie vegetativ vermehrt, und zwar durch Steckhölzer, Sommerstecklinge, Wurzelschnittlinge, Absenker und Ableger, Ausläufer und durch Teilung. (Siehe auch Oktober, Ziergarten.)

Ableger Beim Absenken gibt es, da die Triebspitze aus der Erde schaut, immer nur eine neue Pflanze. Beim Ablegen dagegen wird der Trieb in seiner ganzen Länge an der Erdoberfläche niedergelegt, befestigt und mit Erde bedeckt. Dadurch entsteht an jeder Knospe eine neue Pflanze.

Wurzelstecklinge Einige Gehölze wie Essigbäume *(Rhus)*, Trompetenblume *(Campsis)* und Fiederspiere *(Sorbaria)* kann man durch Wurzelstecklinge vermehren. Dazu sind die Wurzeln im zeitigen Frühjahr in 8–10 cm lange Teilstücke zerlegt schräg in Töpfe oder vorbereitete Gartenbeete zu stecken und etwa 1 cm hoch mit Erde abzudecken.

Hecken pflanzen

Hecken haben nüchterne Gartenaufgaben zu erfüllen. Sie sind einfach nötig, denn sie spielen die Rolle der Grenzwächter freundlicher als Zäune und Mauern. Wer sich zu seinem Nachbarn abgrenzen will, schaffe sich eine Gartenwand aus lebenden Pflanzen. Sie übernehmen den Sichtschutz und halten den Lärm und Staub der Straße fern.

An windgefährdeten Plätzen verbessern sie das Kleinklima und verlängern die Zeit des Wohnens im Garten. Gegen Norden und Osten können Hecken aus Hainbuchen, Liguster, Feldahorn und anderen den kalten Wind abhalten. Im Schutz der Hecken finden auch viele freibrütende Singvögel Nistgelegenheiten.

Die meisten Heckensträucher haben die Eigenschaft, bei fortgesetztem Schnitt immer dichter zu werden. Dabei kommen die geschnittenen Heckenwände mit einer Breite aus, die etwa einem Drittel ihrer Höhe entspricht. Es gibt da so ein paar Faustregeln.

März

Rund und niedrig geschnittene Ligusterhecke.

Streng geschnittene Hainbuchenhecke.

Etwa 25 cm sollten die Hecken mindestens breit sein. Am schmalsten lassen sich Hainbuchen halten. Buchen, Weißdorn und Liguster brauchen eher 30–35 cm. Die gleiche Breite und vielleicht noch etwas mehr gönne man dem Feldahorn, der Kornelkirsche *(Cornus mas)* und der Stechpalme *(Ilex aquifolium)*. Mehr Platz brauchen Hecken aus Lebensbäumen und Scheinzypressen. Wer eine Fichtenhecke pflanzen will, sollte 1 m Breite einkalkulieren.

Vorbereitungen

Bei der Heckenpflanzung ist eine gute Bodenvorbereitung von besonderer Bedeutung. Wer ganz auf Nummer Sicher gehen will, hebe für die künftige Hecke einen Graben aus (mindestens 1 m von der Grenze!) und fülle diesen mit nährstoffreicher und lockerer Erde, zum Beispiel mit Komposterde, die mit Hornspänen oder Hornmehl vermischt wird. Wer es sich einfacher machen will und einen guten Boden besitzt, kann 2 Spatenstiche tief umgraben und auf die Oberschicht die genannte Humus-Düngermischung ausstreuen und leicht einhacken. Es empfiehlt sich, die solcherart vorbereitete Fläche 8 Tage feucht zu halten und dann erst zu pflanzen.

Vor dem Pflanzen wird bei Ballenpflanzen die Verknotung der Ballentücher aufgeschnitten oder der Container entfernt und bei »nackten« Heckengehölzen die Wurzeln etwas zurückgeschnitten. Man setze die Pflanzen so dicht, daß sie sich leicht berühren.

Wir pflanzen im Garten einreihig. Zweireihige Pflanzungen empfehlen sich nur bei Hainbuchen und Liguster.

Bequem pflanzt es sich mit 2 Personen: Einer hält die Sträucher fest und rüttelt sie beim Einfüllen der Erde, was der andere besorgt, leicht hin und her, damit sich die Erde fest an die Wurzeln legt. Dann wird die Erde festgetreten und angegossen. Es hat sich bewährt, entlang einer Schnur zu pflanzen.

Bei der Pflanzung sollte man sich nicht scheuen, die Triebe um mindestens ein Drittel, besser noch um zwei Drittel ihrer Länge abzuschneiden. Auf diese Weise verzweigen sich die Pflanzen stark und bilden nach unten ein undurchdringliches Astgewirr, das ein Merkmal jeder guten Hecke sein sollte. Kenner schneiden sogar die jungen Heckenpflanzen von Liguster, Weißdorn und Kornelkirschen ein Jahr später noch einmal so tief zurück. Das ist überall zu empfehlen, wo junge Pflanzen mit wenig Trieben angeschafft wurden.

Wieviel Sträucher braucht man für den laufenden Meter Hecke?

Feldahorn *(Acer campestre)* 3–5 Pflanzen

Hecken-Berberitze *(Berberis thunbergii)* 3–5 Pflanzen

Hainbuche *(Carpinus betulus)* 3–5 Pflanzen

Zierquitte *(Chaenomeles japonica)* 4–7 Pflanzen

Kornelkirsche *(Cornus mas)* 3–5 Pflanzen

Weißdorn *(Crataegus monogyna)* 3–5 Pflanzen

Rotbuche *(Fagus sylvatica)* 3–5 Pflanzen

Liguster *(Ligustrum*-Arten) 4–5 Pflanzen (Formschnitt zu empfehlen!)

Mahonie *(Mahonia aquifolium)* 4–5 Pflanzen

Fingerstrauch *(Potentilla fruticosa)* 4–5 Pflanzen

Feuerdorn *(Pyracantha coccinea)* 5–6 Pflanzen (Formschnitt zu empfehlen)

Alpenbeere *(Ribes alpinum* 'Schmidt') 3–5 Pflanzen

Prachtspiere *(Spiraea × vanhouttei)* 3–5 Pflanzen.

Je öfter geschnitten wird, umso dichter werden Hecken – wie hier eine Hainbuchenhecke.

März

Freiwachsende Blütenhecken

Wer genug Platz hat, kann statt einer streng (und schmal) geschnittenen grünen Hecke auch blühende Sträucher pflanzen, die zwar auch geschnitten werden müssen, aber trotzdem ihre natürliche Form behalten. Hier kommt man mit 2–3 Pflanzen pro Meter aus. Zu empfehlen ist eine vorherige Absprache mit dem Nachbarn, der gegen blühende Gehölze eigentlich nichts einwenden kann.

Solche Blütenhecken eignen sich als Abpflanzung zur Straße, rund um die Terrasse oder einen anderen, allzu freien Sitzplatz. Keine Chance haben umherstreunende Tiere, wenn wir Sträucher wählen, die außer dicht geschlossenem Wuchs noch mit Stacheln und Dornen aufzuwarten wissen. Das sind, von wenigen Ausnahmen abgesehen, alles keine typischen Heckenpflanzen. Sie machen aber auch an der Grenze mit und überraschen hier nicht selten noch mit reizvollen Blüten und hübschem Beerenschmuck. Dazu gehören Wildrosen, Feuerdorn, Scheinquitten, Berberitzen, Mahonien und Stechpalmen.

Nadelgehölze als Heckenpflanzen

Die reiche Verzweigung der Nadelgehölze sorgt dafür, daß Singvögel ungestört und sicher nisten können. Das gilt zum Beispiel für den Lebensbaum *(Thuja)*, der höher als 2 m werden kann. Neben dem »einfachen« sind auch mehr kegelförmig wachsende Arten und Sorten zu haben. Zu empfehlen: 2–3 Pflanzen pro Meter. Man kann sie genauso schneiden wie laubabwerfende Heckenpflanzen.

Schattenverträglich ist die Eibe *(Taxus baccata)*, die durch ihr geschlossenes Wachstum und die dunkelgrünen Nadeln auffällt. Schnittmaßnahmen – gleich welcher Art – stören das Aussehen der Eibe nicht. Es genügen für diese breitwachsenden Nadelgehölze 2 Pflanzen pro Meter.

Nicht nur als Weihnachtsbaum, sondern auch als hochwachsende Heckenpflanze eignet sich die Fichte *(Picea abies)*. Ihr einziger Wunsch im Garten: Viel Feuchtigkeit, vor allem auch im Winter. Bedarf: 2 Pflanzen pro Meter.

Dicht ineinander wachsen die grün-, gelb- oder blaunadeligen Säulen der Scheinzypressen *(Chamaecyparis)*, die für Farbe an der Gartengrenze sorgen. Die Schere kann auch hier in Aktion treten, sollte es jedoch besser nicht. Denn dafür wachsen diese Pflanzen zu schön. Noch schlanker als die Scheinzypresse wächst der Säulen-Wacholder *(Juniperus communis)*. Man pflanze 3 Stück pro Meter, und zwar nicht in schnurgerader Reihe, sondern etwas versetzt; das sieht dann lockerer aus.

Dünger für Blumenbeete

Nährstoffgaben erhalten die Staudenbeete, die Blütensträucher und die Nadelgehölze. Immer mehr Gartenfreunde düngen schon längst nicht mehr aufs Geratewohl, sondern halten sich an Spezialdünger, weil diese besonders auf die Wünsche der Pflanzen abgestimmte Nährstoffverhältnisse besitzen. Da gibt es Rhododendrondünger, der bei allen sogenannten Moorbeetpflanzen, die es gern »sauer« haben wollen, wie Azaleen, Eriken, Callunen, Hortensien und Kamelien eingesetzt wird. Bestehende Pflanzungen versorge man mit mehreren Nährstoffgaben von je 50 g/m² im März/April und im Mai/Juni, wenn ein starkes Wachstum erwünscht wird, und noch einmal im Juli. Für Rosen steht Rosendünger zur Verfügung. Die meist dicht stehenden Rosen blühen besonders gut, wenn sie jeweils 70 g/m² im März/April, im Juni und im August bekommen.

Mit Tannendünger werden alle Nadelgehölze, also auch Fichten, Eiben, Scheinzypressen, Hemlocktannen und Lebensbäume, versorgt. 50 g/m² jeweils im März/April und im Juni genügen, um die Nährstoffversorgung sicherzustellen. Übrigens wirkt der Dünger bei regelmäßiger Anwendung der Braunfärbung, dem Vergilben und dem Abwerfen der Nadeln bei Magnesium-Mangel entgegen. Ist eine Kur erforderlich, hilft Bittersalz.

Die Heckengehölze bekommen vor Wachstumsbeginn etwa 30–50 g/m² organisch-mineralischen Volldünger wie zum Beispiel Hornoska-Spezial, Oscorna, Guano-Spezial.

Der Rasen

Auch die Gräser im Rasen regen sich jetzt. Ein frischer grüner Schimmer zeigt an, daß die Wurzeln im Boden nicht müßig waren, Wasser und Nährstoffe aufzunehmen. Schon bei ziemlich kühlen Temperaturen zwischen 2° C und 10° C geschieht das. Jetzt setzt das Breitenwachstum ein: Die Gräser strecken sich weniger in die Höhe, als daß sie in die Breite wachsen. Das hilft Lücken schließen, in die sonst Unkräuter und Moos eindringen. Und die können zur Plage werden.

In dieser Zeit können wir manches für den Rasen tun, um das Grünen zu fördern und zu unterstützen. Zum Beispiel: angewehte Blätter und Zweige entfernen, damit keine schmierigen Stellen darunter entstehen. Bei trockenem Wetter ist ein flacher, also nicht zu tiefer Reinigungsschnitt angebracht. Er braucht nur die oberen Spitzen der Gräser abzuschneiden. So wirkt er ausgleichend.

Außerordentlich wirksam für das Ergrünen, aber wesentlich weniger anstrengend ist eine erste Frühjahrsdüngung des Rasens mit einem Rasenspezialdünger. Diese ist dort um so wichtiger oder sogar unerläßlich, wo eine Spätherbst-Rasendüngung unterblieben und der Rasen auch sonst nicht gut über den Winter gekommen ist.

Für Moos im Rasen sind Bodenübersäuerung, Staunässe und Bodenverdichtung aufgrund zu geringen Bodenlebens, Mangel an Humus und Nährstoffen sowie Schatten verantwortlich zu machen. Da muß zuerst die Bodensäure neutralisiert und das Bodenleben aktiviert werden, die wiederum die Nährstoffe für die Gräser erschließen. Wieviel Kalk dem Boden fehlen, ermittelt ein Kalkprüfer ('Calcitest') in Tablettenform. Danach wird am besten kohlensaurer Kalk mit Azobacter-Bakterien und Meeresalgen ('AZ-Kalk') dem Rasen zugeführt und zwar 200 g/m². Dieser spezielle Kalk versorgt den Boden mit lebensnotwendigen Bakterien. Mit einer anschließenden Nährstoffversorgung (Spezialdünger wie 'Sanguano-Rasendünger mit Moosvernichter' oder 'Bio-Rasen-Azet', 150 g/m²) verschwindet das Moos in wenigen Wochen.

Ein Rasen macht oft kleine Gärten größer.

März

Gemüsegarten

Hochsaison ist im Gemüsegarten. Hier wird bereits tüchtig gesät und sogar schon gepflanzt, nämlich Kopfsalat und Kohlrabi. Als Samen kommen in die Erde: Möhren, Petersilie, Rettich, Zwiebeln, Schwarzwurzeln, Radies, Spinat, Erbsen und Schnittsalat. Auch Gewürzkräuter können jetzt ausgesät werden. Für ein gut sortiertes Kräuterbeet braucht man von Petersilie etwa 5 g oder 5 Portionen Samen, von Dill etwa das Doppelte. Ungefähr 10 Portionen Kresse und Kerbel sowie 2 Portionen Bohnenkraut genügen, um den Bedarf an diesen Kräutern sicherzustellen.

An fertigen Pflanzen benötigt der Kräuterfan je einmal Basilikum, Pimpinelle, Portulak, Majoran, Thymian, Pfefferminze, Salbei und Sauerampfer. Von Schnittlauch sind 3–5 Pflanzen nötig. Empfehlenswert sind Petersilien-Töpfe, da es mit den Aussaaten dauert.

Gemüsepflanzen-Anzucht

Wer ein Kleingewächshaus oder einen Frühbeetkasten besitzt, kann mit der Vorkultur einer ganzen Reihe von Gemüsepflanzen beginnen. Diese lassen sich aber genauso gut am Zimmerfenster heranziehen und zwar in Tonschalen, Blumentöpfen oder anderen Gefäßen. Die Erde, wir verwenden auf jeden Fall eine abgepackte Blumenerde, die unter der Bezeichnung Aussaaterde im Handel ist, wird an der Oberfläche leicht angedrückt. Bitte in die Gefäße nicht zuviel Samenkörner verteilen. Der Samen wird anschließend ganz leicht mit der gleichen Erde bedeckt.

Ausgesät zur Pflanzenanzucht werden Sellerie, Porree (kann auch im April ins Freiland gesät werden), Kohlrabi, Kopfsalat, Tomaten, Schnittlauch, Rosenkohl, Grünkohl und Gemüse-Paprika. Auch hier genügt von jeder Gemüseart eine Portion, wie sie in Gartenfachgeschäften abgepackt erhältlich sind.

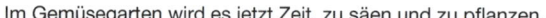

Im Gemüsegarten wird es jetzt Zeit, zu säen und zu pflanzen.

So geht guter Samen auf

Überhaupt ist bei der Aussaat auf Gartenbeeten die sorgfältige Vorbereitung des Bodens von großer Bedeutung. Je lockerer und luftiger, um so rascher erwärmt er sich unter der Frühlingssonne und um so eher keimen die Samen. Gesät wird, wenn der Boden feucht, die Oberfläche aber ziemlich trocken ist.

Es empfiehlt sich, das Saatbeet mit einem Grubber, dann mit dem Rechen durchzuarbeiten, bis die Erde feinkrümelig ist. Die Aussaat erfolgt in Reihen von 15–20 cm Abstand. Dazu werden Saatrillen mit einem Rillenzieher gezogen, damit es ordentlich aussieht.

Je feiner der Samen, um so flacher wird gesät. Dann bedecke man den Samen mit einer feinen Erdschicht und drücke leicht an. Die Deckschicht soll etwa zweimal so dick wie der Samendurchmesser sein.

Da das Wetter gerade in den Frühjahrsmonaten so seine Mucken hat und starke Regengüsse den Samen fortschwemmen können, ist dringend anzuraten, die Aussaaten mit einem Gartenvlies oder »wachsender« Folie zu bedecken. Folien sind wirksamer Schutz vor Frost und anderen Unbilden der Witterung und sorgen durch den Gewächshauseffekt noch für frühere Ernten. Außerdem halten sie die am Tage aufgenommene Wärme fest, die dann in den Abend- und Nachtstunden den Pflanzen wieder zugute kommt. Unter den Folien trocknet der Boden auch nicht so schnell aus. Deshalb sollte man Vlies und Folien bei Aussaaten einsetzen; dadurch wird die Keimung nicht unbeträchtlich beschleunigt, und die Aussaaten bleiben vor Frost und Vogelfraß beschützt.

Selbstverständlich, daß jede Gemüseart ein Etikett bekommt. Vorteilhaft ist auch die Eintragung der Aussaat im Kalender, damit man weiß, wann das Auflaufen der Samen zu erwarten ist. Und schließlich ist nur noch darauf zu achten, daß die Aussaaten nicht trocken werden. Die Beete für die weitere Bestellung werden nach Bedarf ebenso hergerichtet. Auch die Aussaat von Dicken Bohnen kann noch im März zeitgemäß sein.

Vor allem sind die Aussaaten von Erbsen, aber auch von anderen Gemüsearten, vor Vogelfraß zu schützen – durch auf die Beete gelegte Reiser oder über den Boden gespannten engen Maschendraht oder Schlitzfolie.

Nicht auf Dünger verzichten, denn reiche Ernten kommen erst durch eine ausreichende Nährstoffversorgung der Gemüsepflanzen zustande. Vor der Saat wird deshalb Blau-Volldünger (60–80 g/m²) ausgestreut und eingerecht. Dann kommt der Samen in die Erde.

Obstgarten

Nach den Beerensträuchern, für die das Auslichten schon für Ende Februar empfohlen wurde, sind dann die Apfel- und Birnenbäume an der Reihe. Und dabei darf man wieder nur den groben Schnitt, den Erziehungsschnitt, bei dem es auf einzelne Augen ankommt, bis Ende März zurückstellen. Zu dicht gewordene Kronen von Kernobst werden also jetzt ausgelichtet. Dabei sollte man vorher genau überlegen, was herausgenommen werden muß. Lieber eine ganze Astpartie entfernen als viele Zweige mittlerer Stärke, die dann mit ihren vielen Schnittstellen jedesmal wieder behandelt und abgedichtet werden müssen.

Durch Schnitt zu besseren Erträgen

Genauso ist zu verfahren, wenn ein Obstbaum im Ertrag nachläßt und deshalb verjüngt werden soll – sofern sich das noch lohnt. Bei dem Schneiden solcher größeren Äste als Träger einer Astpartie braucht wohl kaum mehr darauf hingewiesen zu werden, daß der Ast zuerst – außerhalb der richtigen Schnittstelle – von unten einzusägen, danach kurz dahinter von oben abzusägen und schließlich glatt auf Astring zu schneiden ist. Wer das außer acht läßt, kann erleben, daß der Ast beim Absägen infolge seines Gewichtes herunterbricht und dann die Rinde weit einreißt. Das aber sind unnötige Baumwunden, die schwer verheilen.

Erziehungsschnitt bei Kernobst

Ende März wird man den Erziehungsschnitt bei Kernobst durchführen, um die junge Krone weiter aufzubauen. Um ein Zurücktrocknen des Auges, auf das geschnitten wurde, und auf das es gerade für die Triebverlängerung ankommt, zu vermeiden, kann man wie bei Weinreben 2 cm Holz über dem Auge stehen lassen. Diese Stummel sind aber spätestens im Mai zu entfernen. Außerdem ist die Schnittfläche mit Baumwachs abzudichten. Mit dem Erziehungs- oder Aufbauschnitt von Steinobst und mit dem Auslichten dieser Obstarten wartet man bis zum Austrieb, also mindestens bis April. Dagegen wird es im März höchste Zeit.

Noch ist Pflanzzeit

Will man noch Obstgehölze pflanzen, so muß man dafür den frühesten Termin wählen. Außerdem ist für die Pflanzung die Reihenfolge des Austriebs der einzelnen Obstarten zu beachten, also Beerenobst zuerst. Vor dem Pflanzen schneiden wir beschädigte oder zu lange Wurzeln bis auf gesunde Teile zurück, wobei die Schnittflächen nach unten zeigen sollen. Wichtig ist auch eine gründliche Bodenvorbereitung vor der Pflanzung, außerdem sollte man mit grobbrockigem Kompost oder Rindenmulch bei der Pflanzung nicht sparen.

Pflanzschnitt der neuen Gehölze

Sowohl die im Herbst als auch jetzt gepflanzten Obstbäume und Beerensträucher bekommen in diesen Wochen einen Pflanzschnitt, wobei es bei den Bäumen darauf ankommt, daß vor allem der Konkurrenztrieb und sonstige sehr steil stehende Triebe entfernt werden. Die Triebe der Beerensträucher werden dabei um etwa ein Drittel bis zur Hälfte eingekürzt. Bekommt man für eine Neupflanzung nicht mehr die gewünschten Sorten, so sollte besser bis zum Herbst gewartet werden. Bis dahin läßt sich die vorgesehene Fläche mit Frühkartoffeln oder Gemüse nutzen und der Boden um so intensiver vorbereiten.

Um Platz zu sparen, sollten wir bei Äpfeln und Birnen die bei diesen Obstarten erhältlichen kleinen Baumformen bevorzugen. Man bekommt sie unter der Bezeichnung Spindelbusch. Bei ihnen genügt ein Abstand von 2,50 m von Baum zu Baum. Wichtig ist, daß nach der Pflanzung die knollig verdickte Veredlungsstelle noch aus dem Boden herausschaut.

Im März wechseln immer einmal wieder war-

Obstbaumpflanzung: Wichtig ist der Wurzelschnitt (links), die richtige Pflanztiefe (Mitte) und das korrekte Anbinden an einen Baumpfahl (rechts).

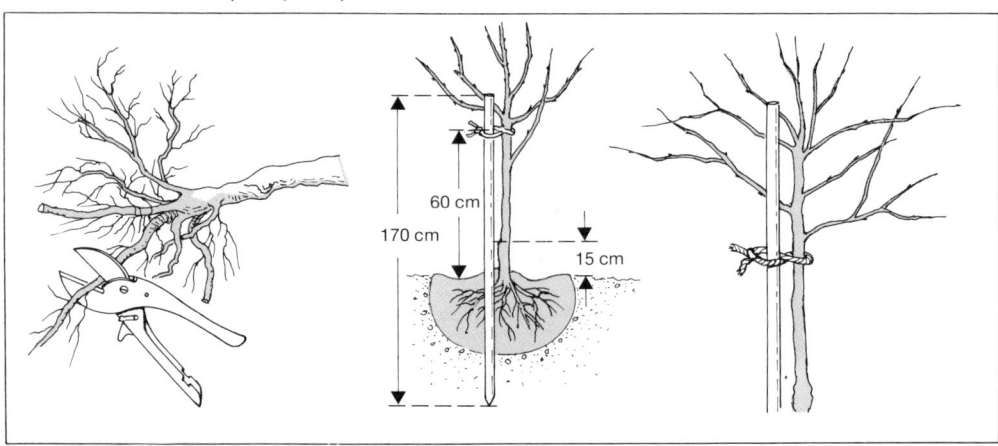

me Tage mit kalten Nächten ab. Der Kalk-
milchanstrich (oder Bio-Baumanstrich) an den
Obstbäumen sollte deshalb erneuert werden.

Balkon- und Kübelpflanzen

Die Balkonsaison beginnt im Frühjahr mit den
wetterfesten Stiefmütterchen, Tausendschönchen, Vergißmeinnicht und Frühlingsprimeln.
Freunde schöner Düfte pflanzen, wenn sie ihn
bekommen, auch noch den gelbbraunen Goldlack.
Alle diese Frühlingsblüher gibt es meist komplett mit Knospen und Blüten und festem Wurzelballen, was das An- und Weiterwachsen
sehr erleichtert.

Stiefmütterchen. Kaum eine andere Pflanzenart bringt so viele Farbtöne hervor wie das
Stiefmütterchen. Kleine bis mittelgroße, große bis sehr große Blüten, einfarbige Sorten in
kräftigen und zarten Farben, mit außergewöhnlichen Farbkombinationen, Blüten mit
Zeichnung, großem Auge oder buntem Flügel
sorgen für eine abwechslungsreiche Pflanzung.
Man kann sie schon im Spätherbst pflanzen,
um die kahlen Kästen, Kübel und Tröge zu
beleben. Achten Sie darauf, daß am Wurzelballen möglichst viel Erde bleibt. Diese Wurzeln tief in die Erde senken, sonst fangen die
Pflanzen an zu »flattern« und fallen um. Stiefmütterchen brauchen 20 cm Abstand rundum
und regelmäßige Wassergaben.
Wenn Sie alle abgeblühten Teile regelmäßig
entfernen, verlängert sich die Blütezeit um
einiges.

Tausendschön, Maßliebchen. Sie blühen wochenlang, oft bis Mitte Mai in Weiß, Rosa oder
Rot, stellen keine Ansprüche und lassen sich
durch ihren niedrigen Wuchs (12–15 cm) auch
mit Frühlingsblühern oder Zwerggehölzen
kombinieren. Auch das einfache Wiesen-Gän-
seblümchen ist jetzt im Angebot. Alle blühen
an sonnigen wie an halbschattigen Plätzen. Es
empfiehlt sich, alles Abgeblühte abzuschneiden, damit sie wieder austreiben.

Vergißmeinnicht. Die blaublütigen Vergißmeinnicht sind wirkungsvolle Begleitpflanzen
zu gelbblühenden Stiefmütterchen, mit denen
sie Größe und Ansprüche gemeinsam haben.
Von Mai bis Juli blühend, passen sie auch gut
zu Tulpen, Narzissen, Krokussen und anderen
Zwiebelblumen, die nicht aus den Pflanzgefäßen herausgenommen werden. Wer diese in
verschiedenen Blautönen erhältlichen, je nach
Sorte 15–25 cm hohen Vergißmeinnicht im
Frühjahr als knospige oder blühende Pflanzen
in die Gefäße setzt, sollte darauf achten, daß
der Wurzelballen mit viel Erde und genügend
tief in den Boden kommt. Reichliches Gießen
ist in jedem Fall angebracht.

Goldlack. Bewunderung verdienen seine sam-
tenen, wohlriechenden, einfachen und gefüllten Blüten mit Farbtönungen von Hellgelb bis
Dunkelbraun, die von Mai bis Juni erscheinen.
Es gibt sogar Sorten mit orangefarbenen und
scharlachroten Blüten. Für Balkonkästen sind
die 30 cm hohen »Zwergbuschmischungen« zu
empfehlen. Goldlack möchte sonnig bis halb-
schattig in allseitigem Abstand von 25 cm in
nährstoffreicher Erde stehen. Regelmäßige
Wassergaben und das Abschneiden verblühter
Blütenstände verlängern die Blütezeit.

Frühlingsprimeln. Die schon früh erhältlichen,
über und über in vielen leuchtenden Farben
blühenden Kissenprimeln gehören zu den
schönsten Frühlingsblühern, die es gibt. Man
sollte nie auf sie verzichten, auch deshalb
nicht, weil ihnen Regenschauer genauso wenig
ausmachen wie Temperaturen unter dem Nullpunkt. Auch sie wünschen reichlich Wasser.
Nach der Blüte können sie in den Garten
gepflanzt werden.

Blumenzwiebeln. Wer schon im Februar/März
und erst recht im April Blüten auf dem Balkon
haben möchte, der pflanze Hyazinthen, niedrige Botanische Tulpen, Narzissen, Krokusse
und andere Kleinblumenzwiebeln in Balkonkästen oder andere Pflanzgefäße.
Bereits im Frühjahr werden von Fachgeschäften fertige, das heißt bereits blühende Krokusse, Hyazinthen und Narzissen angeboten.

April

Ziergarten 56

Der Rasen 64

Gemüsegarten 65

Obstgarten 69

Was man sonst noch wissen sollte 70

Balkon- und Kübelpflanzung 71

April

Ziergarten

Trau keinem Wetter im April, lehrt eine alte Bauernregel, was natürlich nicht bedeutet, jetzt die Hände in den Schoß zu legen. Im Gegenteil, Laub- und Nadelgehölze, Obstbäume, Beerensträucher und Stauden können gepflanzt werden, genauso wie das vielfältige Volk der Zwiebel- und Knollenpflanzen des Sommers. Für Dahlien, Gladiolen und Lilien vor allem, aber auch für Montbretien und Sommerhyazinthen, sollte sich ein Platz auf sonnigen Blumenbeeten finden.

Auch eine ganze Anzahl Einjahrsblumen kommen am Ende des Monats als fertige Pflanzen in die Erde: Astern, Levkojen und Löwenmäulchen. Ausgesät werden Reseda, Goldmohn, Lupinen, Sonnenblumen, Mittagsblumen und viele andere, die keine Vorkultur brauchen. (Siehe Ziergarten – Mai).

Nadelgehölze pflanzen

Nadelgehölze gibt es entweder mit Erdballen oder im Container. Das hat den Vorteil, daß man nicht sofort zu pflanzen braucht. Außerdem ist das ganze Jahr Pflanzzeit, wenn nicht gerade strenger Frost herrscht.

Die Ballenpflanzen werden einfach in die Pflanzgrube gestellt, das Ballentuch aufgeschnitten und vorsichtig unter dem Ballen hervorgezogen. Bei Containerpflanzen wird der Ballen aus dem Behälter genommen, die Oberfläche etwas aufgekratzt und dann in die Pflanzgrube gesetzt. Dann Erde einfüllen, fest andrücken und solange gießen, bis sich die Erde gesenkt hat und kein Wasser mehr versickert. Aus der übriggebliebenen Erde wird eine Art Gießrand für die weitere Wassergaben geformt.

Es hat sich bewährt, größere Pflanzen an einem Stab festzubinden, wobei der Pfahl auf der dem Wind entgegengesetzten Seite stehen soll. Beim Festbinden den Draht nicht direkt mit dem Stamm in Verbindung bringen, sondern entweder einen Kokosstrick oder einen Streifen Fahrradschlauch zum Schutz des Stammes verwenden.

Bodenvorbereitung entscheidet über Gesundheit

Bei der Pflanzung von Nadelgehölzen und immergrünen Laubgehölzen, wie Rhododendron, Kirschlorbeer, Stechpalmen und anderen, sollte deshalb die Bodenvorbereitung mit größter Sorgfalt vorgenommen werden. Das heißt: die Pflanzstelle 2 Spaten tief ausheben, Steine und Schutt entfernen, die ausgehobene Erde zerkleinern und mit wachstumsfördernden Zusätzen wie organische Dünger (Hornmehl, Guano) oder Kompost mischen.

Rhododendren brauchen spezielle Torfsorten und Dünger, da sie sauren Boden lieben. Um sie gesund und blühfreudig zu erhalten, hebe man bei der Pflanzung in Höhe des Wurzelballens eine Pflanzgrube aus und mische den Bodenaushub mit Planta-Rhodo, einer Rhododendron-Spezialerde, im Verhältnis 1:1. Dabei sollte die Pflanzgrube mindestens doppelt so breit sein wie der Durchmesser des Wurzelballens. (Siehe auch Ziergarten – Mai.)

Beim Pflanzen empfehlen die Fachleute, nur so tief zu pflanzen, wie die Wurzelballen hoch sind. Anders ausgedrückt: die Ballenoberkante nur 3–5 cm hoch mit Erde bedecken. Die Breite der Pflanzgrube sollte dagegen mindestens doppelt so breit sein wie der Durchmesser des Ballens. Vor dem Einsetzen die Gehölze tüchtig angießen; die Ballentücher aufschneiden, aber nicht entfernen.

Nur die sogenannten Containertöpfe und auch die Folienbeutel bleiben draußen. Nach dem Setzen wird mit der Kanne oder mit dem Schlauch so lange Wasser an die Pflanzstelle gebracht, bis sich die Erde gesenkt hat und kein Wasser mehr versickert. Dann kann nichts passieren.

Stauden pflegen und pflanzen

In der Staudenrabatte werden die Pflanzen ausgeputzt, also von vertrockneten Blättern befreit, und der Boden zwischen den einzelnen Stauden gelockert. Aber vorsichtig: Je früher diese Arbeit durchgeführt wird, um so größer ist die Gefahr, daß man bei der Bodenlocke-

Rittersporne (*Delphinium*-Hybriden) zählen zu den schönsten Prachtstauden.

rung den Austrieb anderer ausdauernder Zierpflanzen unbeabsichtigt vernichtet. Wo Stauden zu eng stehen und daher nicht genug Platz für die diesjährige Entwicklung haben, sollte man sich möglichst rasch dazu entschließen, die eine oder andere Staude herauszunehmen. Auch für die Neupflanzung von Stauden ist es jetzt Zeit. (Siehe auch Ziergarten – März).

Stauden für jeden Garten

Wenn von Stauden die Rede ist, sind nicht selten Gemüsepflanzen, Rhabarber, Gehölze oder andere Gartenpflanzen gemeint. Stauden aber sind ausdauernde Blatt- und Blütenpflanzen, die Jahrzehnte alt werden können, meist ohne Schutz jeden Winter überstehen und uns alljährlich im Frühjahr, Sommer oder Herbst mit vielen schönen Blüten und Blättern erfreuen.

Wir haben es also mit mehrjährigen Pflanzen zu tun, die im Gegensatz zu Sträuchern und Bäumen keine holzartigen Triebe und Äste bilden. Einige Zwerggehölze allerdings, die Botaniker sprechen von Halbsträuchern, haben sich in die große Familie der Sträucher »eingeschlichen«. Es handelt sich dabei um Pflanzen, die genauso wie Stauden herangezo-

gen und in den Gärten verwendet werden. Wer käme auch schon auf die Idee, die hübschen, im Frühjahr in leuchtendem Weiß blühenden Schleifenblumen *(Iberis)* als Gehölz zu bezeichnen?

Zu den Stauden gehören auch die ebenfalls kleinwüchsigen »ehemaligen« Halbsträucher Sonnenröschen *(Helianthemum)*, der duftende Lavendel *(Lavandula)*, das Heiligenkraut *(Santolina)*, die bodenbedeckenden Immergrün *(Vinca)* und das Hartheu *(Hypericum)*, um nur die wichtigsten zu nennen.

Stauden und Einjahrsblumen

Stauden unterscheiden sich von Einjahrsblumen, wie Löwenmäulchen *(Antirrhinum)*, Ringelblumen *(Calendula)* oder Zinnien, dadurch, daß ihr Wurzelstock in der Erde verbleibt und Jahr für Jahr wieder austreibt. Das Leben der Einjährigen dagegen beginnt im Frühjahr und endet bereits im gleichen Herbst.

Bei der Bestellung aber darauf achten, daß viele Stauden einjährige Verwandte haben und umgekehrt. Sommerblumen und Stauden gibt es zum Beispiel von Rittersporn, von Lupinen, Astern, Sonnenblumen, Wicken, Flokkenblumen *(Centaurea)*, Kokardenblumen *(Gaillardia)*, Gartenmohn, *Phlox*, *Iberis*, Margeriten und einigen anderen mehr.

Zweijahrsblumen

Zwischen Stauden und Einjahrsblumen stehen die sogenannten Zweijahrsblumen, die im Sommer ausgesät werden, einen Winter zu überstehen haben, um uns dann im Frühjahr oder im Frühsommer mit ihrer Blumenpracht zu erfreuen. Typische Zweijährige sind: Stiefmütterchen *(Viola-Wittrockiana*-Hybriden), Vergißmeinnicht *(Myosotis alpestris)*, Goldlack *(Cheiranthus cheiri)*, Tausendschönchen *(Bellis perennis)*, die Marienglockenblume *(Campanula medium)*, die Land- und Bartnelken *(Dianthus caryophyllus* und *Dianthus barbatus)*, der Fingerhut *(Digitalis)* und die Malven *(Alcea)*. Fingerhut und Malven sind von den Zweijahrsblumen in das Lager der Blütenstauden hinübergewechselt. Mit Recht, denn beide halten jahrelang auf unseren Gartenbeeten aus.

Überhaupt können uns Stauden ein ganzes Gartenleben begleiten. Eine Umfrage bei Gartenliebhabern führte zu erstaunlichen Ergebnissen. Im Durchschnitt billigte man den meisten Stauden eine Lebenserwartung von 15–30 Jahren zu. Daneben gingen Berichte von 50jährigen Phlox-Gruppen, Pfingstrosen und Sonnenblumen ein.

Was diese Zahlen zudem noch aufwertet, ist die Tatsache, daß die meisten Stauden nicht die Pflege bekommen, die sie eigentlich verdienen und die sie noch besser wachsen, schöner blühen oder noch älter werden ließen. Es gibt überhaupt nur wenig Gartenpflanzen, die den zahlreichen Anfänger-Fehlern widerstehen. Das können Stauden dank ihrer Zähigkeit und Robustheit, die uns deutlich werden läßt, daß Stauden noch vor Jahrzehnten Wildpflanzen waren und erst durch gärtnerischen Züchterfleiß zu unentbehrlichen Gartenblumen wurden.

Die Vielfalt der Blatt- und Blütenstauden

Um Stauden richtig erkennen und pflegen zu können, muß man wissen, daß sie nicht alle im Herbst oder nach der Blüte verdorren und in der Erde überwintern. Manche Gattungen sind immergrün oder nur wintergrün und nicht, wie Lupinen oder Rittersporn, nach der Blüte dicht über dem Boden abzuschneiden.

Im Mittelpunkt des Stauden-Reiches stehen natürlich die Blütenstauden, deren Formen- und Farbenreichtum gar nicht genug bewundert werden kann. Zu den Stauden gehören aber nicht nur Blütenschönheiten, sondern auch Pflanzen, die durch ihren Blattschmuck ein Recht haben, in unserem Garten zu wachsen wie zum Beispiel die blattschöne Funkie (Hosta). Auch Farne gehören dazu, um den Boden unter dem Blätterdickicht von Sträuchern und Bäumen zu begrünen. Eine große Garten-Karriere machten die Ziergräser, allen voran das Pampasgras (Cortaderia selloana). Und wer Platz hat für ein Wasserbecken, der kann viele Blütenüberraschungen erleben mit Seerosen und anderen Schwimmpflanzen und vielen Sumpfpflanzen, die, wenn sie das Wasserbecken umgeben, eine richtige, der Natur abgelauschte Wasserlandschaft im Kleinen entstehen lassen.

Stauden gibt es für alle Gartenplätze. Manche sind wahre Durstkünstler und überstehen tropische Hitze. Andere wieder lieben den leichten Schatten von Sträuchern und Bäumen und blühen an Stellen, wo eigentlich gar nichts wachsen kann. Dann gibt es Stauden, die Trocken- und Sumpfplätze begrünen, die an steilen Hängen wachsen und den Hanggarten erst zu einem richtigen Garten werden lassen. Die Vielzahl der Arten, Sorten und Formen

Königskerze (Verbascum), eine Zweijahrsblume für Sonnenplätze.

gestattet es, Stauden in kleinsten Vorgärten, ja sogar Balkonkästen und Steintrögen zu pflanzen. Stauden sind darüber hinaus unentbehrliche Pflanzenmitglieder von Steingärten und Alpinum und wichtige Farbträger großer Gartenanlagen. Sie blühen im tiefsten Winter wie die Christrosen *(Helleborus)* und Winterheide *(Erica carnea),* erfüllen das Frühjahr mit abertausend Blüten, verschönen den Gartensommer und sorgen dafür, daß sich das Gartenjahr im Herbst mit heiteren Tönen verabschiedet.

Bodendecker und Schnittblumen

Viel Arbeit nehmen uns die blüheifrigen Polsterstauden ab, die kriechend den Boden bedecken, ihn so vor Trockenheit und Unkraut-Wuchs schützen und diese Aufgabe noch durch viele wunderhübsche Blüten krönen. Die wintergrünen unter diesen Zwergen schützen den Winterschlaf der Zwiebel- und Knollengewächse und bewahren diese und andere Gartengewächse vor Frost- und Winterschäden. Man nennt diese Zwerge Polsterstauden, weil sie dicht ineinanderwachsen und bald farbenfrohe Teppiche bilden.

Blütenstauden sind auch hervorragende Schnittblumen, die fast das ganze Jahr für den Schmuck der Vasen sorgen. Sie empfinden das Abschneiden der Blütenstiele auch als durchaus angenehmen Eingriff in ihr Pflanzen-Leben, weil dadurch fast alle ihre Knospen zur Entfaltung kommen. Uns kann das nur recht sein. Natürlich pflanzen wir die Schnittblumen-Lieferanten nicht nur für Vasenzwecke, sondern auch um Gärten zu verschönern.

Zu den Stauden, die Schnittblumen liefern gehören z. B. Rittersporn, Schleierkraut, Glockenblumen, Pfingstrosen, Tränendes Herz, Schwertlilien und Phlox.

Durch das Zusammenspiel von hohen und niedrigen Stauden entstehen auch mit Prachtstauden wie Lilien und Taglilien *(Hemerocallis)* naturnahe Blumenbeete.

April

Stauden, die Trockenblumen liefern

Wenn von Trockenblumen die Rede ist, so denkt man in erster Linie an Strohblumen *(Helichrysum)* und Staticen *(Limonium),* die seit altersher den Ruhm dieser Pflanzengruppe begründeten.

Zu verwenden sind aber auch zwei- und mehrjährige Pflanzen, von Stauden also, deren Blütenstände, Früchte und andere Pflanzenteile sich gut zu attraktiven Gestecken verarbeiten lassen. Diese Stauden »liefern«, im Frühjahr gepflanzt, noch im gleichen Jahr die gewünschten Blüten und Früchte. Neben den bekannten Lampionblumen *(Physalis)* und verschiedenen Disteln, die mit ihren Blüten und Früchten geradezu für diesen Verwendungszweck geschaffen zu sein scheinen, können auch die Blüten von »ganz normalen« Stauden im Trok-

Gräser, auch für Trockenblumensträuße geeignet.

kenarrangement verwendet werden. Das gilt vor allem für die Edelgarben (man traut sich bei soviel Schönheit gar nicht von Schafgarben zu sprechen), deren herrliche Blüten (von Juni bis August) uns sowohl in frischem wie auch in trockenem Zustand erfreuen können. Man merke sich *Achillea filipendulina* 'Parker' und 'Coronation Gold'. Zum Trocknen streife man die Blätter von den Blütenständen ab.

Bei den Disteln sind es die Kugeldisteln und hier vor allem *Echinops ritro,* von denen es mehrere Sorten gibt. Zum Trocknen werden die Stiele kurz vor dem Erscheinen der Einzelblüten geschnitten; die silberfarbenen Blätter läßt man an den Stielen. Arten- und sortenreich ist die Gattung der Edeldisteln *(Eryngium),* die sich sämtlich zum Trocknen eignen. Geschnitten wird, wenn die sogenannten Hochblätter voll ausgefärbt sind.

Gräser als Trockenblumen

Die dritte große Gruppe der Trockenblumenlieferanten ist die der Gräser. Besonders geeignet sind die Ähren des Federborstengrases *(Pennisetum),* die Früchte der Morgensternsegge *(Carex grayii)* und der Riesensegge *(Carex pendula).* Geschnitten wird vor der Reife der Fruchtstände. Besonders schön werden in trockenem (wie auch in frischem) Zustand die silberweißen Blütenstände des Silberfahnengrases *(Miscanthus sacchariflorus),* deren meterhohe Stengel sich gut für eine Aufstellung in großen Bodenvasen eignen. Das gilt auch für die Blütenstände des Pampasgrases *(Cortaderia selloana).* Sie sollte man vor der Verwendung erst einmal 2 bis 3 Tage in die Sonne legen und dann zum Trocknen im Schatten aufstellen.

Noch viel zu selten in unseren Gärten zu finden sind das Flaschenbürstengras *(Hystrix patula)* mit seinen bürstenähnlichen Ähren, die sich bei der Reife rotbraun verfärben, und das Pfeifengras *(Molinia),* dessen kräftige goldbraune Rispen sich ebenso gut für Trockengestecke eignen. Die Halme der *Molinia*-Arten können in jeder Menge geschnitten werden, da sich die Halme nach dem ersten Frost von der Pflanze lösen und umfallen.

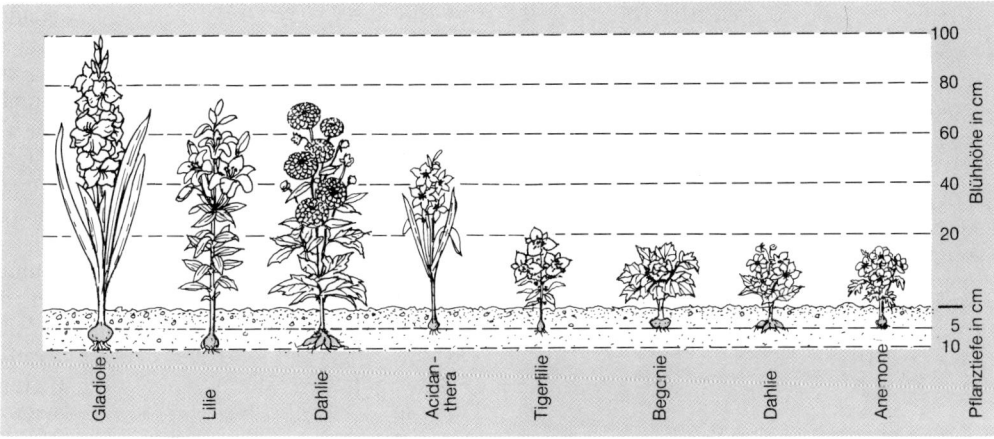

Wuchshöhen und Pflanztiefen sommerblühender Blumenzwiebeln und Knollen.

Blumenzwiebeln und Knollen, die im Sommer blühen

Ab Mitte April wird begonnen, die Knollen und Zwiebeln der nicht winterharten Zierpflanzen in den Boden zu bringen. Zuerst Gladiolen, dann auch Montbretien, Tigerblumen, Sommerhyazinthen, Gartenfreesien, Sterngladiolen und Ende April dann die Dahlien.

Es gibt Blumenzwiebeln, die im Frühjahr blühen. Die kennt jeder: Tulpen, Hyazinthen, Narzissen und viele andere. Sie alle kommen im Herbst in die Erde, zu einer Zeit, in der ihnen die sommerblühenden Blumenzwiebeln auf den Blumenbeeten Platz machen. Diese Sommerblüher Dahlien, Gladiolen, Lilien und Knollenbegonien blühen je nach Art und Sorte vom Juni bis zum späten Herbst. Sie alle werden von April bis Mai gepflanzt.

Dahlien dürfen nicht fehlen

Eine Blütenpracht besonderer Art entfalten im Sommer die Dahlien, die auch deshalb in keinem Garten fehlen sollten, weil sie an die Pflege so gut wie keine Ansprüche stellen. Dahlien unterscheiden sich in der Wuchshöhe, der Blütenform und -farbe. Jährlich kommen neue, blütenschönere Sorten hinzu, so daß es

sich lohnt, die eine oder andere Neuheit hinzuzukaufen. Die neuen Garten- und Schnittsorten werden kaum höher als 130 cm, was gegenüber den älteren Sorten als vorteilhaft angesehen werden kann. An Bedeutung gewonnen haben auch die niedrigen, 40–50 cm hohen Mignon-Dahlien, die sich beide vorzüglich für Beete, Töpfe, Schalen und auch für Balkonkästen eignen.

Dahlien gedeihen eigentlich in jedem Boden, brauchen aber volle Sonne. Niedrige Sorten sind in 30–60, höhere mit 80 cm Abstand zu pflanzen und rechtzeitig anzubinden. Der Stab muß vor dem Pflanzen eingeschlagen werden. Die Pflanzstellen sind gut zu lockern, mit Komposterde, mit Echtem Guano oder einem anderen organischen Dünger und zwar jeweils 60–80 g je Pflanzstelle bzw. m^2, zu versorgen. Die Oberseite des Knollenbüschels kommt gut 5 cm unter die Erde. Das ist schon alles, was Dahlien wünschen.

Gladiolen in Abständen pflanzen

Genauso unkompliziert sind die Gladiolen. Sie gehören zu den blüheifrigsten und haltbarsten Schnittblumen des Sommergartens. In Gruppen gepflanzt, sind sie aber auch blütenschöne Mittelpunkte der Blumenbeete aus Einjahrs-

April

blumen und Stauden. Hier passen besonders gut die niedrigen Sorten und die zierlichen Schmetterlingsgladiolen hin, während man den großblumigen einen Platz am Zaun, vor einer Hecke oder vor Ziergehölzen einräumen sollte.

Kenner empfehlen, nicht alle Gladiolen im April/Mai auf einmal zu legen, sondern in Abständen von 8–14 Tagen; dann hat man mehr und länger etwas von ihnen, weil sie dann nicht alle zur gleichen Zeit blühen.

Die Gladiolen legen wir 8 cm tief im Abstand von ebenfalls 8 cm in die Erde. Wer es nicht genau weiß: Die flache Seite der Knolle kommt nach unten. Gladiolen wünschen einen Platz an der Sonne und sollten als Schutz vor dem Umfallen der blütenschweren Stiele stets angebunden werden. Bewährt hat sich für diesen Zweck ein Stützkranz aus Kunststoff.

Lilien nicht problematisch

Die Vielfarbig- und Vielgestaltigkeit der Lilien wird von kaum einer anderen Gartenpflanze übertroffen. Jeder, der diese winterharten Sommerblüher kennt – sie bleiben ganzjährig auf dem Gartenbeet –, weiß Schwärmerisches zu berichten, von der Farben- und Sortenvielfalt, von imponierend großen Blütentrompeten oder zierlichen, eleganten Blütenständen, kostbar wirkend wie Orchideen.

Man pflanzt sie im Frühjahr oder Herbst. Die Pflanztiefe soll ungefähr das Zweifache des Zwiebeldurchmessers betragen. Eine Zwiebel mit einem Durchmesser von 6 cm soll also 10–12 cm tief im Boden stecken. Die Madonnenlilie *(Lilium candidum)* macht hier eine Ausnahme, sie sollte nur 2–3 cm unter der Oberfläche liegen.

Oben: Niedrige Dahlien zwischen Einjahrs-Steinkräutern, eine gelungene dauerblühende Kombination.

Unten: Großblumige Kaktus-Dahlie. Von dieser Dahlienklasse gibt es besonders viele Sorten in herrlichen Farben.

April

Nach der Pflanzung wird die Pflanzstelle mit einer dreifingerdicken Schicht aus humusreicher Blumenerde (auch Kompost zu empfehlen) abgedeckt. Diese Decke wirkt gegen ein rasches Austrocknen des Bodens und schützt die Zwiebel vor übermäßiger Wärme. Eine Düngung mit einem Mineraldünger oder Echtem Guano sollte erst ab dem zweiten Standjahr erfolgen.

Andere sommerblühende Zwiebeln und Knollen

Außer den Lilien, Dahlien und Gladiolen gibt es noch eine ganze Reihe sommerblühender Blumenzwiebeln und Knollen, die es wert sind, in jedem Garten gepflanzt zu werden. Ranunkeln und Anemonen sind leicht heranzuziehende Beet- und Schnittblumen, die bei Frühjahrspflanzung ihre volle Blütenpracht vor allem in der blumenarmen Frühsommerzeit zeigen. Um eine zeitige Frühjahrsblüte zu erreichen, können diese Knollen auch im Herbst gelegt werden.

Dann gibt es die Sterngladiolen (Acidanthera) mit ihren weißen, wohlriechenden Sternblüten. Etwa 45–60 cm hoch werden diese Pflanzen, deren Zwiebeln etwa 8 cm tief in die Erde kommen; gepflanzt wird im allseitigen Abstand von 10 cm.

Die Montbretien (Crocosmia crocosmiiflora) erfreuen uns mit zierlichen, eleganten Blütenrispen in gelben, orangefarbenen und roten Farbtönen. Ihre etwa 50 cm langen Blütenstiele halten sich lange in den Vasen. Pflanztiefe etwa 5 cm, allseitiger Abstand der Zwiebeln voneinander ebenfalls 5 cm.

Wunderhübsch anzuschauen ist der Milchstern (Ornithogalum) aus dessen Zwiebeln gleich

Oben: Madonnenlilie (Lilium candidum), eine zauberhafte Lilienschönheit in Weiß. Sie gehört in jeden Garten.

Unten: Tigerlilien (Tigridia pavonia) überraschen täglich mit neuen Blüten. Man sollte sie in großer Menge pflanzen.

April

mehrere Blütenstände mit großen reinweißen Blütentrauben erscheinen. Man pflanzt 5–6 cm tief im Abstand von 15 cm.

Mit der Schönheit der Tigerlilien-Blüten können nur wenige Blumen konkurrieren. Neben rahmweißen gibt es hell- und dunkelgelbe, rosa oder leuchtend rote Blumen, einfarbige und solche, die auf hellem Grunde der Blütenschale dunkel gefleckt sind. Die Blüten öffnen sich am Vormittag und sind bereits am Abend verwelkt. Am nächsten Morgen aber erscheinen wieder neue Blüten. Und das geht so mehrere Wochen.

Man sollte Tigerblumen *(Tigridia pavonia)* in großen Mengen pflanzen, um vom Hochsommer bis zum Herbst ihre Schönheit voll genießen zu können. Sie wünschen einen sonnigen Platz aber keine grelle Mittagssonne, da sonst die Blumen noch schneller verblühen. Pflanztiefe: 10 cm. Es empfiehlt sich, die Zwiebeln im Oktober auszugraben und trocken und frostfrei zu überwintern.

Freiland-Freesien sind in einer Mischung von Hybriden hauptsächlich in Pastellfarben einschließlich Weiß, Pink, Gelb, Orange, Rot, Malvenfarben, Purpur und Blau erhältlich. Diese Knollen können von Mitte April an in humosen sandigen Boden an sonnigen Plätzen in einer Tiefe von 5 cm und in ebenso großem Abstand voneinander gepflanzt werden. Sie blühen von Juli bis September. Die duftenden Hybriden sind geeignet für eine Pflanzung in Rabatten und sind wunderschöne und beständige Schnittblumen. In jedem Frühjahr müssen neue Knollen gesetzt werden.

Die Sommerhyazinthen *(Galtonia candicans)* sind imposante Gewächse mit bis zu einem Meter hohen Blütenschäften, an denen viele weiße Glöckchen sitzen. Die Knollen müssen etwa 20 cm tief gesetzt und im Spätherbst gut abgedeckt werden. Der Flor dauert von Juli bis September.

Nicht fehlen sollten die fast nur als Schnittblumen erhältlichen Riesen-Ranunkeln *(Ranunculus asiaticus),* die sich durch große, dichtgefüllte Blüten auszeichnen. Gepflanzt wird 5 cm tief mit 10–15 cm Abstand an einen sonnigen Platz und in nährstoffreiche Erde.

Der Rasen

Gräser sind Blattpflanzen und stehen im Rasen auf kleinstem Raum dicht bei dicht nebeneinander. Der Nährstoffbedarf des Rasens ist deshalb außerordentlich groß, und erst eine regelmäßige und ausgewogene Ernährung der Rasengräser mit Haupt- und Spurennährstoffen sorgt für einen gesunden Wuchs und eine gleichmäßige dunkelgrüne Farbe.

Ein Rasen ohne Düngung kann einfach nicht existieren, da mit dem Rasenschnitt ein ständiger Nährstoffentzug verbunden ist. Und dieser regelmäßige Rasenschnitt muß sein, damit der Rasen dicht und fest wird. Er bedeutet so etwas wie eine gesunderhaltene kosmetische Heilbehandlung. Bei der Neuanlage eines Rasens soll der Boden zusätzlich organischen Dünger erhalten. Um zu dem Idealzustand eines Bodens, zur Krümelstruktur, zu gelangen, bedarf es humuserzeugender Kleinlebewesen im Boden, und die leben von organischen Substanzen. Sie befinden sich vor allem im Kompost, der jedoch unkrautsamenfrei sein sollte, damit der englische Rasen nicht zur Unkrautwiese wird. Wer auf Nummer Sicher gehen will, besorge sich abgepackte Komposterde, die garantiert keinen Unkrautsamen enthält.

Bereits wenige Jahre nach der Neuanlage hat ein Rasen, wenn er laufend gut gedüngt wird, aus den abgestorbenen unterirdischen Pflanzenteilen einen humosen Bodenhorizont aus nährstoffreichem, organischem Material aufgebaut, in dem die Kleinlebewesen leben können. Bei der Düngung beachten, daß mineralische Dünger mit schnell löslichem Stickstoff sorgfältig verteilt werden, damit der Rasen nicht verbrennt. Ein wichtiger Grund bei der Düngung, möglichst nur Spezial-Rasendünger zu verwenden. Da kann dann wirklich nichts passieren. Wer der Sache trotzdem nicht traut, der dünge an einem trüben, regnerischen Tag oder stelle nach dem Ausbringen des Düngers den Regner an. Dann werden die Düngesalze in den Boden eingespült. Die Fachleute sprechen vom »Einregnen des Düngers.«

Gemüsegarten

Braucht keine Stützen: die großhülsige Erbsensorte 'Sperlings Markana'.

Das Arbeitsprogramm im April besteht vornehmlich in der Fortsetzung der im März begonnenen Frühjahrsbestellung. Ungünstiges Wetter kann die Termine oftmals um 8–14 Tage verschieben. Außerdem müssen wir noch den zeitlichen Unterschied in der Vegetations-Entwicklung zwischen Süd und Nord berücksichtigen. Die Unterschiede zwischen beiden Extremen können ebenfalls bis zu 14 Tage ausmachen. Was also Ende März am Bodensee möglich war, wird in Schleswig-Holstein vielleicht erst Mitte April getan werden können. Das sollte man bei der Beurteilung der genannten Arbeitstermine beachten, sie können stets nur auf einen klimatisch bedingten Mittelwert der Zeit bezogen sein.

Neben Erst- und Folgesaaten von Erbsen, Spinat, Radies und Mairettich stehen im April auf dem Arbeitsprogramm: Pflücksalat, Möhren, Rote Rüben, Schwarzwurzeln, Stielmus, Sommerrettich und, Ende des Monats, dann auch Zuckermais. Davon möge sich der Gartenbesitzer das auswählen, was ihm gefällt und zusagt, denn Stielmus zum Beispiel ist nicht jedermanns Geschmack.

Anzucht von Jungpflanzen

Zur Pflanzenanzucht wird ein kleines Saatbeet hergerichtet (Aussaaten unter Folie oder im Frühbeetkasten keimen noch früher und sicherer) und darauf je eine Portion folgender Gemüsearten ausgesät: Porree, Rosen-, Grün-, Wirsing-, Weiß- und Rotkohl, Blumenkohl, Endivien und Kohlrabi. Auch Kopfsalat kommt auf dieses Beet, es sei denn, man zieht es vor, den Salat-Samen auf die dafür vorgesehenen Beete dünn auszusäen und die jungen Pflänzchen in 25 cm Abstand zu vereinzeln.

Gewürzkräuter aussäen

Gewürzkräuter kommen ebenfalls in die Erde. Als Erst- oder Folgesaaten, Dill, Bohnenkraut, Petersilie, Kerbel, Schnittlauch, Kresse, Borretsch und noch viele andere Kräuter, deren Auswahl von der Kochkunst der Hausfrau bestimmt wird. Bei der Aussaat und Pflege der Würzkräuter nicht vergessen, daß diese Pflanzen anderen Wachstumsgesetzen folgen als Gemüsepflanzen. Die meisten Würzkräuter sind als ehemalige Wildpflanzen nicht so verwöhnt wie die hochgezüchteten Gurken, Bohnen und Erbsen und wünschen deshalb einen kaum gedüngten Boden. So genügt es, ihnen vor der Aussaat Komposterde oder, wenn nicht vorhanden, fertigen Humusdünger zu verabreichen. Und dabei bleibt es das ganze Jahr. Volldünger, wie ihn die Gemüse brauchen, gehört nicht auf Würzkräuter-Beete. Wir sorgen lieber dafür, daß diese Pflanzen einen vollsonnigen Platz im Garten bekommen. Da fühlen sie sich am wohlsten. Petersilie zählt zu den wichtigsten Küchenkräutern. Sie ist aber heikel und will in so manchem Garten nicht mehr richtig gedeihen. Vielfach werden die Blätter der kleinen Pflänzchen gelblich oder die Pflanzen sterben ganz ab. Die Ursache sind vor allem Bodenpilze, unter denen die Pflanzen zu leiden haben. Als wichtigste Vorbeugungsmaßnahme sollten wir alljährlich die Petersilienfläche wechseln.

Aussaat und Pflanzung

Mit der Aussaat von Gurken, Melonen, Kürbis und Bohnen warten wir besser noch bis zum Ende des Monats oder Anfang Mai. Auch warme Tage sollten uns nicht zu einer Aussaat dieser Empfindlichen verführen. Wer kein Kleingewächshaus hat, sollte die umständliche Vor-Anzucht am Zimmerfenster unterlassen. Der angebliche Vorsprung wird nämlich durch Direktaussaat im Mai wieder wettgemacht. Das gilt übrigens auch für Dill, Bohnenkraut, Zuckermais und Mangold, die also erst Ende des Monats in die Erde kommen sollten. Gepflanzt wird: Frühkohlrabi, Kopfsalat, Frühblumenkohl, Wirsing, Porree, Spargel, vorgekeimte Kartoffeln und in die Gewürzkräuterecke Liebstöckel, Estragon, Pfefferminze und Waldmeister.

Wer Spinat schätzt, sollte es einmal mit Neuseeländer Spinat versuchen, der, Ende April/Anfang Mai ausgepflanzt, von Juli bis zum ersten Frost ständig Ernten liefert. Neuseeländer Spinat wächst unheimlich, so daß 4 bis 5 Pflanzen für einen Vierpersonenhaushalt völlig genügen. Eine Aussaat ist nötig, da es nirgendwo Pflanzen zu kaufen gibt. Wir legen dazu 3 der großen Samenkörner in kleine Blumentöpfchen, bedecken sie 2 cm hoch mit Erde und decken den Topf mit Pappe oder Holz ab, denn der Samen muß im Dunkeln keimen. Auspflanzen bitte nicht vor Anfang Mai, und zwar an einen Sonnenplatz mit 50–75 cm Abstand von Pflanze zu Pflanze.

Wenn im März geraten wurde, alle Aussaaten draußen mit einem Etikett zu kennzeichnen und zusätzlich den Termin der Aussaat auf dem Kalender zu vermerken, so gilt das auch jetzt. Ja, nun sogar erst recht, denn bei der Fülle von Aussaaten kann man leicht Jungpflanzen verwechseln.

Dagegen spielt die Bodentemperatur keine solche Rolle mehr wie vor einem Monat, weil sich der Boden allgemein so erwärmt, daß für alle genannten Aussaaten die erforderliche Keimwärme vorhanden ist. Die Arbeit wird aber dennoch nicht geringer, denn jetzt ist noch mehr darauf zu achten, daß die Aussaaten nicht austrocknen und die Keimlinge nicht vertrocknen.

Auch Steckzwiebeln gehören jetzt in den Boden, aber nicht zu flach, weil sie im Boden quellen und sich dadurch hochheben. Freistehende Zwiebeln vergrünen und haben mit zunehmendem Wachstum der Schlotten immer weniger Halt im Boden.

Arbeiten im Spargelbeet

Wenn die Spargelbeete ins dritte Jahr gehen, beginnt die Ernte. Während man Grünspargel vom ebenen Boden gewinnt, sind bei Bleichspargel über den Reihen Dämme zu errichten, sobald die ersten Triebe oder Pfeifen sichtbar werden. Das ist meist Anfang bis Mitte April der Fall. Man schüttet die Dämme 15 cm höher auf, als das ebene Land, und oben 30 cm breit. Über den Spargelpflanzen darf die Erde nicht höher als 30 cm liegen. Vorher spannt man Schnüre, um einen Anhalt für den richtigen Verlauf der Dämme zu haben. Die Erde entnimmt man den Zwischenstreifen, so daß kleine Hohlwege, 40 cm breit an der Sohle, entstehen. Die Auffüllerde ist vorher mit einem Grubber zu krümeln, damit keine Klumpen in die Hügel kommen. Zum Schluß wird die Erde glattgeharkt und leicht angeklopft.

Kartoffeln pflanzen

In der ersten April-Hälfte werden die frühen und mittelfrühen Kartoffelsorten gepflanzt. Der Termin ist abhängig von der Landschaft, vom Boden und vom Wetter. Die Erde sollte mindestens 7° C warm sein. Auf jeden Fall weit genug auseinanderpflanzen, damit zwischen den Reihen genügend Platz zum späte-

So wachsen Kartoffeln im Kübel.

Ein Eimer bringt 2 kg Kartoffeln.

ren Anhäufeln bleibt. Die Kartoffeln gedeihen aber auch auf flachen Beeten. Bei 70 cm Reihenabstand kann dann noch eine Mischkultur eingeplant werden. Bis Ende April sollten auch die späten Kartoffelsorten gepflanzt sein.

Kartoffeln unter Folie

Kartoffeln brauchen nicht mehr eingegraben, gehackt und angehäufelt zu werden. Man legt die Knollen ganz einfach auf die Erde und deckt sie mit schwarzer Folie zu. Für die sich rasch bildenden jungen Triebe werden 2–3 cm lange Schlitze in die Folie geschnitten, damit sie sich am Licht entwickeln können. Bereits nach 10 Wochen sind die ersten Knollen erntereif. Dann nur noch die Folie hochheben, die gewünschte Menge herausnehmen und die anderen weiterwachsen lassen. So kommen Kartoffeln täglich frisch und in der gewünschten Weise auf den Tisch.

Bei guter Pflege und entsprechender Witterung kann die erste Kartoffelernte bereits gegen Anfang Juni erfolgen. Die »Rodung« wird bei noch grünem Laub vorgenommen; es muß nicht gewartet werden, bis es abgestorben ist. Die Ernte kann noch erheblich verfrüht werden, wenn man die Kartoffeln vorkeimt. Damit beginnt man etwa 4 bis 6 Wochen vor dem Legen, was in der Regel in der zweiten Aprilwoche stattfindet.

Das Vorkeimen der Knollen erfolgt am besten bei vollem Licht, sehr luftig und bei Temperaturen um 12–15° C. Es sollen sich kurze und grüne Keime bilden.

Mischkulturen sehr zu empfehlen

Im Garten werden durch gemischte Bepflanzung der Beete Platz gespart, durch zeitige Beschattung des Bodens Mikroorganismen in ihrer Aktivität gefördert, das Austrocknen verzögert und das »Kleinklima« verbessert. Bei richtiger Auswahl können sich verschiedene Pflanzenarten gegenseitig günstig beeinflussen und gemeinsam Schädlinge abwehren. Hier einige bewährte Mischkulturbeispiele:

Beet 1

Aussaat und Pflanzung im April
1. Reihe   4 Erdbeer-Pflanzen;   2. Reihe 8 Kohlrabi-Pflanzen oder Dicke Bohnen (Puffbohnen); 3. Reihe 4 Erdbeer-Pflanzen.

April

Im Frühsommer
Juni: Kohlrabi bzw. Dicke Bohnen (Puffbohnen) ernten; Juli: Erdbeeren ernten.

Im Herbst
August: Erdbeeren werden entfernt (neu auf Beet 2), Gründüngung säen.

Beet 2

Aussaat und Pflanzung im April
1. Reihe Radies und Pflücksalat; 2. Reihe Erbsen; 3.–5. Reihe Spinat; 6. Reihe Erbsen; 7. Reihe Radies und Pflücksalat.

Im Frühsommer
Mai: Frühradies ernten, Spinat ernten; Juni: Pflücksalat ernten; Juli: Erbsen ernten (nach Pflücksalat), Sommerradies säen.

Im Herbst
August: Erbsen und Radies entfernen, neue Erdbeeren pflanzen (Abstand 60 × 25 cm). In der Mittelreihe, Endiviensalat oder Chinakohl pflanzen (Abstand 25 cm).

Beet 3

Aussaat und Pflanzung im April
1. Reihe Radies, danach 2 Reihen Stangenbohnen; 2. Reihe Schnittsalat; 3. Reihe 2 Zucchini, dazwischen Pflücksalat; 4. Reihe Schnittsalat; 5. Reihe Radies, danach 2 Reihen Stangenbohnen.

Im Frühsommer
Mai: Radies und Schnittsalat ernten, auf dieser Fläche 2 Reihen Stangenbohnen säen (Abstand 40×60 cm); Juni: Pflücksalat ernten.

Im Herbst
August/September: Stangenbohnen ernten, dann abräumen, Ende September ganzflächig Feldsalat säen.

Beet 4

Aussaat und Pflanzung im April
1. Reihe Möhren und Zwiebeln; 2. Reihe 8 Kohlrabi-Pflanzen; 3. Reihe 3 Eissalatpflanzen, später Tomaten; 4. Reihe 3 Frühkohl-Pflanzen; 5. Reihe Möhren und Zwiebeln.

Im Frühsommer
Mai: zwischen Eissalat 2 Tomaten-Pflanzen

Mischkultur mit Zwiebeln, Radieschen, Kopfsalat und Porree.

(Abstand 40 cm); Juni: Kohlrabi ernten; Juli: Frühmöhren ernten, Frühkohl ernten.

Im Herbst
Anfang August: Vorgezogene Pflanzen von Knollenfenchel, Kopfsalat oder Endivienpflanzen (auf Kohlrabi/Kohlreihen, 25 cm Abstand). Zwiebeln ernten, darauf Winterrettich säen.

Es handelt sich hier um erprobte Mischkulturen und Folgekulturen, die zueinander passen. Hier einige mehr: Porree und Möhren; Kartoffeln, Spinat, Radieschen, Salat und Kohlrabi; Radieschen oder Rettich, Kopfsalat, Blumenkohl und Buschbohnen; Buschbohnen und Rosenkohl; Buschbohnen und Tomaten; Eissalat und Zuckermais; Endiviensalat, Knollenfenchel und Winterrettich.
Grundsätzlich sollten nicht mehr als 4–5 verschiedene Arten gleichzeitig auf einem Beet herangezogen werden. Die Beetbreite beträgt für alle genannten Beispiele 1 m.
Pflanzen Sie nie Arten zusammen auf ein Beet, die sich nicht miteinander vertragen. Das sind: Salat mit Petersilie, Lauch mit Bohnen und Erbsen, Bohnen mit Zwiebeln und Roten Beten, Gurken mit Kartoffeln, Tomaten und Rettich, Tomaten mit Erbsen und Fenchel.

Obstgarten

Ist im März die Düngung versäumt oder vergessen worden, läßt sie sich noch nachholen. Dann aber so rasch wie möglich, damit die Nährstoffe dem Austrieb und der Blüte noch zugute kommen können. Eine solche rasche Wirkung setzt eine gute Löslichkeit der mineralischen Dünger voraus, was am besten durch Volldünger erreicht wird. Bei einer Jahresmenge von 900–1200 g/10 m² Obstfläche beträgt die Frühjahrsrate die gute Hälfte, also 500–700 g. Bei Nutzung der gleichen Fläche durch Unterkulturen oder Zwischenfrüchte ist die Düngermenge um deren Bedarf an Nährstoffen zu erhöhen. Ebenso ist eine zusätzliche Menge von wenigstens 50% ratsam, wenn die Obstgehölze im Rasen stehen, denn auch die Gräser nehmen mit Hilfe ihrer flacher liegenden Wurzeln einen Teil des für die Obstbäume vorgesehenen Düngers weg. Der Dünger wird nicht am Stamm, sondern unter der Kronentraufe gestreut und eingehackt.
Den Erziehungs- und Erhaltungsschnitt bei Steinobst sollte man stets in die Zeit des Austriebes verlegen, weil dann diese Eingriffe von den Obstgehölzen besser überstanden werden. Jetzt, da dieser Schnitt aktuell wird, muß auf die Ausnahmen hingewiesen werden. Sauerkirschen werden nach der Ernte geschnitten, Walnüsse Ende Juli bis Anfang August. Für die übrig bleibenden Obstarten gelten ebenfalls noch einige Einschränkungen. Süßkirschen sollte man nach Möglichkeit gar nicht schneiden. Pfirsiche vertragen den Schnitt am besten kurz vor der Blüte oder sogar in der Blüte. Damit bleiben für den Schnitt während des Austriebes eigentlich nur Pflaumen und Aprikosen übrig.

Erdbeeren pflanzen und pflegen

Während Anfang April das Pflanzen von Obstgehölzen beendet sein sollte, können Erdbeeren noch den ganzen Monat über gepflanzt werden. Dabei sollten wir die Monatserdbeeren nicht vergessen. Sie bringen vom Juli bis zum Herbst fast ohne Unterbrechung, also monatelang, reife Früchte, die doppelt so groß wie Walderdbeeren sind und ihnen im Geschmack recht nahe stehen.
Als Hauptpflanzzeit für Erdbeeren ist jedoch Ende Juli bis Ende August anzusehen. Etwa 14 Tage vor der Neupflanzung und nochmals 4 bis 5 Wochen danach streuen wir 40 g/m² organischen Dünger aus und zwar am besten Erdbeer-Spezialdünger. Ältere Pflanzen erhalten nach der Ernte die gleichen Mengen in 3 Einzelgaben im Abstand von jeweils einem Monat. Das hilft ihnen auf die Sprünge. (Siehe auch August-Obstgarten.)

April

Was man sonst noch wissen sollte

»Ungiftiger« Pflanzenschutz

Vom Pflanzenschutz wollen viele nichts wissen. Bloß nicht mit chemischen Mitteln das Gemüse spritzen. Diese durch übertriebene Anwendung im Feldgemüsebau verständliche Meinung hört man oft. Aber, jeder kann in seinem Garten anfangen, was er will. Auf jeden Fall sollte aber etwas gegen Schädlinge und Krankheiten unternommen werden. Vorbeugend zum Beispiel. Also: Nicht zu dicht säen oder pflanzen, Erde regelmäßig lockern, nicht zu früh mit Aussaat und Pflanzung beginnen, bei Trockenheit gießen, nicht zu wenig und nicht spät abends. Von Krankheit befallene Gemüsepflanzen sofort ausmerzen. Das heißt: Den Pflanzen optimale Wachstumsbedingungen verschaffen, das hilft schon viel.

Schädlinge, wie Erdflöhe, die bei Radies oder Rettichen auftreten, kann man durch Gießen »ertränken«. Läuse, Milben und andere lassen sich durch kalten Wasserstrahl schocken. Raupen und Käfer lassen sich von Hand ablesen.

Für Notfälle gibt es nützlingsschonende Spritz-, Sprüh-, Streu- und Stäubemittel pflanzlichen Ursprungs. Ungiftig für Menschen und Haustiere, nicht für Läuse und Käfer.

Schnecken sind unerwünscht

Bewährt hat sich im Dauerkampf gegen diese gefräßigen Tiere eine schneckenabwehrende Beetumrandung aus Kunststoffkanten, die die Tiere nicht übersteigen können. Erfolge erzielt man auch mit Bierfallen; dazu werden Joghurtbecher in die Erde gegraben und zu zwei Drittel mit Bier gefüllt, das allerdings nach einem Regen erneuert werden muß.

Auch trockenes Sägemehl, rund um die gefährdeten Pflanzen gestreut, hält Schnecken ab. Nach einem Regen ist das Sägemehl durch trockenes zu ersetzen, was auch für das Ausbringen von Kalk, Gesteinsmehl oder Holzasche gilt.

Gartenplage Wühlmaus

Im April machten sich bereits die ersten Schäden an Obst-Jungbäumen, Ziersträuchern und Zwiebelgewächsen (vor allem Tulpen), verursacht durch die Große Wühlmaus, auch unter dem Namen Mollmaus, Schermaus oder Wasserratte bekannt, bemerkbar.

Bei Jungbäumen und Sträuchern werden die Hauptwurzeln rübenartig abgenagt. Spuren der Nagezähne sind dabei gut auszumachen. Die Bäume kann man dann meist ohne Anstrengung aus dem Boden ziehen. Tulpenzwiebeln und Wurzeln anderer Pflanzen, insbesondere auch Möhren, Sellerie und Schwarzwurzeln, werden als weiter Leckerbissen schlicht aufgefressen.

In der Umgebung der Schadstellen findet man ausgedehnte, flach unter der Bodenoberfläche verlaufende Gänge mit unordentlichen, flachen Erdhaufen – im Gegensatz zum Maulwurf, der größere und sauberere Hügel aufwirft.

Drei- bis viermal jährlich kommen 3 bis 4 Junge zur Welt, so daß die Vermehrung beträchtlich sein kann. Die Bekämpfung ist trotz vielseitiger Bemühungen immer noch recht schwierig.

Am wirkungsvollsten sind vorbeugende Maßnahmen, wie zum Beispiel die Anbringung von ¾-zölligen verzinkten Maschendrahtumhüllungen, um die Wurzelbereiche der gefährdeten Baumarten und Pflanzstellen. Giftköder werden im Frühjahr wegen der vielen frischen Pflanzen kaum angenommen; hiermit kann man im Herbst oder Nachwinter bescheidene Erfolge erzielen.

Erfolg mit Fallen

Erfolgreicher kann man mit Fallen arbeiten. Gut bewährt haben sich u. a. die Keim'sche Wühlmausfalle, die bayerische Drahtfalle und die Wolf'sche Kippbügelfalle. Vor dem Einsetzen der Fallen überzeugt man sich durch die »Wühlprobe« (Öffnen eines Ganges), ob sich Wühlmäuse darin befinden. Spätestens nach 24 Stunden haben die licht- und luftzugscheuen Tiere den Gang wieder geschlossen. Nach Wegräumen der Dämme wird die Falle

Wühlmaus: Niedlich anzusehen, aber bei Gartenbesitzern unbeliebt.

Maulwurf und Artenschutzverordnung

Da der Maulwurf nicht selten mit der Wühlmaus oder auch umgekehrt zusammen auftritt, ist es sehr wichtig zu wissen, daß nach der Artenschutzverordnung von 1980 der Maulwurf geschützt ist, also nicht bekämpft werden darf. Im übrigen sind Maulwürfe und Wühlmäuse biologisch gesehen grundverschieden. Maulwürfe ernähren sich ausschließlich von Insektenlarven und -puppen (Engerlinge, Tipula-Larven, Drahtwürmer und auch Regenwürmer). Er wird immer dort sein, wo der Tisch reichlich gedeckt ist. Wühlmäuse leben dagegen von Baumwurzeln, Blumenzwiebeln und Wurzelfrüchten. Sie gehören auch zu den Übertragern von Infektionskrankheiten.

fest eingeschoben und licht- und luftdicht abgedeckt (Grassoden, Eimer). Wegen der möglichen Geruchsübertragung trägt man bei der Arbeit Gartenhandschuhe. Bei sachgemäßer Anwendung stellt sich der Erfolg bald ein.

Tierfreunde schwören auf das Windhagener Wühlmausgerät; dabei vertreiben elektronisch gesteuerte Resonanzschwingungen die Tiere, ohne ihnen zu schaden. Wirkungsbereich bis zu 1000 m².

Katzen besser als Wolfsmilch

Abstand nehmen sollte man von der früher üblichen Methode, Auspuffgase von Mofas oder Motorrädern in die Gänge zu leiten oder gar Altöl in die Gänge zu schütten. Abgesehen von der zweifelhaften Wirkung solcher »Bekämpfungs«-Arten verbietet sich eine derartige Umweltverseuchung von selbst.

In Gärten, in denen sich Katzen täglich und vor allem nachts ein Stelldichein geben, ist von Wühlmäusen weit und breit nichts zu sehen. Wenn sie dem Kater oder der Katze auch nicht gerade zum Opfer fallen, so nehmen sie doch reißaus. Schließlich läßt die Katze das Mausen nicht.

Die häufig gerühmten abschreckenden Pflanzen, wie zum Beispiel Kreuzblütige Wolfsmilch *(Euphorbia lathyris)*, Knoblauch *(Allium sativum)* und Kaiserkrone *(Fritillaria imperialis)* haben nur in unmittelbarer Nähe eine gewisse Wirkung. Darauf verlassen kann man sich nicht.

Balkon- und Kübelpflanzen

Bepflanzungsmöglichkeiten für Balkon- und Fensterkästen gibt's ein paar Hundert. Das klingt übertrieben, wird aber schnell Wirklichkeit, wenn man zur Pflanzzeit bei Gärtnern und Garten-Centern die Fülle der vielen Pflanzen betrachtet. Bei der Auswahl der Pflanzen spielt natürlich die Vorliebe für eine bestimmte Pflanzenart eine Rolle, genau so wie die Entscheidung für eine Blütenfarbe.

Vorschriften gibt es bei der Wahl der Balkonbewohner aus dem Pflanzenreich nicht, nur die Himmelsrichtung spielt eine Rolle, denn manche Pflanzen vertragen keine Sonne, manche keinen Schatten. Hier einige Bepflanzungsvorschläge.

Pflanzbeispiele für Blumenkästen
(Anzahl je Meter)

Für sonnige Balkone

1. Vorschlag: 2 aufrechtwachsende Geranien (rot), 1 Zwergmargerite *(Hymenostema paludosum)*; weiß, und außen je 1 Blaues Gänseblümchen *(Brachycome)*, hängend, blau.

Fensterkästen mit einer bunten Mischung aus Balkonpflanzen und Einjahrsblumen: Fuchsien, Petunien, Hängegeranien, rote Fleißige Lieschen, gelbe Tagetes und Silberblätter *(Senecio bicolor)*.

2. Vorschlag: außen 2 Zwergmargeriten *(Hymenostema paludosum)*, weiß, in der Mitte 2 Petunien, dunkelblau, davor 2 hängende Geranien, rosa.

3. Vorschlag: außen 2 Petunien, weiß, 1 Sterntalerblume *(Melampodium)*, gelb, 1 hängende Geranie, rosa, mit sternenförmigen Blüten.

4. Vorschlag: 3 hängende Petunien, dunkel-blau, 2 aufrechtwachsende Geranien, rosa oder weiß.

Für Balkons, auf die die Sonne nur ein paar Stunden scheint

1. Vorschlag: 2 aufrechtwachsende Pantoffelblumen *(Calceolaria integrifolia)*, gelb, 2 hängende Lobelien, blau, und außen je 1 Petunie, rosa.

2. Vorschlag: 2 Verbenen, rot mit weißer Mitte, 2 Zwergmargeriten *(Hymenostema paludosum),* weiß, außen 2 hängende Lobelien, blau.

Für halbschattige bis schattige Balkons

1. Vorschlag: 3 hängende, kleinblumige Knollenbegonien, gelb, dazwischen 2 Fleißige Lieschen *(Impatiens),* orange, dahinter 2 aufrechtwachsende Fuchsien, rot-weiß. Andere Fuchsienfarben eignen sich ebenfalls.

2. Vorschlag: 3 *Tagetes,* gelb-braun, außen 2 *Ageratum,* blau, 2 aufrechtwachsende, großblumige Knollenbegonien, rot.

3. Vorschlag: 3 aufrechtwachsende großblumige Knollenbegonien, gelb, davor 3 Fleißige Lieschen *(Impatiens),* rot.

Für alle Balkons

1. Vorschlag: 2 aufrechtwachsende Fuchsien, rosa-weiß, außen und in der Mitte 3 Knollenbegonien, orangefarben.

2. Vorschlag: außen je 2 Fleißige Lieschen, weiß, 2 Fuchsien, niedrigwachsend, rosa, in der Mitte 1 hochwachsende, großblumige Knollenbegonie, hellrot.

Wie gepflanzt wird

Die meisten Blumenzwiebeln, die Vorfrühlingsblüher Stiefmütterchen, Vergißmeinnicht und Primeln, Wasserpflanzen und Ziergehölze sind, wenn nicht gerade sibirische Kälte herrscht, weitgehend frostunempfindlich. Die »richtigen« Balkonpflanzen wie Geranien und Fuchsien, die einjährigen Sommerblumen und die Kübelpflanzen sind bei der Pflanzung oder der Aufstellung aus dem Überwinterungsraum an die frische Luft an einen Termin gebunden, der etwas vage »die Eisheiligen« genannt wird (12.–15. Mai) und zu dem hin und wieder Kälterückfälle und Maifröste auftreten. Wer schon im April pflanzen will und vor Spätfrösten nicht sicher ist, decke bei Frostgefahr die Gefäße mit Kunststoff-Vlies ab, das angefeuchtet werden muß.

Sorgen für mediterrane Atmosphäre: Keramikgefäße mit Zitronenbäumchen und Bougainvilleen.

April

In die Gefäße kommt zuerst eine fingerdicke Schicht Topfscherben, mittelgroße Kieselsteine oder die bei der Hydrokultur verwendeten Basaltkügelchen größter Körnung. Sie sollen den so wichtigen und notwendigen Wasserabfluß regulieren. Ohne diese Drainageschicht verstopfen die Wasserabzugslöcher.

Es empfiehlt sich, jedes Jahr neue Erde zu verwenden, da die alte durch das ständige Gießen ausgelaugt und auch durch regelmäßiges Düngen nicht zu verbessern ist. Gut eignen sich Fertigerden, die bereits vorgedüngt sind und den Pflanzen einen idealen Wachstumsstart ermöglichen. So braucht erst nach 4–6 Wochen die erste Düngung einzusetzen.

Wer einen Garten und einen Komposthaufen besitzt, kann seine Erde selber mischen. Das Rezept: Komposterde mit Zusätzen von feinem Sand, der die Wasserdurchlässigkeit fördert und Beigaben von Rindenhumus bis zu einem Drittel des gesamten Erdvolumens. Anstelle von Sand können auch Styromullflöckchen (Größe etwa 4–8 mm) zugesetzt werden. Sie lockern die Erde und sind nicht schädlich.

Hausgemachte Erde braucht eine Zusatzdüngung. Dazu eignen sich organisch-mineralische Volldünger in einer Menge von etwa 50–80 g/l Erde. Die Erde soll nicht zu trocken, aber auch nicht zu naß sein und das Pflanzgefäß nicht ganz ausfüllen. Ein Gießrand von etwa 2–3 cm Höhe unterhalb des Gefäßrandes sorgt dafür, daß beim Gießen kein Wasser überläuft. Die Pflanzen können etwa 5–10 mm tiefer in die Erde, als sie vorher im Topf gestanden haben. Bewährt hat sich, die Pflanzen in den Töpfen vor dem Einsetzen gründlich zu durchfeuchten, damit der Wurzelballen unbeschädigt bleibt.

Eine der wichtigsten Grundregeln heißt: Nicht zu eng pflanzen! Auch ein Balkonkasten soll wie ein neu angelegtes Blumenbeet aussehen, das heißt, sich nicht gleich in vollem Blumenschmuck präsentieren, sondern nach und nach heranwachsen. Genaue Hinweise auf Pflanzentfernung sind nicht möglich, da das Pflanzenwachstum von verschiedenen Faktoren abhängig ist.

Der Pflanzabstand sollte bei Geranien und Petunien bei einreihiger Anordnung etwa 20 cm, bei Tagetes, Husarenknöpfchen oder Einjahrssteinkraut ungefähr 10 cm von Pflanze zu Pflanze betragen. Dichter stehende Pflanzen erschöpfen sich auch bei reichlicher Düngung leicht.

Herabhängenden Gewächsen wie Hängegeranien, Hängepetunien und Gebirgshängenelken kommt man durch Schrägpflanzen ihrer gewünschten Neigung entgegen.

Es empfiehlt sich, an einem trüben Tag oder gegen Abend zu pflanzen. Bei dauerhaftem schönen Wetter stellt man die fertig gepflanzten Gefäße erst einmal in den Schatten und dann erst an ihren endgültigen Platz. Anschließend wird gründlich angegossen und leicht übersprüht. An sehr sonnigen Plätzen hat sich das Auflegen von Zeitungspapier als Verdunstungsschutz bewährt; es kann aber auch ein Kunststoffvlies sein.

Pflanzgefäße

Bei der Auswahl der Pflanzgefäße für Balkon, Terrasse und Dachgarten sind der Phantasie und der Entdeckerfreude keine Grenzen gesetzt. Nur bei Balkon- und Fensterkästen, die auf Balkongeländern oder unter dem Fenster befestigt werden, wird man sich auf rechteckige Gefäße beschränken.

Hinsichtlich des Materials ist den haltbareren Kästen aus Eternit, Terrakotta, Keramik oder Kunststoff gegenüber den Holzkästen der Vorzug zu geben, die durch ihre geringe Widerstandskraft gegen die ständigen Wassergaben eine nur kurze Lebensdauer besitzen. Wer trotzdem auf Holz nicht verzichten will, der besorge sich druckimprägnierte Holzkästen. Balkongefäße aus Zement oder Beton sind unhandlich durch ihr Gewicht.

Zu empfehlen sind Kästen aus Kunststoff, die leicht sind, sich schnell erwärmen und stets für die so wichtigen »warmen Füße« der Balkonpflanzen sorgen, allerdings deshalb auch öfter gegossen werden müssen.

Beim Neueinkauf sollte man auf konisch ge-

Hier blühen Fleißige Lieschen, Pantoffelblumen und Fuchsien.

formte, also unten schmalere Kästen achten, die sich – ineinandergestellt – besser transportieren und lagern lassen. Die Erfahrung hat gelehrt, lieber mehrere kurze als lange Kästen zu verwenden, da nicht nur ältere Menschen ihre Last beim Aufstellen und Abräumen der bepflanzten Gefäße haben. Das Gewicht kann von großer Bedeutung sein, vor allem, wenn es darum geht, die Kästen im Frühjahr oder vor den ersten Kältegraden im Herbst vom Balkonsims herabzuheben und auf dem Boden des Balkons aufzustellen.

Bei der Auswahl der Pflanzgefäße ist auch darauf zu achten, daß die Kästen wie ein Blumentopf mit Abzugslöchern versehen sind. Sonst kommt es leicht zu einer Versauerung der Erde und zu Wurzelerkrankungen und als Folge zu gelben Blättern und Wachstumsstockungen. Die Löcher nutzen allerdings nichts, wenn die Kästen flach aufliegen und sich nicht durch bereits eingebaute Sockel oder durch Holzpflöcke etwas über den Sims erheben.

Allzu selten macht man sich auch Gedanken darüber, daß Balkonpflanzen, die zumeist schnellwachsend und große Nährstoffzehrer sind, mehrere Monate in diesen kleinen Gefäßen aushalten müssen. Deshalb sollten die Kästen einen möglichst großen Wurzelraum aufweisen und mindestens 20–25 cm hoch sein. Auch deshalb, weil in den kleinen Kästen die Erde leicht austrocknet und deshalb öfter gegossen werden muß. Sind kleinere Kästen nun einmal vorhanden, so müssen wir die Anzahl der Pflanzen entsprechend einschränken. Erfahrungsgemäß stehen in den meisten Balkonkästen die Pflanzen zu dicht, was durch ständige Düngung nicht wieder wettgemacht werden kann.

Wer genügend Platz auf der Terrasse für Kübelpflanzen und Troggärten hat, kann sich glücklich schätzen. Denn unter den nüchternen Namen Kübel oder Trog verbergen sich neben den in Gartenfachgeschäften erhältlichen Schalen und Kübeln rechte Kostbarkeiten wie handgearbeitete Sandsteingefäße, ausgediente Viehtränken, alte Brunnenteile, Fässer und Schubkarren. Hier entscheiden der Geschmack und der Platz.

Mai

Ziergarten 78

Der Rasen 88

Gemüsegarten 86

Obstgarten 89

Balkon- und Kübelpflanzen 90

Mai

Ziergarten

Immer noch können Einjahrsblumen ausgepflanzt oder direkt ins freie Land gesät werden; die schönsten und gartenwürdigsten stehen in den Tabellen, Seite 24, 44.

Von Ausnahmen abgesehen, ist jetzt für die meisten Stauden die beste Pflanzzeit. Sie wachsen in diesen Wochen besonders gut an, nur muß, besonders bei trockenem, sonnigen Wetter, für regelmäßige Bewässerung der neu angelegten Staudenbeete oder -plätze gesorgt werden. Von den bereits abgeblühten Vorfrühlingsstauden sind die verblühten Blütenstände und die welken Blätter abzuschneiden. Auch ist noch Zeit, um Dünger auszustreuen oder in flüssiger Form zu verabreichen. Das soll aber nur bei trübem Wetter geschehen, denn bei Sonnenschein besteht Gefahr, daß die jungen Wurzeln verbrennen.

Mit der Düngung wird gleich eine Bodenlockerung verbunden und das Unkraut entfernt. Bei langsam startenden Stauden nicht die Geduld verlieren: Sie kommen schon noch. Für hohe Stauden, die bereits länger im Garten wachsen, und die zum Umfallen neigen, sind schon in diesen Wochen Stützen anzubringen, am besten Staudenhalter oder einfache, fest in der Erde verankerte Stäbe, von denen aus die Büsche mit dickem Bast oder Bindfäden zusammengebunden werden.

Rhododendron und Gartenazaleen jetzt pflanzen

Rhododendron und Gartenazaleen wachsen und blühen in immer mehr Gärten. Und das hat viele gute Gründe. Zuerst gibt natürlich die Schönheit der Blüten den Ausschlag für den hohen Grad ihrer Beliebtheit, was für die immergrünen Arten und Sorten genauso gilt wie für die laubabwerfenden, die auch noch wundervoll duften.

Zweitens wird die Robustheit und Gesundheit dieser prächtigen Ziersträucher hochgelobt. Denn der Rhododendron-Liebhaber hat keine Sorgen mit diesen im Schatten wie auch in der Sonne (wenn nur der Boden feucht genug ist) blühenden Pflanzen, von denen es hochwachsende wie zwergige, den Boden bedeckende Formen in zahlreichen Farben in den Baumschulen gibt. Da Rhododendron in voller Blüte, also auch im Mai gepflanzt werden können, hat der Gartenfreund die Möglichkeit, sich die Farbe auszusuchen, die haargenau in seinen Garten paßt.

Robuste und gesunde Sorten

Wer unter den vielen Rhododendron besonders robuste und gesunde Sorten sucht, weil sein Garten stark dem Wind oder dem Frost ausgesetzt ist, der halte sich an die immergrünen *Catawbiense*-Hybriden, die in vielen Farben erhältlich sind und sich durch große Frosthärte auszeichnen. Die Farbpalette reicht von Lila, Purpurrosa, Weiß bis hin zu Rot, Gelb und Orange. Rhododendron-Kenner verweisen auf die mit sehr großen, hell-lila und gelbrot gezeichneten Blüten ausgestattete Sorte *R. catawbiense* 'Grandiflorum'. Gleichermaßen winterhart und reichblütig ist die zudem noch besonders frühblühende 'Cunningham's White' mit weißen, zartgelben gezeichneten Blüten.

Neben diesen altbewährten Rhododendron, die jedem Hobbygärtner ohne Bedenken zu empfehlen sind, auch weil sie selbst in schlechten Böden wachsen, machen andere, begeisternd schöne Rhododendron von sich reden, die *Yakusimanum*-Hybriden genannt werden. Sie bleiben meist niedrig, etwa 50–100 cm hoch, und sind in mehreren Sorten erhältlich, die alle durch dichte Blütenbüsche in wundervollen Farben auffallen. Da gibt es Hybriden mit roten, rosa, rosaweiße, gelbe und mehrfarbigen Blüten. Alle blühen schon reichlich als junge Pflanzen und überstehen gelassen jedes schlechte und kalte Wetter. Natürlich können das nur Empfehlungen sein, denn das Rhododendron-Sortiment ist riesig.

Was Rhododendron wünschen

Alle Rhododendron und Gartenazaleen wünschen viel Torf (für den es in diesem

Fall keinen Ersatz gibt), weil sie in saurer Erde wachsen wollen. Deshalb wird die Pflanzfläche in Höhe des Wurzelballens umgegraben und so viel Torf untergemischt, daß der Boden zur einen Hälfte aus Torf, noch besser ist der Spezialtorf Planta-Rhodo, und zur anderen Hälfte aus Gartenboden besteht. Das ist die Methode für »normale« Böden. Ist der Gartenboden jedoch besonders kalkhaltig, muß energischer vorgegangen werden. Die Experten raten dann, die Erde ganz zu entfernen und durch eine Mischung aus Planta-Rhodo und Torf im Verhältnis 1:1 auszuwechseln. Gepflanzt wird so tief, wie der Wurzelballen hoch ist. Die Breite des Pflanzlochs sollte dagegen dreimal so groß sein wie der Durchmesser des Wurzelballens. Da kann dann nichts mehr passieren, weil der Torf das Wasser fest und den Boden kühl hält.

Was zwischen Rhododendron wächst

Alleinstehenden Rhododendrongruppen sollte man Begleitpflanzen zugesellen, die vor oder nach diesen Blütensträuchern blühen, den Boden bedecken oder sich gar wie Zierkirschen, Zieräpfel oder Magnolien zur gleichen Zeit mit Blüten schmücken. Das ergibt traumhaft schöne Wirkungen und holt die Rhododendron aus ihrer Isolierung heraus. Denn manchem Gartenfreund sind Rhododendron, von ihrer Blütezeit abgesehen, zu langweilig. Das muß nicht sein, weil genügend Sträucher, Stauden, Blumenzwiebeln, Knollen und Farne zur Verfügung stehen, die den Rhododendrongarten bald zu einem besonders interessanten und attraktiven Gartenteil werden lassen.

Kleine Bäume und Sträucher mit flach am Boden streichenden Wurzeln (Birken) und Gehölze mit dichtem Laubdach sind ungeeignet. Gut dazu passen dagegen, neben den bereits genannten Gehölzen, Felsenbirne (*Amelanchier*), Ahorn-Arten, wie *Acer japonicum* und *A. palmatum*, die Kornelkirschen (*Cornus florida* und *C. kousa*), Zaubernüsse (*Hamamelis*) und Perückensträucher (*Cotinus*), um nur die wichtigsten zu nennen.

Von den Stauden sind es Japan-Anemonen (*A. hupehensis*), Geißbart (*Aruncus dioicus*), Astilben, Bergenien, Tränende Herzen (*Dicentra*), Fingerhüte (*Digitalis*), Taglilien (*Hemerocallis*), Funkien (*Hosta*). Dazu gesellen sich noch einige Farne, wie *Asplenium trichomanes*, *Blechnum spicant*, *Dryopteris filixmas*, *Polystichum aculeatum* und *P. setiferum*.

Zu den Füßen der Rhododendron entfalten viele Blumenzwiebeln und Knollen ihre je nach Frühlingswetter lange haltbaren Blüten. Dazu gehören: Anemonen, Herbstzeitlosen (*Colchicum*), Alpenveilchen (*Cyclamen*), Winterlinge (*Eranthis*), Schneeglöckchen, Traubenhyazinthen (*Muscari*), Narzissen (besonders empfehlenswert), Blausternchen (*Scilla*) und Tulpen jeder Farbe und Blütezeit, vor allem aber die frühblühenden Sorten.

Pflanzzeit

Pflanzzeit ist auch noch für die meisten Stauden und für Nadelgehölze, die in diesen Wochen besonders gut anwachsen, weil sich die Erde schon genügend erwärmt hat, für Dahlien, Gladiolen und andere im Sommer blühende Blumenzwiebeln und Knollen. Damit es im Sommer so richtig schon blüht, empfiehlt es sich, jetzt Zweijahrsblumen auszusäen.

Anzucht von Zweijahrsblumen

Spaß macht die Anzucht der sogenannten Zweijahrsblumen, die jetzt ausgesät werden müssen. Im Gegensatz zu den einjährigen Sommerblumen brauchen die zweijährigen nicht etwa zur Entwicklung von Blättern und Blüten zwei ganze Jahre, sondern zwei Vegetationsperioden. Anders ausgedrückt: Sie werden im Sommer (Juni/Juli) ausgesät und blühen dann schon im Frühjahr des nächsten Jahres. Heute ziehen die Gärtner allerdings die typischen und bekanntesten Zweijährigen wie Stiefmütterchen und Tausendschön (Maßliebchen) schon viel früher heran, so daß uns vor allem die völlig frostharten Stiefmütterchen

Mai

schon im Spätherbst oder im Winter zum Einpflanzen in Balkonkästen, Kübel und andere Gefäße zur Verfügung stehen.

Zu den Zweijährigen, die jetzt ausgesät werden können, gehören außerdem der Fingerhut *(Digitalis)*, die Marienglockenblume *(Campanula medium)*, die Stockrose oder Malve *(Alcea,* syn. *Althaea)*, die Bartnelken·*(Dianthus barbatus)* und die Königskerze *(Verbascum)*. Sie alle sind blüheifrige Gewächse, auf die man nicht verzichten sollte. Von Königskerzen *(Verbascum)* gibt es bis 2 m hohe Sorten, alle mit gelben, ährig-rispigen Blütenständen. Sie blühen von Juni bis August und wünschen einen Platz an der Sonne. Der Fingerhut *(Digitalis),* der zur gleichen Zeit blüht, gedeiht auch an halbschattigen Plätzen, zwischen Laub- und Nadelgehölzen.

Eine Selbstanzucht von Stiefmütterchen, Tausendschön *(Bellis)*, Vergißmeinnicht *(Myosotis)* ist ohne große Probleme im Frühbeetkasten möglich, da im Sommer ausgesät wird. Auch ein gut vorbereitetes Gartenbeet kann als Anzuchtstätte dienen. Es genügt für alle Arten zusammen ein Fleckchen von 1 m² Größe, das mit der abgepackten Aussaaterde verbessert wird. Hierin keimen und wurzeln die jungen Pflanzen schnell und gut.

Bis zur Keimung halten wir das Saatbeet feucht und dunkel, nach dem Aufgehen hell, aber nicht sonnig, und nur mäßig feucht, allerdings auch nie völlig trocken. Kann man die jungen Pflanzen mit den Händen fassen, werden die zu dicht stehenden herausgenommen und auf ein anderes Beet in 15–20 cm Entfernung ausgepflanzt. Zu dicht stehende Pflanzen bilden keine guten Büsche.

Im Oktober zeigen sich bei den Stiefmütterchen und Bellis schon die ersten Knospen und Blüten: Die Pflanzen sind fertig für den vorgesehenen Platz. Erfahrungsgemäß blühen im Spätherbst gepflanzte Zweijahrsblumen länger als im Frühjahr gepflanzte.

Übrigens, es empfiehlt sich, bei Stiefmütterchen, Bellis und Bartnelken Farbsorten auszusäen und keine Mischungen, die in der Blütenfarbenauswahl nur selten befriedigen.

Aussaat von Stiefmütterchen

Bei der Aussaat von Stiefmütterchen ist zu beachten: Ausgesät wird von Juli bis August, bei Temperaturen um 15–18° C. Da aber in dieser Zeit das Thermometer höher klettert, wird das Saatbeet (flache Schalen) im Schatten hergerichtet und mit stets feuchten Jutesäcken oder geschlitzter Schattierfolie bedeckt. Die Verdunstungskälte senkt die Temperatur. Nach erfolgter Keimung (etwa 14 Tage) die Säcke entfernen und die Keimschalen weiterhin im Schatten stehen lassen. Damit die Samen richtig keimen, ist es unerläßlich, das Saatgut auf der Handfläche mit etwas angefeuchtetem, scharfkörnigem Sand zu reiben. Dadurch wird ein ölhaltiger Film entfernt, der das Saatkorn umgibt und den Keimprozeß verzögert. Der Samen kommt flach in die stets feuchte Aussaaterde.

Fische im Gartenteich aus Folie.

Anlage eines Gartenteichs

Der Folienteich
Wer einen Wassergarten anlegen will, kann sich diesen Wunsch entweder mit Spezialfolie für Gartenteiche oder mit einem Fertigbecken erfüllen. Die Folie gibt es in Abmessungen nach Wunsch, so daß eine Anpassung an die gewünschte Teichgröße und dessen Form und Tiefe einfach ist.

Auch in flachen Becken gedeihen schöne und interessante Pflanzen. Gerade die ufernahe und ständig bodenfeuchte Sumpfvegetation ist besonders vielgestaltig.

Wasserbecken kann man den ganzen Sommer bepflanzen. Dann gibt es auch kräftigere und robustere Pflanzen, die im warmen Wasser besser und schneller anwachsen als in kühlen Frühlingswochen. Außerdem macht es auch viel mehr Spaß, bei Sonnenschein mit Wasser umzugehen.

Der Platz für den Gartenteich wird sorgfältig ausgewählt. Er muß unbedingt einige Stunden am Tag Sonne bekommen. In zu kaltem Wasser wachsen die Wasserpflanzen nicht. Auch soll der Teich von allen Seiten begehbar sein, damit man ihn problemlos pflegen und alles gut beobachten kann. Denn schon nach wenigen Tagen stellen sich die ersten Teichbewohner ein: Zuerst Wasserflöhe, Wasserläufer und Libellen, später dann Frösche, Kröten und

auch Molche. Das Gefühl, gleichzeitig auch einen kleinen Beitrag zum Umweltschutz zu leisten, macht den Teichbesitzer zu Recht ein wenig stolz und glücklich.

Folienteich oder Fertigbecken

Am schnellsten ist ein Wassergarten mit Fertigteichen angelegt. Davon gibt es eine große Auswahl in verschiedenen Formen und Größen. Mit diesen Fertigteichen wird man an einem Tag zum Wassergärtner und Fischereibesitzer. Probleme gibt es mit Fertigteichen aus Kunststoff nicht. Sie sind stabil, völlig wasserdicht und winterfest. Frost kann ihnen auch nichts anhaben. Richtige Teich-Fans setzen sich gleich mehrere Fertigbecken in den Garten, verbinden sie mit Natursteinen, kleinen Holzbrücken oder schmalen Bachläufen. Bei der Auswahl eines Fertigteiches muß auf die richtige Tiefe des Teiches geachtet werden. Aufgepaßt! Einige weisen eine zu geringe Pflanztiefe für Wasserpflanzen auf, die eine regelmäßige Wasserzirkulation nicht mehr zuläßt.

Für Teiche, die größer als $10 \, m^2$ sein sollen, sind Folien besser geeignet, auch weil sie nahezu unbegrenzte Gestaltungsmöglichkeiten bieten. Flache Uferzonen können zum Beispiel entstehen mit Pflanzen, die dem Garten neue wirkungsvolle Blütenakzente vermitteln. Niemand wird dabei mit Folienteichen oder Fertigbecken den ganzen Garten in eine private Seenplatte verwandeln wollen. Es genügen 10% der Gesamtfläche, um täglich ein Stück unverfälschter Natur zu erleben.

Der Folienteich bietet viele Möglichkeiten

Mit Folien sind die Gestaltungsmöglichkeiten eines Wassergartens nahezu unbegrenzt. Einmal, was die Größe des Teiches anbetrifft, und zum anderen, weil bei der Verwendung einer Folie flache Uferzonen mit Pflanzen entstehen, die dem Garten neue wirkungsvolle Blütenakzente vermitteln. Außerdem baden im flachen Grund die Vögel; Frösche und andere Amphibien lassen sich besser beobachten und können das Wasser ohne Probleme verlassen. Legen Sie zunächst die gewünschte Form des

So wird ein Fertigbecken eingesetzt.

Gartenteiches mit einem Gartenschlauch oder einem Seil aus. Am schönsten und natürlichsten ist die runde Form. Die Rundung wird mit kleinen Pflöcken fixiert; dann können Sie mit dem Ausschachten beginnen. Daß noch eine Schicht Teicherde hinzukommt, sollte man bei der geplanten Wassertiefe berücksichtigen.

Nach dem Ausschachten wird die Mulde zunächst sorgfältig geglättet, Wurzeln und Steine und andere Gegenstände müssen entfernt werden, da sie die Folie aufreißen könnten. Dann wird die Mulde mit einer 5–10 cm dicken Sandschicht gleichmäßig bedeckt. Eine einfache und gute Alternative ist hier ein spezielles Teichvlies, das im Fachhandel erhältlich ist und das die Sandschicht ohne weiteres ersetzen kann. Darauf wird die Teichfolie glatt ausgelegt. Die Folie sollte etwa 30 cm über den Rand hinausragen. Der Boden kann mit spezieller Wasserpflanzenerde bedeckt werden, sinnvoll sind aber auch spezielle Wasserpflanzkörbe, mit denen auch ein späteres Versetzen der Pflanzen kein Problem ist. Dann wird ganz langsam Wasser eingelassen, damit sich die Folie noch setzen kann.

Schnell geht es mit einem Fertigbecken

Schachten Sie zunächst eine Mulde aus, die etwa 10–20 cm tiefer und 30–40 cm länger bzw. breiter ist als der Fertigteich. Diese Mulde wird dann am Boden so gut wie möglich mit einer gleichmäßigen, etwa 5 cm dicken, festzuklopfenden und trockenen Sandschicht bedeckt. In dieses Sandbett wird dann das Becken waagerecht eingesenkt. Dann bringen sie den Fertigteich durch Anpressen und Verteilen des Sandes in die Waagerechte.

Hat der Fertigteich einen festen Halt, füllt man knapp ein Viertel des vorgesehenen Wasservolumens ein. Die Seitenwände des Teiches dürfen dabei nicht mehr als 4–5 cm mit Wasser bedeckt sein. Ist der Teich dann immer noch in der Waagerechten, kann damit begonnen werden, die Mulde zwischen Teichwand und Naturboden mit Sand zu füllen. Der trockene Sand muß dabei fest eingestampft werden. Ideal ist es, wenn das Einstampfen und Auffüllen des Teiches gleichzeitig geschehen.

Pflanzen für den Gartenteich und seine Ufer

Das Angebot an Wasserpflanzen ist groß. Die Anlage eines Wassergartens wird damit unabhängig von bestimmten Pflanzzeiten, die sich von April bis Oktober erstrecken. Am besten läßt man sich Zeit und pflanzt ab Mitte Mai bis Ende August und noch später. Da ist das Wasser warm, und die Pflanzen sind kräftiger. Verpassen tut niemand was, da das Wasserpflanzenangebot auch dann noch ausreichend ist. Man sollte Pflanzenarten kaufen, und zwar solche, die gut zueinander passen: in der Wuchsform, in der Blütezeit, in der Farbe. Dies ist besser, als ein Sammelsurium von noch so interessanten Gewächsen. Gepflanzt wird von außen nach innen beginnend – zunächst in der flachen Randzone, später in den tieferen, mit Erde aufgefüllten Pflanzmulden. Die Erde soll lehmig sein und sich wenig zersetzende organische Masse enthalten. Eine Schicht von 15–20 cm genügt.

Die Pflanzen werden von faulen, geknickten oder sonstwie beschädigten Blätter gesäubert, die Wurzeln etwas eingekürzt und bis zum Wurzelhals in die lockere Erde gesetzt, anschließend leicht angedrückt.

Stark wuchernde Arten, wie Rohrkolben, Tannenwedel oder Seerosen, kommen in Plastik- oder Weidenkörbe, es gibt auch spezielle Wasserpflanzenkörbe, damit man ihr Wachstum unter Kontrolle hat. Die meisten Arten fühlen sich in flachem, warmem Wasser wohl – untergestellte Töpfe oder Steine verringern den Höhenunterschied. Außerdem gibt es Pflanzkästen, die am Teichrand eingehängt werden, ideal für Pflanzen, die flachen Wasserstand benötigen. Zum Schluß decken wir die bepflanzte Fläche mit einer Schicht Kies oder Sand ab. – Diese Schicht verhindert das Aufschwimmen von Erde und Pflanzen und sieht zudem noch gut aus.

Wasserpflanzen für Seerosenzone

Die meisten Seerosen benötigen nicht mehr als 40–60 cm Wassertiefe. Vor allem junge Pflanzen entwickeln sich in flachem, erwärmtem

Mai

Gartenteich mit idealer Uferbepflanzung. Am Wasser: *Iris-Kaempferi*-Hybriden, Sumpf-Iris, Sommerprimeln, Sumpfhahnenfuß und Gräser. Dahinter Rittersporn und Fingerhut.

Wasser besser. In dieser Tiefe gedeihen überwiegend freischwimmende und in der Tiefe bewurzelnde Wasserpflanzen wie: Seekanne *(Nymphoides peltata)*, Froschbiß *(Hydrocharis morsus-ranae)*, Wassernuß *(Trapa natans)*, Krebsschere *(Stratiotes aloides)*, das Laichkraut *(Aponogeton pectinatius)*, und der Wasserschlauch *(Utricularia vulgaris)*.

Pflanzen für flachen Wasserstand (20 bis 40 cm)

Neben diesen Arten gedeihen hier: Wasserstern *(Callitriche palustris)*, Hornblatt *(Ceratophyllum demersum)*, die sauerstoffliefernde Wasserpest *(Elodea canadensis)*, Wasserfeder *(Hottonia palustris)*, Wasserknöterich *(Polygonum amphibium)*, Wasserhahnenfuß *(Ranunculus lingua)*. Außerdem fühlen sich hier wohl: Kalmus *(Acorus calamus)*, Tannenwedel *(Hippuris vulgaris)*, Schwanenblume *(Butomus umbellatus)*, Hechtkraut *(Pontederia cordata)*, Seekanne *(Nymphoides peltata)*.

Pflanzen für die immer feuchte Uferregion (5 bis 15 cm tief)

Im Frühjahr blühen: Sumpfcalla, weiß *(Calla palustris)*, Sumpfdotterblume, gelb *(Caltha palustris)*, Sumpfschwertlilie, gelb *(Iris pseudacorus)*, Fieberklee, weiß *(Menyanthes trifoliata)*. Im Sommer blühen: Froschlöffel, weiß *(Alisma plantago-aquatica)*, Blumenbinse, rosa *(Butomus umbellatus)*, Sumpfiris, rosa *(Iris versicolor* und *Iris laevigata)*, Hechtkraut, blau *(Pontederia cordata)*, Pfeilkraut *(Sagittaria sagittifolia)* und Bachbunge *(Veronica beccabunga)*. Im Herbst blühen: Rohrkolben *(Typha minima* und *T. maxima)*, Kalmus *(Acorus calamus)*, Tannenwedel *(Hippuris vulgaris)*, Teichsimse *(Scirpus lacustris)*.

Pflanzen für den Sumpf- und Uferrand (immer feucht)

Im Frühjahr blühen: Schachtelhalm *(Equisetum hyemale)*, mit unscheinbaren Blüten, gelbe Scheinkalla *(Lysichiton camtschatcense)*, weißes Wollgras *(Eriophorum angustifolium)*, rosafarbene Rosen-Primeln *(Primula rosea)*. Im Sommer blühen: Japanische Sumpfschwertlilie in verschiedenen Farben *(Iris kaempferi)*, gelbes Pfennigkraut *(Lysimachia nummularia)*, Gauklerblume, mit gelb gefleckten Blüten *(Mimulus luteus)*, roter Blutweiderich *(Lythrum salicaria)* und blaues Sumpfvergißmeinnicht *(Myosotis palustris)*. Im Spätherbst blühen: Rosa und rote Sumpfsiegwurz *(Gladiolus palustris)*, blauer Lungenenzian *(Gentiana pneumonanthe)* und roter Wasserdost *(Eupatorium purpureum)*.

Pflanzen für den Teichrand

Im Frühjahr blühen: Rosa Bergenie *(Bergenia cordifolia)*, blaublütige Sibirische Schwertlilie *(Iris sibirica)*, gelbe Trollblume *(Trollius europaeus)*, gelber Gemswurz *(Doronicum orientale)*, blaues Lungenkraut *(Pulmonaria angustifolia)*, blauer Günsel *(Ajuga reptans)*, Kugelprimel *(Primula denticulata)*, gelbe Kissenprimel *(Primula vulgaris)* und gelbe Himmelsschlüssel *(Primula veris, P. elatior)*. Im Sommer blühen: Zartgrüner Frauenmantel *(Alchemilla vulgaris)*, weißer Geißbart *(Aruncus dioicus)*, Astilbe (Sorten in Weiß, Rosa, Rot), blauer Wiesenstorchschnabel *(Geranium pratense)*, gelbe, rote, braunrote Taglilien *(Hemerocallis)*, weiße Herkulesstaude *(Heracleum mantegazzianum)*, lila Funkie *(Hosta)*, gelber Felberich *(Lysimachia punctata)*, gelbe Glokkenprimel *(Primula florindae)*, lila-rosa Prachtscharten *(Liatris spicata)*.

Im Herbst blühen: Gelbe Rudbeckie *(Rudbeckia sullivantii* 'Goldsturm'), zartrosa Japan-Anemonen *(Anemone japonica)*, weiße Silberkerze *(Cimicifuga racemosa)*, rosa und lila Herbstzeitlosen *(Colchicum autumnale)*. Hinzu kommen schöne Farne: Venushaarfarn *(Adiantum pedatum)*, Rippenfarn *(Blechnum spicant)*, wintergrün, Königsfarn *(Osmunda regalis)*, Hirschzungenfarn *(Phyllitis scolopendrium)*.

Auf keinen Fall sollten Gräser fehlen, ohne die eine Uferbepflanzung gar nicht richtig »echt« aussieht: Pampasgras *(Cortaderia selloana)*, Riesen-Chinaschilf *(Miscanthus sinensis)*, Pfeifengras *(Molinia caerulea)*, Lampenputzergras *(Pennisetum alopecuroides)*, Blaustrahlhafer *(Avena candida)* und der imponierend große und schöne Gartenbambus *(Sinarundinaria murielae)*.

Fische für den Gartenteich

Die Auswahl an Gartenteichfischen ist groß. Da gibt es die Bewohner einheimischer Gewässer wie Plötze, Schleien oder die lebhaften Schwarmfische, die sich alle im Teich leicht vermehren. Bekannt und beliebt sind die Goldfischarten, vor allem die langflossigen Kometenschweife und die bunten Harlekine.

Einheimische Kleinfische wie Moderlieschen, Elritze, Stichling, Gründling und Bitterling sollten immer im Schwarm von mindestens 10 Stück gehalten werden. Außerdem sollte der Teich dabei stark mit Unterwasserpflanzen bewachsen sein und selbstverständlich auch genügend Pflatz bieten.

Paßt gut an den Gartenteich: die Herkulesstaude *(Heracleum mantegazzianum)*.

Mai

Gemüsegarten

Bohnen sind als Sämlinge empfindlich gegen Kälte. Unter Berücksichtigung der Keimzeit von 8 bis 10 Tagen werden Busch- und Stangenbohnen um den 6. Mai gesät; sie laufen dann erst nach den Eisheiligen auf. Buschbohnen sollten nur in Horsten zu je 4–5 Samen in 40 × 40 cm Abstand gelegt werden.

Wer Buschbohnen bereits zeitig ernten möchte, kann zu Monatsbeginn je 6 Samenkörner in 10 cm große Töpfe auslegen und daumenstark mit Erde bedecken. Die Töpfe werden dann ins Frühbeet oder ans Zimmerfenster gestellt und die Bohnen nach dem 20. Mai ins Freie gepflanzt.

Für Stangenbohnen steckt man erst die Stangen in den Boden, Reihenabstand 60 cm und 60–70 cm Entfernung in der Reihe, und legt danach um jede Stange 5–7 Bohnen. Holzstangen sollten vor Gebrauch desinfiziert werden, denn sie können mit Krankheitserregern behaftet sein. Gewellte Drahtstäbe, das gilt auch für Tomaten, sind deshalb besser, weil sie haltbarer sind.

Zwischenfrüchte zur Nutzung des Bodens zwischen den Bohnenreihen sind: Kopfsalat, Kohlrabi, Porree oder Sellerie. Diese Gemüse können auch zwischen Tomaten angepflanzt werden, allerdings ist dann ein Abstand der Tomaten von 60 cm in den Reihen nötig, also 2 Reihen auf einem Normalbeet und 70 cm in der Reihe. Nur bei weiterer Pflanzung erhalten die Zwischenfrüchte genügend Platz, Licht und Luft.

Fruchtgemüse

Tomaten

Durch den Reichtum an verschiedenen natürlichen Säuren, Zuckern, Vitaminen und Mineralstoffen besitzt die Tomate wertvolle gesundheitliche und geschmackliche Eigenschaften. Wenn die Ernte selbstgezogener Tomaten in unserem Klima auch erst spät beginnt, so haben wir doch den großen Vorteil, daß wir die Früchte bis zur Vollreife an den Pflanzen hängen lassen können. Für den Anbau im eignen Garten spricht auch, daß nach wissenschaftlichen Untersuchungen sowohl der Vitamin-C-Gehalt als auch der Gehalt an anderen wichtigen Inhaltsstoffen wie Zucker, organischen Säuren u. a. in Freilandtomaten wesentlich höher liegt als bei Gewächshaus-Tomaten.

Den Boden rund um die jungen Stangenbohnen mit Kompost abdecken.

Ausgepflanzt wird von Mitte bis Ende Mai. Dabei sollte die wärmste Stelle im Garten ausgesucht werden. Sehr gut eignet sich hierfür die Südseite des Hauses oder eine Mauer, ein Platz also, der vor Wind und Regen möglichst geschützt ist und an den die Sonne so richtig »hinbrennt«. Am besten wird einreihig gepflanzt und ziemlich tief, da Tomaten, ähnlich wie die Kohlarten, aus dem Stengel zusätzliche Wurzeln entwickeln. Beim Pflanzen werden Holz- oder Welldrahtstäbe beigesteckt, an denen man die Triebe anbindet.

Die Auswahl der Sorten ist groß. Da gibt es solche mit glatten, mit unregelmäßig geformten, mit gelben oder mit kirschroten Früchten, riesige Fleischtomaten und dann wieder solche mit kirschgroßen Früchten, ganz wie man sie haben möchte.

Übrigens lohnt sich auch einmal ein Versuch, Tomaten im Balkonkasten oder in einem anderen Pflanzgefäß heranzuziehen, auch dafür gibt es Sorten, die sich besonders eignen.

Nach den Tomaten sind etwa eine Woche später Gurken und Kürbisse an der Reihe, ebenso Gemüsepaprika und Melonen, sofern das Klima den Anbau zuläßt. Alle diese Fruchtgemüse brauchen einen tiefgründigen, gut gelockerten und nährstoffreichen Boden. Für Gurken ist mindestens bis Mitte Juni ein Folientunnel zu empfehlen. Melonen gedeihen besser unter dem Schutzdach eines Fensters oder eines mit Folie bespannten Holzrahmens.

Spätestens ab Mitte Mai sind auch die Jungpflanzen anderer Hauptfrüchte zu setzen: Kopfkohl für Herbst und Winter, Sellerie, Porree, Blumenkohl sowie Sommersorten von Kopfsalat und Kohlrabi, damit die Ernte nicht unterbrochen wird.

Auszusäen sind außerdem Kohlrüben (sofern erwünscht) und Winterrettich, ferner Rosenkohl und Grünkohl, um von beiden im Juni pflanzfertige Setzlinge zu haben.

Gurken

Von Freilandgurken pflanzen wir eine Mittelreihe auf das Beet, in der Reihe mit 40 cm Abstand. Es kann aber auch gesät werden, wobei man je Saatstelle 2–3 Korn auslegt und später auf eine Pflanze verzieht. Keinesfalls darf zu früh gesät werden, denn Gurken benötigen eine Bodentemperatur von mindestens 12° C. Die anfänglich freien Beetränder lassen sich mit Kopfsalat, Kohlrabi, Radieschen oder Rettich nutzen. Bis die Gurken das ganze Beet benötigen, sind diese Kulturen abgeerntet.

Paprika

Paprika setzt man in warmen Gegenden mit 50 × 50 cm Abstand direkt ins Freie. In rauheren Gebieten pflanzen wir ihn ins Frühbeet und legen später die Fenster auf ein einfaches Dachlattengestell, das etwa 0,70–1 m hoch ist. So haben die Pflanzen genügend Platz, es kann reichlich Luft hinzu, andererseits stehen sie aber vor Wind und Regen geschützt und bekommen viel zusätzliche Wärme ab.

Gurken am Maschendraht hochziehen. Sie wachsen so besonders gut.

Kürbisse und Zuckermelonen

Wer Kürbisse bereits im April in Töpfchen gesät hat, kann sie nach den Eisheiligen (12.–15. Mai) an Ort und Stelle pflanzen. Dabei ist ein Abstand von 1,50 m einzuhalten. Andernfalls wird jetzt gleich ins Freie gesät. – Zuckermelonen können in warmen Gegenden ins Freie gepflanzt werden, ansonsten besser unter Glas oder Folie. Von Zuckermelonen kommt eine Reihe auf das Beet, in der Reihe sollte ein Abstand von 80 cm eingehalten werden.

Weitere Aussaaten

Auch von Neuseeländer Spinat hat nur 1 Reihe je Beet Platz. Der Abstand von Pflanze zu Pflanze soll etwa 50 cm betragen. Gegen Mitte Mai wird Chicorèe ausgesät, eine wertvolle Salatart für die Winterzeit. Wir bringen 3 Reihen auf das Beet und verziehen die jungen Pflänzchen nach dem Auflaufen auf etwa 8–10 cm in der Reihe.

Sellerie pflanzen wir Ende Mai aus, Abstand: 40 × 40 cm. Engeres Pflanzen hat keinen Sinn. Wichtig ist hier die Düngung. Während der gesamten Kulturdauer sollten etwa 3 Handvoll eines Volldüngers je m² ausgebracht werden, verteilt auf 3 Gaben im Abstand von jeweils 4–5 Wochen. Herbst- und Winterporree wird Ende Mai im Abstand von 30 × 15 cm ausgepflanzt. Um lange weiße Porreestangen zu bekommen, werden die Pflanzen möglichst tief gesetzt.

Knollenfenchel, und zwar die schoßfeste Züchtung 'Zefa Fino', kann ebenfalls bereits im Mai in Reihen mit 40 cm Abstand, also drei Reihen je Beet, ausgesät werden. Nach dem Auflaufen der Sämlinge wird in der Reihe auf 25 cm Abstand vereinzelt.

Chicorèe und Löwenzahn für den Winterbedarf sät man Mitte Mai. Wird vor dem 10. Mai gesät, kommt es zu Schossern, bei Aussaat nach dem 20. Mai bleiben die Rüben zu klein. Auch hier beträgt der Reihenabstand 40 cm; nach dem Auflaufen werden zu dicht stehende Pflanzen auf 8–10 cm Abstand verzogen.

Auch zu dicht stehende Möhren, Petersilie, Schwarzwurzeln, Zwiebeln, Radieschen, Rote Rüben sind recht bald auszudünnen. Erbsen, Dicke Bohnen (Puffbohnen), Frühkohlarten und vor allem auch die Mitte April gelegten Frühkartoffeln werden jetzt angehäufelt.

Der Rasen

Wie man einen Rasen anlegt

Ein Rasen ist kein Gemüsebeet, das ist klar. Denn das Gemüsebeet wird jedes Jahr aufs neue gegraben, bepflanzt und besät. Den Rasen jedoch legen wir auf Jahre an. Das bedeutet: Bei der Anlage eines Rasens muß mit größter Sorgfalt vorgegangen werden, um von vornherein späteren Rasenärger zu vermeiden. Das beginnt beim Boden, der gut vorbereitet werden muß. Lästige Wurzelunkräuter wie Quecke, Brennessel lassen sich am besten vor der Rasen-Neuanlage beseitigen.

Anschließend empfiehlt sich eine einfache Bodenprobe: Formen Sie aus dem (wenn nötig, vorher angefeuchteten) Oberboden mit der Hand eine Kugel. Gelingt das nicht, weil zuviel Sand im Boden steckt und weil er ganz einfach

zu leicht ist, so sollten nach dem Umgraben Torf, Kompost oder Rindenmulch eingearbeitet werden. Dieses Humusmaterial wird auf den spatenstichtief gegrabenen oder gefrästen Boden ausgebracht. Zu empfehlen ist, gleich Rasenspezialdünger mit einzuarbeiten. Das hilft den Rasenpflanzen auf die Sprünge und bietet ihnen gute Startmöglichkeiten. Es gibt im Handel sogenannten Starterdünger meist komplett mit Grassamen und Spezialdünger für Rasen-Neuanlagen. Solcherart vorbereitet, bleibt der Rasen 8 Tage liegen, da sich der gelockerte Boden noch setzt.

Bei der Aussaat beachten:

- Kaufen Sie etwas mehr an Rasensamen als Sie ausgerechnet haben, weil Nachsaaten später nötig werden können.
- Nicht zu dünn säen, man rechnet etwa 20 g/m². Menge auf einer Briefwaage abmessen und dann auf 1 m² verteilen. Die Aussaat mit der Hand oder besser mit einem Streuwagen vornehmen.
- Aussäen können Sie von Anfang Mai bis Ende September.
- Den Samen festwalzen oder mit einer Holzharke leicht einrechen und nochmals walzen. Dabei darf der Boden nicht naß sein, da er sich sonst verdichtet. Bei schwerem Boden wird auf eine Walze verzichtet. Man kann auch die Erde mit Trittbrettern festtreten. Solche Trittbretter sind schnell selbst angefertigt: Eine Schlaufe einfach über ein viereckiges Brettchen nageln.
- Gefiederte Rasenfreunde abschrecken durch Staniolstreifen oder Katzenköpfe.
- Nach dem Säen entweder regelmäßig gießen, das heißt täglich, bei großer Trockenheit sogar 2- bis 3mal, oder überhaupt nicht sprengen und sprühen. Vorsicht vor Überschwemmungen.
- Nicht ärgern: Zuerst kommen die Unkräuter, die aber später zumeist durch den Schnitt verschwinden. Die Keimdauer der Rasengräser liegt je nach Bodentemperatur und Sorte zwischen 8 und 14 Tagen.
- Der erste Schnitt erfolgt, wenn die Rasengräser etwa 8 cm hoch sind. Dabei werden nur die Spitzen gekappt.

Ohne fleißige Bienen wäre eine Befruchtung der Obstgehölze überhaupt nicht möglich.

Obstgarten

Bestäubung sichern

Ob die Blüte der Obstgehölze noch in den April fällt oder in den Mai, hängt weitgehend vom Wetter ab. Je später sie ist, desto größer ist die Gefahr für Frostschäden während der Baumblüte, denn die erste Hälfte des Monats Mai ist für die Blüten meist ungünstiger als Ende April. Trotz solcher Erfahrungen, die sich aus der langjährigen Wetterbeobachtung ableiten lassen, enthält jede Zeit vom Wetter her also stets ein Risiko für die Baumblüte.
Es muß ja nicht gleich ein leichter Frost die Blüten schädigen. Auch sonst kann sich das Wetter ungünstig auswirken. Bei vielen Niederschlägen oder zu hoher Luftfeuchte während der Blütezeit ist der Pollen nicht trocken genug, um von den Insekten von Blüte zu Blüte getragen zu werden. Ist es während der Blüte sehr windig, fliegen die Insekten kaum oder gar nicht und können dann auch die Blü-

ten nicht bestäuben. Unsere Obstgehölze sind aber darauf angewiesen, nur bei den selbstfruchtbaren Arten und Sorten von Steinobst kann man einem mangelnden Insektenflug etwas nachhelfen. Aber auch nur an warmen und sonnigen Tagen, sonst ist der Pollen zu feucht.
Diese Hilfe ist nur möglich bei Aprikosen und Pfirsichen sowie bei den selbstfruchtbaren Sorten von Pflaumen und Sauerkirschen. Bei Apfel- und Birnbäumen wäre es sinnlos, zu schütteln, denn sie sind auf Fremdbestäubung angewiesen. Die geeignete Vatersorte (Pollenspender) muß durchaus nicht der benachbarte Apfel- oder Birnbaum sein – soll aber auch wiederum nicht weiter als 50 m weit entfernt stehen, da sonst die Bestäubung unsicher wird.
Auch dann kann man sich noch helfen. Man schneidet einen blühenden Zweig der Vatersorte und hängt ihn bei günstigem Wetter für den Insektenflug in die Krone der Muttersorte, die befruchtet werden soll. Allerdings ist damit ein Verzicht auf Ertrag verbunden.

Mai

Fruchtansatz pflegen

Ist die Baumblüte gut überstanden, beginnt die Pflege des Fruchtansatzes. Etwa eine Woche nach Beendigung der Blüte sind die jungen Früchte deutlich von den Resten der unbefruchteten Blüten zu erkennen, die dann auch bald abfallen. In den nun folgenden Wochen wird von einem Obstbaum mit gutem Fruchtansatz viel verlangt – oft mehr, als er zu leisten vermag. Neben dem Wachstum der jungen Früchte entwickeln sich die diesjährigen Triebe, die wieder die Grundlage für die Blüte des nächsten Jahres sind. Früchte und junge Triebe sind mit Wasser und Nährstoffen zu versorgen. Davon kann bei unzureichenden Niederschlägen im Mai Wasser für den Obstbaum Mangelware werden, so daß er einen Teil der jungen Früchte abstößt.

Mit Dünger für gute Ernten sorgen

Bei gutem Fruchtansatz gibt man je m² eine Handvoll Volldünger, das sind etwa 30 g. Besonders rasch ist die Wirkung, wenn diese Düngermenge in Wasser gelöst und unter den Spindelbüschen oder im Bereich einer Obsthecke mit der Gießkanne ausgebracht oder bei Halb- und Hochstämmen mit der Düngelanze gegeben wird. Sollte die Blüte erfroren oder nur geringer Fruchtansatz zu erwarten sein, so erübrigt sich meistens eine solche zusätzliche Düngung, da sie nur den Trieb allzustark anregen würde.

Vorbeugender Pflanzenschutz

Bei den Himbeeren treiben jetzt die Jungtriebe aus den Wurzelstöcken. Daraus entstehen dann die Ruten, die im kommenden Jahr tragen. Damit die neuen Triebe genügend Platz haben, werden die vorjährigen Triebe, die uns in diesem Jahr die Ernte bringen, möglichst fächerförmig an den Spanndrähten auseinandergezogen und an diesen festgebunden. Wie bei anderen Kulturen auch, sollten wir darauf achten, daß genügend Luft an alle Triebe kann und diese nach Regen rasch abtrocknen. Dies ist vorbeugender Schutz gegen Krankheiten.

An Pflanzenschutzmaßnahmen ist jetzt vor allem die Schorfbekämpfung wichtig. Also an die Nachblütespritzung mit einem der im Gartenfachgeschäft befindlichen organischen Schorfbekämpfungsmittel (gegen Schorfbefall 'Kupferkalk-Atempo' anwenden) denken. Ein Insektenmittel sollte allerdings nur zugesetzt werden, wenn Raupen, Blattläuse, Spinnmilben oder andere Schädlinge in stärkerem Maße auftreten. Deshalb beobachten und im Zweifelsfall sofort beim Pflanzeschutzamt anrufen.

Wenn neu gepflanzte Obstbäume und Beerensträucher sich nicht regen und keine Blätter und Triebe bekommen, sollte man sie wieder ausgraben, die Wurzeln anschneiden, zwölf Stunden in Wasser stellen und neu pflanzen.

Pfirsichbäume schneiden

Nicht vergessen: Die Pfirsichbäume sofort nach der Blüte schneiden. Die Fachleute nennen diese Maßnahme Fruchtholzschnitt. Bei Walnußbäumen wird jeder Schnitteingriff nur während der Vegetationszeit, also während der Sommermonate, getätigt. Bei einem Schnitt ausgangs des Winters und im Vorfrühjahr, wenn der Saftaufstieg bereits eingesetzt hat, ist mit starkem Bluten der Schnittwunden zu rechnen. Dies kann eine erhebliche Schwächung des betroffenen Walnußbaums zur Folge haben. Es darf nicht versäumt werden, die Schnittwunden mit einem Wundverschlußmittel zu bestreichen.

Die jungen, frisch gepflanzten Obstbäume oder Beerenobststämmchen müssen fest an einen Pfahl gebunden werden, da sie im Erdreich noch nicht den nötigen Halt haben.

Zu achten ist auf die Erdbeerbeete. Um die Früchte vor Fäulnis und Verschmutzung zu schützen, empfiehlt es sich, Holzwolle, Stroh oder Folie um die Büsche zu legen. Wenn für ein neues Erdbeerbeet frühzeitig gut bewurzelte Ausläufer benötigt werden, sollten wir bereits jetzt reichblühende, gesunde Pflanzen kennzeichnen.

Balkon- und Kübelpflanzen

Kübelpflanzen

Sie heißen Kübelpflanzen, die Oleander, Agaven, Dattelpalmen, Drazänen und Granatäpfel, um nur einige dieser blütenschönen und ungewöhnlichen Gewächse zu nennen. Sie bringen den Zauber mediterraner Flora in unsere Gärten, auf Terrassen und Balkone.

Aber auch Einjahrsblumen, Blütenstauden, Ziergehölze und robuste Zimmerpflanzen wie Hortensien, Myrten und Zimmertannen dürfen sich zu den Kübelpflanzen zählen, genauso wie angestammte Balkonpflanzen. Jede Blume, die in einem Gefäß wächst, das man auf Balkon oder Terrasse hin- und herbewegen kann, ist eigentlich eine Kübelpflanze.

Die meisten Kübelpflanzen wünschen einen Platz an der Sonne. Aber so manche Balkone oder Terrassen liegen im Schatten. Da kommt die Sonne nur ein, zwei Stunden oder gar nicht hin. An solchen Plätzen blühen Fuchsien, Knollenbegonien und vor allem die Fleißigen Lieschen, aber auch einige Kübelpflanzen fühlen sich hier wohl. Die buntblättrigen Aukuben zum Beispiel genießen den sonnenabgewandten Platz genauso wie Hanfpalmen, Yucca und Lorbeer, Aralien und der duftende Klebsamen *(Pittosproum)*. Selbst die blatt- und blütenbunte Schönmalve *(Abutilon)* blüht hier.

Erde und Umtopfen

Kübelpflanzen brauchen alle 3–4 Jahre einen neuen Topf und neue Erde, die man selbst aus Kompost, Rindenhumus und Sand herstellen kann. In das hausgemachte Substrat sollte ein organisch-mineralischer Volldünger untergemischt werden. Wer sich die Arbeit nicht machen will, nehme abgepackte Blumen- und Pflanzenerde, die zwar nicht gerade billig, dafür aber frei von Krankheitskeimen und mit einem Vorratsdünger versehen ist. Damit der Wurzelballen hübsch beieinander bleibt, sollte der Topf vorher tüchtig angegossen werden. Naß kommt er dann in sein neues Gefäß, das

etwa 5 cm (im Durchmesser) größer sein soll. Topfscherben auf das Abzugsloch legen, damit es keinen Nässestau gibt.

Gießen

Trockenheit ist der größte Feind der Kübelpflanzen, weil in den engen Gefäßen die Feuchtigkeit schnell verdunstet. Sonne und Wind tun ein übriges, so daß die Gießkanne ständig in Aktion sein muß, bei Hitzeperioden sogar zweimal täglich. Selbst bei bedecktem Himmel und Regen muß gegossen werden, weil das Blätterdach wie ein Schirm den Regen abhält. Dabei ist darauf zu achten, daß Oleander und Agaven nicht ertränkt werden. Ein bißchen Trockenheit vertragen sie schon eher.

Düngen

Alle Kübelpflanzen, vor allem solche, die rasch wachsen und viel Blätter und Blüten bilden, sind auf regelmäßige Düngegaben angewiesen. Den Dünger verabreiche man am besten in flüssiger Form, und zwar doppelt so viel wie bei Geranien oder Fuchsien.

Fuchsien-Hochstämme blühen oft monatelang, vor allem, wenn sie regelmäßig Dünger bekommen.

Juni

Juni

Ziergarten

Im Blumengarten sind Messer und Schere jetzt wichtige Werkzeuge. Um den Blütenflor recht lange, möglichst bis zu den ersten Frösten im Spätherbst, zu erhalten, ist es nötig, bereits in diesen Wochen alles Verblühte von Rosen, Stauden und anderen Blütengehölzen abzuschneiden.

Blumenschnitt bei Stauden und Einjahrsblumen

Das regelmäßige Schneiden wird bei einigen Blütenstauden, zum Beispiel beim Rittersporn *(Delphinium),* durch eine zweite Blüte belohnt. Auch Staudenphlox ist zu längerem Blühen zu bewegen, wenn man einen Teil der abgeblühten Einzelblüten aus den Dolden herausschneidet.

Auch bei den Einjahrsblumen halte man stets eine Schere oder ein Messer zur Hand. Was von den Blumen abgeblüht ist und zu welken beginnt, wird weggeschnitten. Sinn und Zweck des Pflanzenlebens ist ja nicht die Blüte, sondern die Frucht, das Samenkorn, die Nachkommen, die Erhaltung der Art. Ist erst einmal für das Weiterleben gesorgt worden, dann hat die Aster oder das Löwenmäulchen keine Veranlassung mehr, Blüten zu treiben. Also schneidet man alle welkenden Blumen ab und verhindert somit die Samenbildung. Ein immerwährendes Blühen bis zum Frost ist zumeist die Folge. Aus diesem Grunde ist es bei manchen Blumen, wie bei der *Cosmea,* der Aster, dem Löwenmäulchen, der Margerite und noch mehreren Arten gut, viele Blumensträuße zu schneiden. Auch bei den Wicken ist das der Fall. Übrigens kann man Wicken ohne weiteres noch aussäen. Oft wachsen sie im Juni schneller und besser heran, als die im Mai ausgesäten.

Es empfiehlt sich, die Stielenden abgeschnittener Sommerblumen vor dem Einstellen in die Vase, kurz in kochendes Wasser zu tauchen. Diese Prozedur verlängert die Haltbarkeit.

Rosen im Sommer

Natürlich möchte jeder von uns das Rosenblühen möglichst lange erhalten. Um das zu erreichen, müssen Krankheiten und Schädlinge bekämpft werden, was durchaus auf biologischem Wege möglich ist. Genauso wichtig wie fachlich durchgeführte Pflanzenschutzmaßnahmen ist jetzt auch das Abschneiden der abgeblühten Blütenstände. An den Edel- und Buschrosen, aber auch an Hochstamm-, Zwerg- und Kletterrosen sollten sich keine Hagebutten bilden, da die Früchte nur die Pflanze schwächen würden. Und geschwächte Pflanzen sind nun einmal eher die Opfer von Läusen, anderem Ungeziefer und den Keimen der Pflanzenkrankheiten.

Wer im Sommer in Urlaub fährt, sollte möglichst viele Sträuße schneiden und damit guten Freunden oder den zurückbleibenden Kolleginnen und Kollegen eine Freude machen. Geschnitten wird alles Aufgeblühte, aber auch alle Farbe zeigenden Knospen. Dann hat man nach der Rückkehr mit dem Entfernen verblühter Rosen nicht viel Arbeit. Einen nachahmenswerten Rat zum sommerlichen Rosenschnitt gab einmal der bekannte Rosenzüchter Wilhelm Kordes. Er empfahl, beim Entfernen der Blüten die oberen zwei Blätter mit wegzuschneiden oder bei ungleichmäßig gewachsenen Pflanzen die Triebe zu kürzen. »Immer aber ist zu bedenken: Das Blatt ist der Magen der Rose, und so gut wie es keinen kräftigen Menschen ohne gesunden Magen gibt, wird es keine schönen Rosen geben, wenn man den armen hilflosen Dingern die wichtigen Blätter raubt.

Es schadet nichts, wenn wir im Garten Blüten schneiden fürs Zimmer, aber mit kurzem Stiel geht es auch, und die Pflanzen behalten ihre Blätter. Rosen für das Zimmer soll man nur frühmorgens schneiden, wenn sie von Tau und Bodenwasser vollgesogen und prall sind. Dann baldmöglichst ins Wasser, und die Herrlichkeit kann im Zimmer tagelang anhalten.« Wir sollten uns auf jeden Fall daran halten, weil wir auf diese Weise schönere und reich blühendere Rosen bekommen.

Rosen brauchen Dünger und Wasser

Wollen Sie noch einmal nachdüngen, wenn im Frühjahr Naturdünger eingearbeitet wurde, ist jetzt dazu die Zeit. Nur ausstreuen, wenn die Blätter ganz trocken sind, vor oder im Anschluß an Regen, der die Verteilung in die Erde besorgt. Leicht einhacken ist wichtig, um eine schnelle und auch rechtzeitig endende Wirkung zu erreichen. Notfalls mittels durchdringender Bewässerung die Verteilung im Boden fördern. Menge etwa 100 g/m² Beetfläche.

Wichtig ist um diese Zeit unter Umständen eine gründliche Bewässerung. Wenn die Regengötter uns verlassen, kann man durch tiefgehende Bewässerung den Schaden beheben. Nie die Blätter naßmachen, besonders nicht auf der Unterseite; das hat Mehltau, Sternrußtau und Rost zur Folge. Man lege den Gartenschlauch so auf das Beet, daß er eben läuft. Dann, wenn das Wasser an dieser Stelle 25 cm tief eingedrungen ist, den Schlauch weiterlegen. Strahlregner sind der Tod für unsere Rosen – sie feuchten nur die Blätter und den Bodenobergrund an, sorgen für hohe Luftfeuchtigkeit und geben allen Pilzen dadurch eine für sie notwendige Keimmöglichkeit. Ist das Blatt immer trocken, gibt es höchstens etwas Mehltau.

Dieser ist meist eine Folge von Bodenaustrocknung. Die Erfahrung lehrt, daß durchdringendes Bewässern ihn zum Verschwinden bringt. Kann man im Frühjahr keine Bodendecke auflegen und im Sommer tritt eine Hitzezeit ein, ist eine vorübergehende Hilfe möglich durch die Grasabfälle vom Rasenmähen. Diese verhindern dann eine zu große Erhitzung der Bodenoberfläche und sorgen später bei ihrer Zersetzung durch Bakterien für Kohlensäure und Nährstoffe.

Wenn Mehltau auftritt, bleibt nichts anderes übrig, als mit einem Mittel für Ordnung zu sorgen. Aber nicht nur von Mehltau werden unsere Rosen befallen. Auch Blattläuse, Zikaden, Rost und andere Krankheiten finden sich ein. Echter Mehltau sollte vorbeugend behandelt werden. Erkrankte Pflanzen kann man auch heilend behandeln, zum Beispiel mit 'Bioblatt Mehltau-Spray'. Zerstörtes Pflanzengewebe wird aber nicht wieder gesund. Andere Krankheiten und Schädlinge werden mit biologischen Mitteln bekämpft.

Rosen-Knospen von Mehltau befallen.

Sternrußtau, eine Geißel unserer Rosen.

Juni

Flieder wird nach der Blüte ausgelichtet. Die Sträucher vertragen auch einen Verjüngungsschnitt.

Sternrußtau: Holzasche ausstreuen, mit Schachtelhalm-Tee spritzen, bei starkem Befall Ledax-san (Bio-S) oder Neudo-Vital einsetzen.

Rosenrost: Mit Schachtelhalm-Brühe spritzen (wiederholt und möglichst vorbeugend Neudo-Vital einsetzen).

Rosenblattlaus: Steinmehl über verlauste Pflanzen stäuben, gezielt mit starkem Wasserstrahl spritzen. Bei starkem Befall: Spruzit-flüssig, Spruzit-Spray spritzen oder mit Spruzit-Staub stäuben, mit Oscorna-Insektenschutz spritzen.

Gemeine Spinnmilben: Spritzen mit Neudosan oder Pyrethrum-Mitteln wie Spruzit-flüssig oder Spruzit-Spray oder stäuben mit Spruzit-Staub. Blattunterseiten gründlich besprühen oder bestäuben.

Rosenblattwespe: Die grünen Larven fressen an den Blättern (»Skelettierfraß«), aber auch an den Knospen. Mit Rainfarn-Brühe, -Tee oder Jauche sprühen (auch gegen Rost und Mehltau wirksam); bei starkem Befall mit Spruzit-Präparaten behandeln.

Rosenzikade: Mit Öl-Emulsionen im Winter gegen Eier spritzen, bei starkem Auftreten im Frühjahr/Sommer mit Spruzit-Präparaten behandeln.

Rote Spinne: Brennessel- oder Schachtelhalmbrühe, Seifen-Spiritus-Brühe einsetzen, bei starkem Befall Neudosan oder Spruzit-Präparate einsetzen.

Rosenblattrollwespe: Die eingerollten Blätter (mit den Maden) abschneiden und in die Mülltonne werfen, bei starkem Befall mit Spruzit-Staub stäuben.

Blütengehölze zurückschneiden

Alle Ziergehölze, die mit bereits vorgebildeten Blüten ins Frühjahr gehen, werden erst
nach der Blüte geschnitten; nur die alten Zweige und Äste sind zu entfernen. Wenn der
Schnitt unterbleibt, können sich die jungen
Triebe, an denen sich sofort wieder Knospen
bilden, nicht richtig entwickeln.

Wenn Sträucher zu mächtig geworden sind
und blühfaules Holz gebildet haben, wird das
alte Holz, erkennbar an der dunkleren Rinde,
radikal herausgeschnitten.

Folgende Gehölze werden sofort nach der Blüte geschnitten: Kornelkirsche *(Cornus mas)*,
Forsythien, Mandelbäumchen *(Prunus triloba*
und *P. tenella)*, Zierpflaumen (*Prunus* × *blireana, P. cerasifera* 'Nigra'), die frühjahrsblühenden Spiersträucher mit Ausnahme von *Spi-
rea* × *arguta* und *S. thunbergii*, die sommergrünen Schneeballarten *(Viburnum fragrans,
V. lantana, V. opulus* 'Roseum', *V. plicatum*
'Mariesii', *V. plicatum f. tomentosum)*, Besenginster, *Cytisus scoparius* und *C. praecox*
(alle Sorten), Blut-Johannisbeere *(Ribes sanguineum)*, Chinesische Goldrose *(Rosa hugonis)*, Zentifolie *(R. centifolia* und Sorten), einmalblühende Rankrosen, Deutzien, Weigelien und Flieder.

Zu groß und kahl gewordene Rhododendronbüsche vertragen (nach der Blüte) einen radikalen Rückschnitt bis ins alte Holz. Die schnelle Begrünung der dann etwas ärmlich wirkenden Sträucher kann durch Rhododendrondünger oder eine Horn-Knochenmehl-Mischung
gefördert werden.

Ein Gartenteich braucht auch Pflege

Wer einen Gartenteich besitzt, der hat auch
Algen. Das ist zwar ganz natürlich, aber uner-
wünscht. Abfischen wäre eine Möglichkeit,
die Algen loszuwerden. Kupferpfennige in den
Teich legen bringt dagegen gar nichts. Man
kann auch jedes Jahr das Wasser ablassen und
dabei einen Teil der Pflanzen und den Schlick
entfernen. Diese Methode ist aber etwas müh-
selig und auch gefährlich, weil dabei viele nützliche Kleinlebewesen mit verschwinden. Wenn
überhaupt, sollte man den Teich ganz zeitig im
Frühjahr oder im späten Herbst reinigen.
Doch eins sollte man wissen: Das Teichwasser
kann nie völlig klar sein! So wird diese Radikalkur auch erst nötig, wenn das Wassr so trüb
ist, daß man in 10 cm Tiefe nicht einmal einen
weißen Teller erkennen kann.

Einfacher sind vorbeugende Maßnahmen wie
zum Beispiel nicht düngen, dafür sorgen, daß
keine Erde vom Rand ins Becken rutscht und
abgestorbene Pflanzenreste regelmäßig entfernen. Dann den Fischen nur soviel Futter
geben, wie sie innerhalb von Minuten aufnehmen können. Es darf kein Futter zu Boden
sinken. Noch besser wäre es, überhaupt keine
Fische zu halten, da sie unter anderem gern
Wasserflöhe fressen. Und die wiederum ernähren sich von Algen.

Eingeschränkt wird die Algenbildung ebenfalls durch Unterwasserpflanzen wie Horn-
kraut, Tausendblatt und Wasserfeder. Sie sorgen wie die auf der Wasseroberfläche wachsenden Seerosen für Schatten, denn Algen
entwickeln sich besonders stark in Teichen,
auf die die Sonne scheint.

Gelegentlich wird es auch nötig, das Wachstum einiger Schwimmpflanzen, auch der Seerosen einzudämmen, spätestens dann, wenn
vom Wasser nichts mehr zu sehen ist. Da hat es
sich bewährt, starkwüchsige Arten in Pflanzgefäße einzusetzen, weil sie sich leicht herausnehmen lassen. Die Pflanzen werden geteilt
und wieder in Gefäße eingesetzt. Auch ist es
nötig, die Gewächse mit neuer Wasserpflanzenerde zu versorgen, da die alte schon ausge-
spült ist. Sonst aber ist der Gartenteich der
pflegeleichteste Gartenteil. Damit es so bleibt,
ist eine regelmäßige Kontrolle nötig. Das heißt:
Absterbende Pflanzen, Blätter und Blüten
entfernen, die möglicherweise vorhandenen
Filter säubern und verdunstetes Wasser ersetzen. Übrigens, Graskarpfen und Silber-Algen-
karpfen haben sich als bewährte Algenfresser
erwiesen.

Juni

Der Rasen

Rasen vor dem Urlaub

Gartenfreunde sollten entweder gar nicht oder nur im Winter in den Urlaub fahren. Denn gerade in den Sommermonaten erntet man den Lohn der Mühe. Da blühen Rosen und Rittersporn, Dahlien und Gladiolen, da reifen Kirschen und Tomaten, da sind die Körbe voller Gemüse. Wer auf seinen Sommerurlaub verständlicherweise nicht verzichten möchte, muß sich etwas einfallen lassen. Klar, zum Ernten findet man immer jemand – aber beim Rasenmähen hört bereits so manche Freundschaft auf.

Rasen nicht bewässern
Nun legen die Rasengräser in den Sommermonaten etwa ab Ende Juni eine Wachstumsruhepause ein, d. h. sie wachsen schwächer als im Frühjahr oder im September. Den Urlaubern kommt die Rasen-Müdigkeit sehr gelegen, obwohl man sich nicht immer darauf verlassen kann. So wächst nach starken Regenfällen der Rasen wie toll. Deshalb den Rasen vor der Abreise niemals stark bewässern oder beregnen, auch wenn noch so schön die Sonne scheint.

Den Rasen beim letzten Schnitt vor Urlaubsbeginn nicht zu kurz schneiden, etwa 4–5 cm hoch, sonst verbrennen die Rasengräser und Unkraut kommt hoch. Überhaupt die Unkräuter: Sie müssen sorgfältig entfernt werden, weil sie sich im Sommer kräftiger entwickeln als die Rasengräser. Es empfiehlt sich, die Unkräuter – wenn irgendmöglich – von Hand zu entfernen. Dazu gibt es ein Spezialgerät, den sogenannten Distelstecher, der auch gegen den Löwenzahn mit seinen tiefreichenden Wurzeln erfolgreich verwendet werden kann.

Wer unbedingt noch etwas Nützliches tun möchte, der reinige und überhole seinen Rasenmäher, damit er nach der Rückkehr sofort einsatzbereit ist. Dann macht das Mähen richtig Spaß.

Das Sprinkler-System macht zielgerechtes Gießen möglich und hilft Wasser sparen.

Gemüsegarten

Bewässerung

Eine wichtige Arbeit ist die richtige Bewässerung der Gemüsebeete, natürlich nur bei anhaltender Trockenheit. Immer wieder muß man beobachten, daß hier Fehler gemacht werden. Wer hat nicht schon Gartenfreunde gesehen, die am Abend eines sonnigen heißen Tages den Gartenschlauch nehmen und ihre Gemüsebeete nur gerade so lange spritzen, bis die Erde dunkel aussieht. Was wird damit erreicht? Sicher eine Erfrischung der Pflanzen – allerdings bei Fruchtgemüsen, wie Gurken, Tomaten, erst recht bei Melonen und Auberginen, mit einem großen Fragezeichen dahinter. Leitungswasser ist im Vergleich zu der Erwärmung der Pflanzen in zehnstündiger Sonnenbestrahlung sehr kalt. Statt der erwünschten

Erfrischung kann es daher einen Kälteschock geben, der sich bei Tomaten zum Beispiel im Rollen der Blätter äußert.

Selbst wenn wir annehmen, daß der Gartenfreund soviel Erfahrung gesammelt hat und diese gegen kaltes Wasser empfindlichen Fruchtgemüse bei der Dusche mit dem Schlauch ausläßt, haben auch die anderen Gemüse wenig Nutzen von dieser Wassergabe. Einfach deswegen, weil sie zu gering ist, um tief in den Boden bis an die Wurzeln einzudringen. Rühren wir einmal mit dem Finger den Boden nach einer solchen kurzen Dusche um, werden wir sehen, daß er höchstens 2 cm durchfeuchtet ist. Tags darauf verdunstet dieses Wasser wieder – ohne von den Pflanzen genutzt zu werden. Die Pflanze leidet weiter an Wassermangel, was sich oft unliebsam bemerkbar macht. Deshalb sollten wir uns angewöhnen, die Gemüsebeete, ebenso wie den ganzen Garten, bei fehlendem Regen einmal in der Woche ausgiebig und durchdringend zu bewässern. Ob mit dem Schlauch, der dann recht lange auf eine Stelle gehalten werden muß, ob mit einem Regner oder einem Sprühschlauch, oder ob mit der Gießkanne, bleibt sich gleich. Solche Bewässerung macht allerdings eine kurze erfrischende Dusche nach heißen Tagen noch lange nicht überflüssig.

Ausdünnen, Anhäufeln und Düngen

Eine weitere wichtige Pflegearbeit ist das Ausdünnen zu eng stehender Saaten von Möhren, Petersilie, Roten Rüben, Radieschen, Schwarzwurzeln und Säzwiebeln. Nur bei ausreichenden Abständen innerhalb der Reihen können sich diese Gemüsearten zur vollen Größe entwickeln. Erbsen, Buschbohnen, Porree und Kohlpflanzen werden bei der Bodenlockerung angehäufelt. Dadurch bekommen die erstgenannten einen besseren Stand, bei den Kohlpflanzen bilden sich aus den Stengeln zusätzliche Wurzeln aus, und beim Porree gibt es durch Anhäufeln lange gebleichte Schäfte. Zugleich mit dem Hacken, das Was-

ser sparen hilft, wird auch das immer wieder aufkommende Unkraut bekämpft.

Die Gemüsearten benötigen aber nicht nur lockeren Boden und reichlich Wasser, sondern vor allem auch Nährstoffe. Wir geben deshalb eine Kopfdüngung. Je nachdem, ob es sich um eine starkzehrende oder eine anspruchslosere Gemüseart handelt, streuen wir jetzt rund um die Pflanzen etwa 30–50 g/m² Volldünger, also eine halbe bis eine Handvoll.

Tomaten-Wünsche

Geiztriebe bei Tomaten sind ständig auszukneifen; aber dazu muß etwas mehr gesagt werden, denn an den Tomaten wird viel zu viel herumgeschnitten: Wir wollen doch nicht vergessen, daß das Blattwerk der Tomaten eine entscheidende Rolle beim Ertrag mitspielt. Sind viele Blätter an den Pflanzen, so können sie auch viel Kohlenhydrate und Eiweiß in den Blüten und Früchten speichern. Für eine gute Ernte ist also ein gesundes und möglichst vollständiges Blattwerk von größter Bedeutung.

Tomaten lieben Wärme über alles, was aber nicht bedeutet, daß sie mit der Sonne auf besonders gutem Fuß stehen. Im Gegenteil:

Kunststoff-Hauben halten Kälte und Regen von empfindlichen Tomaten fern.

Juni

Pralle Sonne verursacht auf ihrer sonst gewiß nicht empfindlichen Schale Brandflecken und eine unerfreuliche Verhärtung der Fruchthaut. Solche Früchte sind für den Rohgenuß nicht mehr zu verwenden und können höchstens noch in der Küche verarbeitet werden. Den einzigen und natürlichen Schutz vor der unliebsamen Wirkung der Sonnenstrahlen bieten ihnen die Blätter. Sie sind es auch, die in kühlen Nächten ein allzu starkes Absinken der Temperaturen in Fruchtnähe verhindern. Und natürlich hält das schützende Blätterdach starke Regenfälle ab, die ebenfalls Flecken auf der Haut hervorrufen können. Die Blätter sind also für eine gute und regelmäßige Ausbildung der Tomatenfrucht unentbehrlich. Nur in einigen Ausnahmefällen sollte man sie entfernen, etwa, wenn sie den durchtreibenden Fruchtständen im Weg stehen.

Manche Tomatenpflanzen entwickeln sehr viele Blätter, aber nur wenige Blütenstände. Ursache für dieses abwegige Wachstum ist eine einseitige Stickstoffdüngung. Wer ein solches Wachstum beobachtet, muß unbedingt im nächsten Jahr den Boden mit Volldünger anreichern, um eine stärkere Fruchtausbildung zu erzielen. In solchen Fällen kann natürlich vom Messer stärker Gebrauch gemacht werden.

Neuerdings beläßt man von den Geiztrieben das unterste Blatt und erhöht damit die gesamte Blattfläche und gleichzeitig den Ertrag. Diese neue Methode wurde in vielen Versuchen geprüft und hat sich auch in der Praxis bewährt. Man muß sich auch früh genug überlegen, wieviel Trauben der Pflanze zur Reife kommen können. Eine alte Regel sagt, daß von allen Blüten, die ab August erscheinen, keine Früchte mehr zu erwarten sind. Mehr als vier Trauben werden es je Pflanze also nicht. Es empfiehlt sich deshalb, den Kopf der Pflanze nach zwei bis drei Blättern über der letzten Traube abzuschneiden. Durch diese rigorosen Maßnahmen konzentriert sich der ganze Saft und alle Kraft auf die übrigbleibenden Fruchtstände.

An heißen Tagen bekommen die Tomaten reichlich Wasser, niemals jedoch – etwa um die Reife zu fördern – Düngergaben, am besten als Flüssigdünger. Man kann auch festen Dünger in Wasser auflösen. Der Nährstoffbedarf der Tomaten ist groß, vor allem zu Beginn des Fruchtansatzes im Juli und August. Es empfiehlt sich, von Ende Juni bis Anfang September wöchentlich nach Hersteller-Anweisung zu düngen.

Viele Aussaaten sind noch möglich

Aussäen können wir noch: Herbst- und Winterrettich, Rote Rüben, Buschbohnen, Frühmöhren, Busch- und Feuerbohnen, Möhren, Kopfsalat, Radieschen und Dill. Beste Aussaatzeit ist jetzt für Zuckerhutsalat. Wer ihn noch nicht kennt, dem sei gesagt, daß er wie Chicorée oder Endivien verwendet wird, in jedem Boden wächst und sogar etwas Frost verträgt. Ausgesät wird von Mitte Juni bis Mitte Juli an Ort und Stelle; später muß man die Pflanzen auf 20–30 cm allseitiger Entfernung vereinzeln. Ein Verpflanzen ist nicht möglich.

Eine Entdeckung wert ist der Radicchio-Salat, auch Roter Veroneser genannt, der wie Chicorée oder Zuckerhutsalat zubereitet wird. Zum Anbau muß man wissen: Aussaat von Mai bis Mitte Juli direkt an Ort und Stelle in 20–25 cm voneinander entfernte Reihen, später auf 10 cm vereinzeln, nicht verpflanzen. Aufgepaßt, jetzt kommt das Ungewöhnliche: Im November werden die Röschen etwa 3–4 cm über dem Boden abgeschnitten, man läßt also etwas stehen, damit man den ganzen Winter von dem sich nun noch bildenden, neuen Antrieben ernten kann.

Ende des Monats sollte man außerdem daran denken, Knollenfenchel auszusäen, ebenfalls 3 Reihen auf das Beet. Später wird innerhalb der Reihen auf 20 cm Abstand verzogen. Fenchel benötigt nicht nur reichlich Wasser, sondern vor allem auch Stickstoff. Vor der Saat geben wir deshalb je m² eineinhalb Handvoll Volldünger und nach dem Verziehen zusätzlich noch eine halbe Handvoll Kalkammonsalpeter. Diese Kopfdüngung sollte nach 3 bis 4 Wochen auf jeden Fall wiederholt werden.

Gewürzkräuter-Ernte

Jetzt beginnt die Gewürzkräuter-Ernte. Dazu sollten wir einiges wissen, damit die wertvolle Würzkraft der Kräuter nicht verlorengeht. Da müssen nämlich manche vor, zu Beginn oder mitten in der Blüte geschnitten werden.

Vor der Blüte ernten wir: Dill (es sei denn, man braucht ihn zum Einlegen von Salzgurken), Deutschen Estragon, Beifuß, Pfefferminze, Pimpinelle, Salbei und Wermut.

Zu Beginn der Blüte schneiden wir Bohnenkraut, Basilikum, Russischen Estragon, Salbei und Zitronenmelisse.

Während der Blüte kommen dran: Majoran, Rosmarin und Lavendel. Die Kräuterzweige anschließend in Bündeln trocknen und schattig aufbewahren. Sind die Kräuter dann trocken, kommen sie in fest verschließbare Schraubgläser. Auf diese Weise können auch die Wurzeln von Liebstöckel aufbewahrt und »überwintert« werden.

Obstgarten

Erfahrene Obstgärtner weisen immer wieder darauf hin, daß das Ausdünnen zu dicht hängender Fruchtstände bei Äpfeln und Birnen, aber auch bei Pfirsichen den Ernteerfolg wesentlich erhöhen kann. Sowohl die Größe als auch die Qualität der Früchte profitieren von dieser Maßnahme. So soll jeder Fruchtstand nur 1–2 Früchte behalten. Es gibt noch eine Faustzahl: Auf jede Frucht sollen etwa 30 Blätter rund um die Frucht kommen. Aber wer zählt schon Blätter aus? Man verlasse sich beim Ausdünnen auf sein eigenes Gefühl – wichtig ist, daß überhaupt etwas geschieht. Man sollte dabei noch beachten, daß Birnen (wenn sie voll tragen) mehr ausgedünnt werden müssen als Äpfel. Pfirsiche sollten im Abstand von 8–10 cm am Baum sitzen. Ausgedünnt wird am einfachsten durch Schütteln von Hand. Bei Pflaumen und Zwetschen ist ein Ausdünnen nicht nötig.

Balkon- und Kübelpflanzen

Gießen und düngen

Wie bei Zimmerpflanzen, darf auch das Gießen in Pflanzgefäße nicht nach starren Regeln vorgenommen werden. Da sind vor allem die Lage des Balkons oder der Terrasse und natürlich auch die Witterungsverhältnisse zu berücksichtigen. Es sollte niemals heißen: zwei- oder dreimal die Woche gießen, sondern für regelmäßige Feuchtigkeit sorgen, denn im Gegensatz zu allen anderen sind Balkonpflanzen in ihren mehr oder weniger schmalen Gefäßen der Gefahr des Vertrocknens am ehesten ausgesetzt. Gelegentliches Welken schadet dagegen nicht. Auf keinen Fall dürfen Blüten mit dem Gießwasser in Berührung kommen, denn die feinen, zarten Blütenblättchen reagieren empfindlicher als das widerstandsfähigere Laubwerk. Überhaupt sollte das Gießen und Spritzen am frühen Vormittag durchgeführt werden. An sehr heißen Tagen verabreicht man abends weitere Wassergaben. Auf jeden Fall ist aber Staunässe zu vermeiden, vor allem Geranien leiden sehr darunter. Ein Auflockern der Erde – aber vorsichtig, um Wurzelschäden zu vermeiden – sorgt für eine gute Durchlüftung der Erde und erhöht ihre Wasseraufnahmefähigkeit.

Gedüngt wird das erstemal 4 Wochen nach der Pflanzung, damit die Geranien und Petunien erst einmal richtig Fuß fassen können. In dieser Zeit halten sie sich an die in der frischen Erde enthaltenen Nährstoffe. Die Düngung beginnt also erst ab Mitte Juni in wöchentlichen Abständen bis Ende September. Bitte keinen Gartendünger verwenden, sondern spezielle Balkondünger. Es empfiehlt sich, am Abend zu düngen, oder frühmorgens, nie mittags oder bei Sonnenschein.

Übrigens, regelmäßig Düngen gehört zur Gesundheitspflege wie auch das Entfernen von gelben oder trockenen Blättern von allen abgeblühten und abgeknickten Pflanzenteilen: Pflanzenhygiene hält Schaden fern.

Juli

Juli

Ziergarten

Erfahrene Gartenfreunde begnügen sich nicht mit der bloßen Freude an den jetzt in schönster Blüte stehenden Einjahrsblumen, Knollenbegonien, Dahlien, Gladiolen, Rosen und anderen Ziergehölzen. Sie denken bereits an das nächste Blütenjahr und an all jene Pflanzenschätze, die ihr Garten noch beherbergen soll. Denn schon jetzt ist eine günstige Pflanzzeit für Stauden, die im Frühling blühen, für Schwertlilien, Pfingstrosen, Steppenkerzen *(Eremurus)* und für einige Knollengewächse, die in diesen Wochen bereits in die Erde können: Madonnenlilien *(Lilium candidum)*, Kaiserkronen *(Fritillaria)*, Herbstkrokusse (*Crocus-Speciosus*-Hybriden), Alpenveilchen *(Cyclamen),* Hundszahn *(Erythronium)* und Herbstkrokusse und Herbstzeitlosen *(Colchicum)*. Tulpen und Narzissen folgen 4 bis 6 Wochen später.

Abgeblühtes abschneiden

Gartenschere und Messer sollten auf den Blumenbeeten jetzt ständig tätig sein, nicht nur, um Blumen für die Vasen zu schneiden, sondern auch um alle abgeblühten Blütenstiele zu entfernen; das Blühen hält dann länger an. Und nicht vergessen: Auch an den Rhododendron und am Flieder sind Samenansätze zu finden, die entfernt werden müssen.

Die Sommerstauden beginnen zu blühen. Wir achten darauf, daß immer alles Abgeblühte und die verwelkten Blätter (der Frühjahrsblüher) entfernt werden. Stauden, die zweimal blühen, wie Rittersporn *(Delphinium)*, Feinstrahlaster *(Erigeron)* und Trollblumen *(Trollius)*, werden sofort nach der Blüte abgeschnitten. Es empfiehlt sich, den Boden zu lockern und die Stauden an heißen Tagen mit Wasser zu versorgen. Aber keinen Dünger mehr geben.

Stauden anbinden

Hohe Stauden bereiten uns einigen Kummer durch ihre mangelhafte Standfestigkeit. Aber das sollte kein Grund sein, auf sie zu verzichten. Man muß nur das Lagern verhindern. Bei vielen genügt dazu eine Schnur. Den hohen Stauden gibt man einen meterlangen Stab, an den man die Stiele festbindet. Das ist in keiner Weise störend, wenn man es frühzeitig tut. Beim Höherwachsen sieht man dann nichts

Rittersporn sofort nach der Blüte tief am Boden abschneiden (links). Ein verstellbarer Staudenhalter verhindert das Umfallen hochwachsender Stauden und Dahlien.

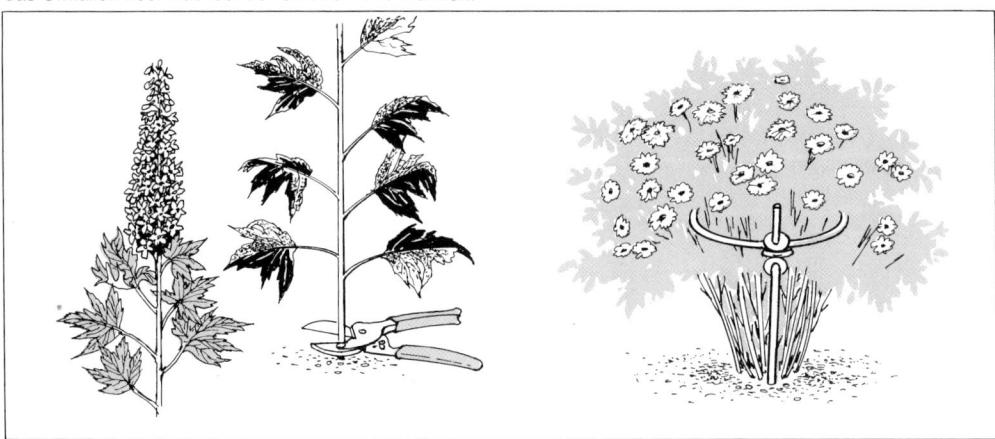

mehr davon. In Gartenfachgeschäften gibt es zudem fertige Staudenhalter zu kaufen.

Warum überhaupt mit dem Aufbinden warten, bis man es nach einem Gewittersturm doch tun muß und Ärger hat mit gebrochenen oder verkrümmten und total verschmutzten Stielen? Selbstverständlich wird man das Aufbinden locker und möglichst natürlich machen, unter Umständen sogar jeden Stengel einzeln anheften. Und dann darf man schon beim Pflanzen hoher Stauden nicht vergessen, daß die Gefahr des Umfallens an windgeschützten und sonnigen Plätzen geringer ist, ebenso, wenn die Pflanzen nicht zu gut, vor allem nicht mit zu viel Stickstoff ernährt werden.

Wachstumseifer und Widerstandsfähigkeit gegen ungünstige Witterungsbedingungen sind die hohen Tugenden der winterharten Stauden. Und doch kann man sie nicht einfach ihrem Garten-Schicksal überlassen. Gerade ihre ursprüngliche Wachstumskraft macht uns manchmal zu schaffen, so daß es notwendig wird, die eine oder andere Staude zur Ordnung zu rufen, damit sie benachbarte Artgenossen nicht unterdrückt. Das ist schneller passiert, als man denkt. Hier darf man getrost rigoros eingreifen.

Zu den egoistischen Stauden, die nur sich selbst kennen, gehören die Sonnenblumen (*Helianthus* in Arten und Sorten), die Goldruten (*Solidago*), die Kissenastern (*Aster dumosus*) und einige Staudengräser, deren Ausläufer schon nach wenigen Jahren den halben Garten durchziehen, so daß man ihnen mit dem Spaten rücksichtslos Einhalt gebieten muß. Das gilt auch für einige Polsterstauden, die ihre Aufgabe, den Boden zu bedecken, allzu schnell zu wörtlich nehmen und andere weniger robuste Pflanzen bald zudecken.

Da heißt es kontrollieren und den Ausdehnungsdrang einschränken bei Seifenkräutern (*Saponaria*), Günsel (*Ajuga*), Gänsekresse (*Arabis*), Sternmoos (*Sagina*), Goldnessel (*Lamiastrum galeobdolon*) und noch einigen tempogeladenen Zwergstauden. Sie alle müssen durch Umstechen auf ihren Platz verwiesen werden.

Stauden-Vermehrung

Passionierte Staudenfreunde probieren immer wieder verschiedene Methoden der Anzucht von jungen Pflanzen, um den schon vorhandenen Bestand, vor allem besonders schöner Arten und Sorten, zu vergrößern. Auch ohne diese Absicht kommt jeder, der Stauden im Garten hat, zwangsläufig zu neuen und jungen Pflanzen. Viele unserer Stauden nämlich brauchen von Zeit zu Zeit eine Verjüngungskur, die sich durch Teilung älterer Büsche einfach durchführen läßt. Für manche Stauden ist dieses Verjüngen – die Teilung kann von Hand oder mit dem Spaten geschehen – sogar lebensnotwendig. Wer sich an die Vermehrung von Stauden wagt, dem sei gesagt, daß alle Stauden-Züchtungen (Hybriden) nur durch Teilung, Stecklinge oder Risslinge vermehrt werden können, nicht aber durch Samen von vorhandenen Pflanzen.

Aussaat

Durch Aussaat selbstgezogener Samen lassen sich nur Stammarten und Wildformen vermehren, dafür aber leicht und sicher; zum Beispiel: Akelei (*Aquilegia*), Mädchenauge (*Coreopsis*), Rittersporn (*Delphinium*), Kugeldistel (*Echinops*), Kokardenblume (*Gaillardia*), Nelkenwurz (*Geum*), Lupine (*Lupinus*), Fingerhut (*Digitalis*) und Bunte Margerite (*Tanacetum coccineum*). Das sind nur die bekanntesten. Die Aufzählung kann beliebig verlängert werden.

Ausgesät wird von Juni bis August in flache Schalen oder Blumentöpfe, die mit einer in Fachgeschäften erhältlichen Aussaaterde gefüllt wird. Der Samen wird schön gleichmäßig verteilt und mit einer dünnen Schicht Sand zugedeckt. Das Aussaatgefäß wird mit einer Glasscheibe oder Plastikfolie abgedeckt und warm, jedoch nicht sonnig aufgestellt. Zum Schutz gegen Sonnenstrahlen kann man Zeitungspapier auflegen oder die Glasscheibe mit flüssigem Kalk oder Mehl bestreichen. Von jetzt an muß die Erde stets gleichmäßig feucht gehalten werden. Staudensamen keimen selten so rasch und gleichmäßig wie Sommerblumen. Bei einigen Arten kann es vorkommen, daß die ersten Keimlinge nach acht Tagen erscheinen, während die letzten sich erst vier Wochen später zeigen. Manche Staudensamen liegen wochenlang unbeweglich oder keimen überhaupt erst im nächsten Frühjahr. Man darf also die Geduld nicht verlieren.

Gehölze und Stauden aus dem Container

Früher wurden nach strengen Gärtnergesetzen Gehölze nur im Frühjahr und im Herbst gepflanzt. Der Sommer war als Pflanzzeit tabu und ist es auch heute noch, wenn es um Gehölze ohne feste Wurzelballen geht. Hier warte man wirklich bis zum Oktober/November. Es sei denn, die Pflanzen stehen in einem Container. Darunter versteht man blumentopfähnliche Behälter aus Kunststoff oder Folienbeutel, die Erde und Wurzeln fest zusammenhalten. Dadurch sind die Sträucher, Bäume und Stauden jederzeit pflanzbereit, selbst in der warmen Jahreszeit – nur nicht bei starkem Frost. Containerpflanzen bieten die Garantie für sofortiges Weiterwachsen, weil die Wurzeln beim Verpflanzen unbeschädigt bleiben. Das gilt für immergrüne Laub- und Nadelgehölze wie Kiefern, Fichten und Eiben wie auch für laubabwerfende Sträucher und Bäume und für alle Blatt- und Blütenstauden.

Mit Containerpflanzen kann so ohne Wartezeit mitten im Sommer ein Garten rund um das neugebaute Haus entstehen oder Lücken im eingewachsenen Garten gefüllt werden, so läßt sich mit einer Containerpflanze im Sommer mancher Wunsch erfüllen. Das kann ein rotlaubiger Japanischer Zierahorn oder eine Goldulme sein, die sich jetzt von ihrer schönsten Blätterseite zeigen. Im blattlosen Zustand weiß man oft nicht so recht, wie sie später aussehen.

Die Container werden vor dem Pflanzen solange in Wasser gestellt, bis keine Luftbläschen mehr aufsteigen. Anschließend den Container entfernen: Folienbeutel aufreißen und abziehen, Wurzelballen in festen Behältern durch

Kokardenblume *(Gaillardia x grandiflora)*

Rechte Seite: Sommerblumenstrauß aus Zinnien, Jungfer im Grünen *(Nigella)* und Margeriten.

Klopfen lockern, die Pflanze herausnehmen, Wurzelfilze aufreißen oder aufschneiden. Vor dem Pflanzen den Boden verbessern bzw. lockern durch Beigaben von Kompost und organischen Dünger wie zum Beispiel Guano oder eine Mischung aus Hornspänen und Knochenmehl. Den Containerballen etwa 5 cm tief unter die Erdoberfläche setzen und mit Erde bedecken. Dabei für einen Gießrand sorgen.

Hecken schneiden

Hecken aus laubabwerfenden Gehölzen wie Hainbuchen, Rotbuchen, Liguster, Weißdorn und andere, werden zweimal, Hecken aus immergrünen Sträuchern einmal im Jahr geschnitten.

Bei laubabwerfenden Gehölzen spricht man vom Haupt- oder Formschnitt, der in der Zeit der Vegetationsruhe, also etwa zwischen Oktober und März, durchgeführt wird. Durch diesen Schnitt erhält und bekommt die Hecke ihre Form, er bestimmt die Erholung oder Zunahme bezüglich Höhe und Breite. Bei diesem Schnitt wird nicht nur der Zuwachs der

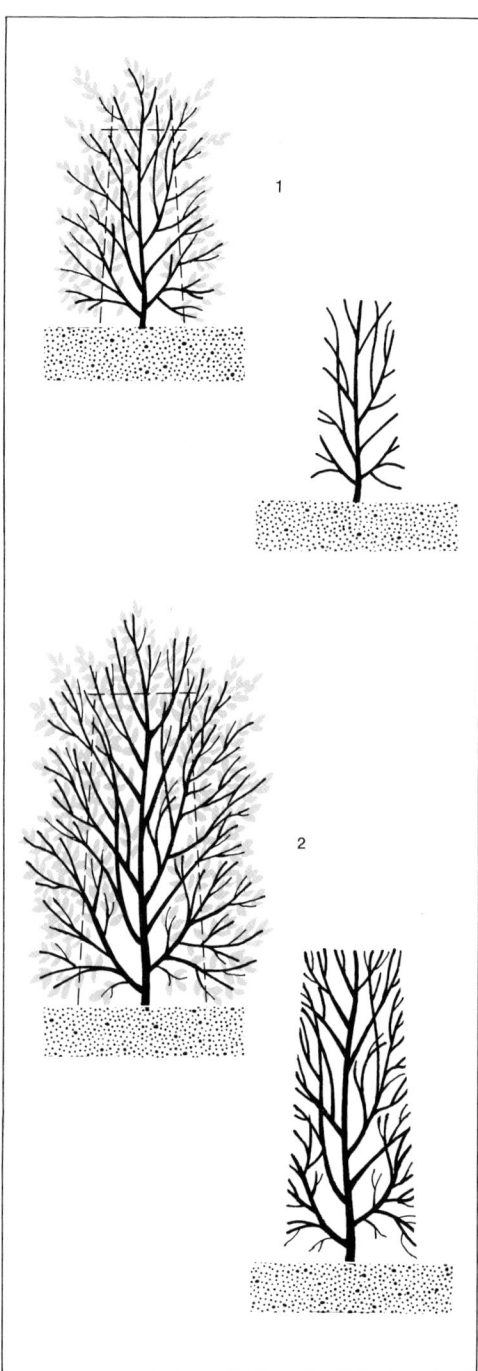

letzten Vegetationsperiode zurückgenommen, sondern es muß, wenn nötig, auch einmal in das mehrjährige Holz hineingegangen werden, um eine zu breit oder zu hoch gewordene Hecke auf das gewünschte Ausmaß zurückzunehmen.

Auf Vogelbrut achten

Beim zweiten Schnitt, dem Sommerschnitt, werden eigentlich nur Schönheitsreparaturen vorgenommen, damit die Hecke sauber und ordentlich aussieht. Dieser Schnitt ist dann vorzunehmen, wenn man das Gefühl hat, die Hecke sähe etwas liederlich aus; man schneide jedoch besser nicht vor Ende Juli, um die in Hecken so häufigen Vogelbruten möglichst nicht zu stören. Wer es dennoch ganz ordentlich haben will, der kann in einer Vegetationsperiode auch zweimal schneiden, das erste Mal im Mai, wenn der Jahrestrieb erst halb entwikkelt ist, und ein zweites Mal im Hochsommer.

Als für das Wachstum günstigste Form für eine Hecke gilt das gleichschenklige Trapez, und zwar ein Hochtrapez, bei dem die Bodenfläche etwa um ein Fünftel breiter ist als die Stirnfläche. Läßt man dagegen die Heckensträucher senkrecht nach oben wachsen, dann passiert es, daß die untersten Zweige, die kaum oder wenig Licht bekommen, absterben.

Bei Liguster kann man die Oberkanten rund schneiden, so daß der Eindruck einer leichten Wölbung entsteht. Das ist am einfachsten bei niedrig gehaltenen Hecken durchzuführen. Diese Regeln gelten für die sogenannten formstreng geschnittenen Hecken, aber auch für freiwachsende Gehölze, die als grüne Grenzgemarkung dienen. Man benutzt die Schere aber nur, um Blüten oder Beerenzweige für die Vase zu schneiden oder um allzu wild

Beim Heckenschnitt sind die nach beiden Seiten und in die Höhe wachsenden Triebe regelmäßig abzuschneiden. Später, wenn die Sträucher die gewünschte Trapezform vorweisen, wird das Längenwachstum allmählich bis zur gewünschten Höhe geführt.

gewordene Büsche zur Ordnung zu rufen. Hin und wieder werden Korrekturen nötig, wenn sich die Zweige gegenseitig behindern, wenn die Sträucher zu groß geworden sind oder herausragende Äste das Gesamtbild stören.

Niedrige Hecken, die als Einfassungen von Blumenbeeten oder Vorgärten dienen, kommen nur einmal, und zwar im Frühjahr unters Messer. Ab und zu, vor allem bei kleinwüchsigen Spiräen (*Spiraea* 'Little Princess') oder immergrünen Zwergheckenkirschen (*Lonicera nitida* 'Elegant') kann ein stärkerer Rückschnitt fällig werden.

Verjüngungsschnitt wird auch mal nötig

Sind Hecken kahl und unansehnlich geworden, wird ein Verjüngungsschnitt nicht zu vermeiden sein. Da sollte es dann ziemlich radikal zugehen, das heißt, die Stämme bis auf 25 cm über dem Boden abschneiden oder absägen. Das gilt aber nur für laubabwerfende Ziergehölze, nicht für Immergrüne.

Ziergehölze vermehren

Sommerstecklinge

Auch die Vermehrung mit grünen krautartigen Stecklingen kann gelingen, wenn dazu nicht zu weiche Kopfstecklinge, sondern eher schwache Triebe von den Seitentrieben älterer Zweige genommen werden. Sonst geht die Vermehrung wie bei Balkon- oder Zimmerpflanzen vor sich: Untere Blätter entfernen, von den oberen die Blattflächen verkleinern; die Stecklinge mit Folie oder Glas bedecken und sofort mit einer Pappe schattieren; die Reiser regelmäßig absprühen. Es empfiehlt sich, nach der Wurzelbildung zu lüften.

Vermehrung von immergrünen Ziergehölzen

Der beste Zeitpunkt für die Vermehrung von Nadelgehölzen und anderen Immergrünen liegt von Ende Juli bis Anfang August. Nadelgehölzstecklinge werden gerissen oder so geschnitten, daß immer ein Teil des alten Holzes am Steckling verbleibt. Bei Spitzentrieben schneide man den Steckling bis zum Ansatz

des diesjährigen Triebes. Alle Fichten- und Tannenarten sollten nur aus Spitzentrieben vermehrt werden.

Die Länge der Stecklinge sollte bei Zwergkoniferen 2–4 cm, bei Scheinzypressen (*Chamaecyparis*), Lebensbaum (*Thuja*), Wacholder (*Juniperus*) 15–20 cm betragen. Diese 3 Gattungen lassen sich leicht und schnell vermehren. Länger, oft bis zu 2 Jahre, dauert die Bewurzelung bei anderen Koniferen, beispielsweise bei Zedern (*Cedrus*), Ginkgo, Sumpfzypressen (*Taxodium*) und Schmucktannen (*Araucaria*).

Die Stecklinge sind im Sommer vor Sonnenstrahlen und zuviel Feuchtigkeit zu schützen.

Vermehrung durch Absenker

Bei manchen, zudem noch sehr schönen Ziergehölzen ist eine Vermehrung durch Absenker zu empfehlen. Das gibt zwar nur wenige Jungpflanzen von einer Mutterpflanze, dafür ist diese Methode aber ziemlich sicher.

Sie wird angewandt bei Felsenbirnen, Birken, Gewürzstrauch, Glockenhasel, Cotoneaster, Seidelbast, Prachtglocke, Forsythie, Federbuschstrauch, Hortensien, Heckenkirschen, Zierjohannisbeeren, Zaubernuß, Kranzspiere, Schnee- und Korallenbeeren, Flieder, Schneeball, Blauregen und noch einigen anderen, nicht alltäglichen Gehölzen. Beim Absenken, das am besten in den Monaten Juni/Juli geschieht, werden biegsame Zeige, die im Vorjahr gewachsen sind, heruntergebogen und mit einem Drahtbügel in einer kleinen Bodenvertiefung verankert. Auf diese Stelle kommt ein kleiner Haufen aus Kompost und Sand; dabei muß die Triebspitze aus der Erde herausragen. An der Biegung bildet der abgesenkte Trieb Wurzeln, und zwar um so schneller, wenn der in der Erde versenkte Zweig mit einem Messer leicht angeritzt wird.

Die Wurzelbildung erfolgt in unterschiedlichen Zeiträumen. Manche können bereits im selben Herbst von der Mutterpflanze abgetrennt, ausgegraben und an einer geschützten Stelle noch einmal eingepflanzt werden. Andere wachsen erst im nächsten Jahr zu fertigen Pflanzen heran. Nie zu früh ausgraben! Manche Gehölze wollen nicht so recht Wurzeln bilden. Dann empfiehlt es sich, statt in den Boden in Töpfe abzusenken, die mit humusreicher Erde wie Kompost oder Humusdünger gefüllt wurden.

Der Rasen

Bei lang anhaltender Trockenheit den Rasen nicht zu oft, dafür aber durchdringend wässern. Dadurch wird erreicht, daß die tieferliegenden Wurzeln ausreichend mit Wasser versorgt werden. Wer in kürzeren Abständen mit wenig Wasser spritzt, unterstützt damit nur die Unkräuter. Durch tägliches Beregnen keimen die überall herumliegenden Unkrautsamen. Bei längeren Bewässerungspausen verdorren dagegen die jungen Unkrautkeimlinge sofort.

Der Rasen sollte alle 8 Tage rund 10–15 mm Wasser auf einmal bekommen. Das Maß dafür: Den Regner etwa eine Stunde lang auf derselben Stelle stehen lassen. Bilden sich nach dem Beregnen Pfützen, dann hat sich der Boden verdichtet. Da hilft nur eins, die Grasnarbe mit einem Vertikutiergerät lüften, das den Boden aufreißt: das Wasser sickert sofort ab, der Boden bekommt Luft, die Gräser wachsen besser und bleiben grün.

Wassermangel macht sich durch einen »Blaustich« der sonst grünen Gräser bemerkbar. Später werden sie gelb und braun. Wer ganz sichergehen will, hebe ein 10 cm dickes Rasenstück aus: Ist die Erde zu einem Viertel oder gar bis zur Hälfte trocken, wird es höchste Zeit für künstlichen Regen.

Gegossen werden sollte möglichst nicht in der Mittagshitze. Nicht etwa, weil die nassen Gräser durch die Sonnenstrahlen verbrennen, was nicht stimmt, sondern um Verdunstungsverluste zu vermeiden. Also gegen Abend oder in späten Nachmittagsstunden gießen, dann kommt die Feuchtigkeit den Pflanzen länger zugute. Alle diese Hinweise sind natürlich gegenstandslos, wenn es zu Dauerregen kommt.

Rasen jetzt nicht kurz schneiden

Im Sommer wird der Rasen weniger als im Frühjahr und nicht zu kurz geschnitten. Es genügt, je nach Wachstumsstand, ein Schnitt alle 8 bis 10 Tage. Dadurch wird das schnelle und allzu starke Austrocknen des Bodens vermieden und ein längeres Festhalten des Wassers in Bodennähe erreicht. Also, den Rasenmäher umstellen auf eine Höhe von rund 4 cm (auf keinen Fall niedriger).

Geschnitten wird, wenn die Blattspitzen doppelt so hoch wie die gewünschte Schnitthöhe sind: Im Sommer also 8 cm. Die Häufigkeit des Schnittes ist auch von dem Ernährungszustand des Rasens abhängig. Gut mit Nährstoffen versorgte Rasenflächen sind häufiger zu schneiden, bleiben aber länger gesund und ohne gelbe und braune Flecken.

Schwachwüchsige Rasenflächen sollte man auch in der Sommerhitze mit Dünger versorgen. Hier und dort wird dabei immer noch die Verbrennungsgefahr beschworen – was übertrieben ist. Voraussetzung für eine wirksame und ungefährliche Rasendüngung im Sommer ist eine gleichzeitig vorzunehmende Beregnung. Der Fachmann spricht vom Einregnen der Düngesalze. Also: Dünger ausstreuen, Regner etwa eine Stunde auf derselben Stelle laufen lassen.

Paradox, aber wahr: Durch das Düngen im Sommer wird Wasser gespart! Wenn der Rasen keine Nährstoffe bekommt, »ernährt« er sich nämlich vom Wasser.

Gemüsegarten

Was im Juni für die Pflege der Gemüse geraten wurde, gilt auch weiter – erst recht und besonders für die Nachfrüchte, denen solche gute Pflege eine notwendige Starthilfe ist. Übrigens darf man für diese Nachfrüchte auch die Nährstoffe nicht vergessen. Der Boden ist durch vorausgegangenes Gemüse ärmer geworden, also muß man vor dem Anbau von Nachfrüchten wenigstens nochmals die Grundration (60–80 g/m²) Volldünger geben. Zur Starthilfe gehört auch, bei Trockenheit zu wässern, was auch für alle noch im Boden stehenden Gemüse gilt.

Pflegemaßnahmen und Düngung

Neben der Ernte der Gemüse steht die Pflege im Vordergrund: Tomaten aufbinden, eintriebig ziehen und ausgeizen, sobald die Geiztriebe mit den Fingern greifbar sind, außerdem alle zwei Wochen flüssig düngen, mit einer Lösung von 10 g Volldünger oder eine Handvoll festen Dünger je Pflanze. Bohnen anhäufeln und vom Beginn der Ernte an stetig durchpflücken, damit die Hülsen nicht zu groß und alt werden, damit als Folge davon der Ansatz neuer Blüten nicht nachläßt. Auch die »Schoten« der Erbsen nicht zu alt werden lassen. Tomaten und Gurken nicht mit leitungskaltem Wasser spritzen, überhaupt beim Gießen, mit abgestandenem Wasser, die Blätter möglichst nicht naß machen, oder wenigstens so früh am Nachmittag wässern, daß das Laub noch abtrocknet.

Den beiden Dauergemüsen Rhabarber und Spargel nach der nun beendeten Ernte Volldünger geben, damit die Pflanzen mit Hilfe dieses »Kraftfutters« sich wieder erholen können. Rhabarber erhält etwa 60 g/m² Volldünger. Spargel wird mit 4 kg pro 50 Pflanzen (das entspricht dem Bedarf einer Familie) versorgt. Bei Spargel außerdem Kompost oder Humusdünger in die Furchen geben und nach Bodenlockerung die Erddämme nun einebnen. Spargel sollte man das ganze Jahr über mit organischen Materialien versorgen.

Die Furchen bei Porree mit der laufenden Bodenpflege nach und nach anfüllen; Kohlarten anhäufeln.

Für die Ernte der einzelnen Gemüse kann man sich noch merken: Blattgemüse am Abend schneiden oder ziehen, Knollen und Wurzeln dagegen besser erst am Morgen ernten. Das hängt damit zusammen, daß die am Tage in den grünen Teilen der Pflanze erzeugten Baustoffe nachts in das »Gerüst« der Pflanze und in die Wurzeln abtransportiert werden.

Überwinterungszwiebeln, völlig winterhart.

Roter Eichblattsalat, ein farbiger Pflücksalat.

Juli

Gemüsebeete wieder bestellen

Wenn Gemüsebeete abgeerntet sind, ist zu empfehlen, sie rasch wieder neu zu bestellen. Das entspricht nicht etwa reinem Nützlichkeitsdenken, denn brachliegender Boden verliert an Gare, verdunstet unnötig Bodenfeuchtigkeit, verkrustet und wird bald von Unkräutern erobert. Lieber sollte man die Gemüseanbaufläche im Hausgarten verringern, als nach der ersten Frucht einzelne Beete ungenutzt und nur für die Unkräuter liegen lassen. Auf freigewordene Beete können im ersten Monatsdrittel Möhren (Frühsorten), Buschbohnen, Zuckerhutsalat, Pflücksalat, Fenchel, Radieschen, Rettiche, Eissalat, Bindesalat und auch noch Überwinterungszwiebeln ausgesät werden.

Bindesalat, Römischer Salat

Wer noch keinen Bindesalat (auch Römischer Salat genannt) kennt, sollte ihn auf jeden Fall ausprobieren. Dieser Salat bildet gut geschlossene, langovale Köpfe mit einem sehr guten Geschmack. Wie der Eissalat hält sich dieser Römische Salat bei kühler Lagerung (Eisschrank) auch geschnitten längere Zeit. Er braucht auch nicht gebunden zu werden. Aussaat von April bis Anfang Juli direkt ins Freiland, 30 cm Reihenabstand, in der Reihe auf etwa 25 cm vereinzeln. Kann auch dicht gesät und kultiviert werden wie Schnitt- oder Pflücksalat und wird auch so geerntet und verwendet. Beste Keimtemperatur bei 14 bis 18° C. Verwendung wie Endivien, Pflück- oder Schnittsalat.

Überwinterungszwiebeln zu empfehlen

Zu empfehlen ist auch die weitgehend unbekannte Überwinterungszwiebel ('Senshyu Yellow' u. a. Sorten). Sie liefern zum frühestmöglichen Termin (Ende Juni bis Anfang August) vollentwickelte, große Speisezwiebeln und besitzen auch eine beachtliche Lagerfähigkeit. Das Laub und die beim Vereinzeln anfallenden jungen Zwiebeln können zum Würzen und für Salate bereits eher genutzt werden. Völlig winterhart bei termingemäßer Aussaat.

Aussaat: März bis April zur Sommerkultur oder Ende Juli bis Mitte August in etwas vertiefte Reihen von 20–25 cm Abstand. Dünn säen, in rauhen Lagen mit Reisig, Folie oder Vlies überdecken, im Frühjahr vereinzeln auf 5–6 cm Abstand. Reichlich gießen.

Ebenso lassen sich den ganzen Juli hindurch verschiedene Gemüsearten pflanzen: Sommerkopfsalat, Eissalat, Endivie, Spätkohlrabi, Knollenfenchel sowie Frühsorten von Blumenkohl und Wirsing.

Knollenfenchel lohnt sich

Dieses in südlichen Ländern beliebte Gemüse wächst bei uns ausgezeichnet. Die Knollen können als Gemüse oder als Salat zubereitet werden, und zudem sieht das zartgefiederte, grüne Laub im Garten aus wie feinblättriger Zierspargel, der als Schnittgrün für Sommerblumensträuße verwendet werden kann. Da die Tageslänge die Blütenbildung beeinflußt, ist die Sortenwahl wichtig. Für den Ganzjahresanbau eignet sich 'Zefa Fino', 'Argo' und 'Sperlings Cantino'. Sie sind schoßfest, im Gegensatz zu anderen Sorten, die nur für die Spätsaat Anfang bis Mitte Juni geeignet sind. Wir säen auf ein Beet 3 Reihen mit 40 cm Abstand und verziehen die kleinen Pflänzchen bald nach dem Erscheinen der jungen Pflanzen auf 25 cm in der Reihe.

Wichtig für den Ernteerfolg sind reichlich Wasser und Nährstoffe. Wir streuen deshalb vor der Aussaat einhalb Handvoll Volldünger je m² und geben Mitte August nochmals die Hälfte dieser Menge. Sehr wichtig: Schnecken abhalten. Gleichmäßige Wasserversorgung ist notwendig wie regelmäßiges Hacken, um das Verschlämmen des Bodens zu verhindern. Dabei werden die Pflanzen angehäufelt.

Auf jeden Fall Chinakohl

Chinakohl wird gleich an Ort und Stelle gesät, und zwar von Anfang Juli bis spätestens 10. August. Keimdauer: 8–12 Tage bei Temperaturen von 15–20° C, da sonst unter dem Langtageinfluß Schosser entstehen. Als Reihenabstand genügen 25–30 cm, in der Reihe wird nach dem Erscheinen der jungen Pflanzen auf 25 cm verzogen. Die Köpfe können von 800–1200 g, ja sogar bis zu 2 kg wiegen. Auf einer Fläche von 1 m² können 8–10 Köpfe stehen. Man kann aber auch erst auf ein Saatbeet säen und gegen Mitte August pflanzen. Wegen der Kürze der Anbauzeit sollte bereits 10–14 Tage vor der Aussaat die gesamte Düngemenge von 70–80 g Volldünger je m² in den Boden eingearbeitet werden. Wie alle Kohlarten, benötigt Chinakohl viel Wasser. Trockenheit kann auch zu Schosserbildung führen. Chinakohl, der eine ausgezeichnete Nachfrucht darstellt, ist in 10–12 Wochen erntefähig und verträgt Temperaturen bis etwa 5° C.

Wird es kälter, nimmt man die Pflanzen aus dem Boden, entfernt beschädigte Blätter und schlägt sie im Keller in feuchte Erde oder Sand ein. Besser ist die Haltbarkeit, wenn man die Pflanzen samt Wurzeln mit Zeitungspapier umwickelt und senkrecht in eine Obstkiste stellt. Die eingelagerten Pflanzen müssen regelmäßig kontrolliert werden. Etwa 3–4 Wochen halten sich die Köpfe auch im Kühlschrank.

Obstgarten

Im Obstgarten wird von Woche zu Woche mehr geerntet. Bei Erdbeeren lohnt sich nur noch eine gelegentliche Nachlese, wenn man nicht die mehrmals tragenden Sorten angebaut hat. Von den Süßkirschen hängen auch nur die späten Sorten, die Knorpelkirschen, an den Bäumen. Die hellen Sauerkirschen reifen auch heran, und Ende des Monats beginnt die Ernte der Schattenmorellen.

Johannisbeeren sollte man ruhig bis in den Juli hinein am Strauch hängen lassen, um so süßer werden die Früchte. Bedingt und zeitlich be-

Bewährt hat sich das Auslichten der Obstgehölze im Sommer, weil die Wunden besser verheilen. Oben vor, unten nach dem Schnitt.

grenzt gilt das auch für Stachelbeeren. Ist die Vollreife überschritten, dann werden die Früchte leicht etwas fad und werden auch von Mehltaupilzen befallen.

Schnitt der Sauerkirschen

Wenn Sauerkirschen nicht richtig tragen, so ist das immer auf falsche Pflegemaßnahmen zurückzuführen, vor allem auf einen im Juli nach der Ernte unterlassenen Schnitt. Gerade die Schattenmorelle ist nämlich ein Baum, an dem man nach Herzenslust herumschneiden kann. Erstens wird dadurch einem Monilia-Befall vorgebeugt. Zweitens wird durch den Schnitt vor allem das Austreiben von jungen Seitenzweigen gefördert.

Diese Sauerkirsche trägt nämlich nur am einjährigen Holz. Die Blüten und Früchte des nächsten Jahres erscheinen also an Zweigen, deren Trieb in diesem Frühjahr begonnen hat oder noch jetzt beginnt. Um also einen Neutrieb zu bekommen, müssen die Schattenmorellen jetzt nach der Ernte an den Langtrieben eingekürzt werden.

Sommerschnitt aller Obstgehölze

Auch bei den anderen Obstbäumen sind die Konkurrenztriebe zu entfernen, das sind Zweige, die sich gegenseitig im Weg stehen, sich kreuzen oder übereinander wachsen. Auch die Wasserschosse sollten jetzt weggeschnitten werden.

Nach der Ernte der Johannis-, Stachel- und Himbeeren sollte man sofort aus den Büschen alle alten und die kreuzenden Triebe herausschneiden, damit Luft und Licht an die Zweige kommt; die Ernte ist dann im nächsten Jahr auffallend höher. Kletterbrombeeren dürfen nicht zu dicht werden. Deshalb müssen die sich an den neuen Bodentrieben gebildeten Seitentriebe bis auf 1–2 Blätter zurückgeschnitten werden. Auch empfiehlt es sich, die Brombeeren nach der Blüte mit einem blauen Volldünger zu versorgen; dabei wird der Dünger leicht

eingeharkt. Bei langanhaltender Trockenheit ist Wässern angebracht.

Für den Sommerschnitt der Obstbäume spricht nicht nur die angenehme Witterung, sondern auch vor allem die Tatsache, daß die Wunden besser verheilen als nach dem Winterschnitt. Deshalb sollten von Ende Juli bis Mitte September alle abgeernteten Obstbäume geschnitten werden. Das gilt für Kern- und Steinobst gleichermaßen.

Anwenden wird man in dieser Zeit hauptsächlich den Auslichtungsschnitt. Durch das Auslichten werden die Blätter besser belichtet, so daß sich an den Trieben mehr Blütenknospen bilden können. Erhalten die Blätter zu wenig Licht, erntet man minderwertige Früchte: klein, schlecht gefärbt, arm an Aromastoffen und Vitaminen. Je früher der Sommerschnitt erfolgt, desto stärker bremst er das nächstjährige Wachstum, da infolge der verkleinerten Blattoberfläche weniger Saugwurzeln entstehen.

Starkwüchsige Bäume sind deshalb schon zeitig zu schneiden. So hat sich bei Süßkirschen- und Walnußbäumen der Schnitt Ende Juli bewährt. Schwachwachsende Bäume und solche, die sehr reich tragen, sollten nicht vor September geschnitten werden, da jeder frühere Blattverlust das Wachstum nachteilig hemmt.

Bei jüngeren Bäumen, die sich noch im Aufbau befinden, sollten hauptsächlich Konkurrenz- und starke Oberseitentriebe ohne Rest entfernt werden, damit die Bäumchen im Frühjahr nicht zu viele Aufbaustoffe einbüßen. Bei älteren Bäumen kann auch die Säge tätig werden, wo es gilt, ungünstig stehende Äste zu beseitigen.

Um die Obsternte noch zu erhöhen, empfiehlt sich das Ausdünnen allzu reich tragender Bäume, die ganz einfach geschüttelt werden, und eine Düngung zur Kräftigung der nächstjährigen Blüte.

Der Kiwistrauch kann durch Schnitt zu höheren Erträgen gebracht werden. Die Seitentriebe werden im Sommer mehrmals eingekürzt, das erstemal auf etwa 4 Blätter über der obersten Frucht. Weitere Austriebe nimmt man auf jeweils 2–3 Blätter zurück.

Geräte, Werkzeug, Zubehör

Regenmacher

Wer nicht stundenlang den Gartenschlauch auf durstige Gartengewächse oder matte Rasengräser halten möchte, der schließe ganz einfach einen Regner an den Schlauch. Und hier beginnt der große Gartenspaß mit Regenmachern. Im Vordergrund stehen nützliche Funktionen wie sprühnebelartige Wasserverteilung, was die Pflanzen mehr schätzen als sintflutartigen Platzregen, und die exakte Beregnung einzelner Gartenteile. Alle diese Regner, ob sie nun 50 oder 500 m² Fläche beregnen, wiegen fast nichts, was vielleicht nicht besonders zu erwähnen wäre, wenn sie nicht Schwerstarbeit verrichten würden.

Auch Dahlien, Blütenstauden und Sommerblumen wollen bei Hitze mit Wasser versorgt werden.

Juli

Ein Garten braucht pro Wachstumszeit zusätzlich zu den natürlichen Regenfällen etwa 400 l Wasser, für die die Gartenbesitzer zu sorgen haben. Da nun 1 l Wasser je m² rund 1 cm tief in die Erde eindringt und rund 15–20 l Wasser für eine einmalige Bewässerung ausreichen, müßten wir mit einer Gießkanne ganz schön schleppen. Denn soll ein 300 m² großer Garten richtig mit Wasser versorgt werden (20 l/m²), sind 6000 l Wasser aufzubieten, was 600 Gießkannen mit je 10 l Inhalt entspricht. Eine Übung für Schwerathleten.

Wir haben die Auswahl zwischen Rund- und Viereckregner, Hochregner, Großflächenregner- und Dreharmregner, die unsere Pflanzen mit Landregen auf Kommando berieseln. Besonders diszipliniert versprühen die Sektorenregner das nicht nur in den Sommermonaten so wertvolle Naß. Mit ihnen lassen sich kleine bis größere Kreisausschnitte beregnen, und

Sprühschläuche sind pflanzenfreundlich, da die Tröpfchen sich sofort an der Luft erwärmen.

dabei alle jene Gartenteile aussparen, die trocken bleiben sollen wie Terrassen, Wege, Frühbeete oder Nachbars Garten.

Balkon- und Kübelpflanzen

Auf engstem Raum stehen die blüheifrigen Balkonpflanzen in schmalen Kästen. Gegossen wird deshalb an heißen Tagen sogar zweimal und zwar morgens und abends, damit die sengenden Sonnenstrahlen kein Unheil anrichten können. Neben einem großen Durst haben die Balkonbewohner oft auch Hunger, der sich aus dem beachtlichen Wachstum und dem unaufhörlichen Erscheinen von Knospen und Blüten leicht erklären läßt. Deshalb sollten die Balkonpflanzen mit einem speziellen Balkondünger, am besten in flüssiger Form, versorgt werden. Der Düngung muß stets ein Begießen der Kästen vorausgehen. Abgeblühte Blütenstände, die Samen bilden und deshalb die Pflanzen unnötig schwächen, sind immer sorgfältig zu entfernen.

Lücken im Balkonkasten füllen

Wer aus dem Urlaub kommt, kann vielleicht mit Balkonpflanzen-Ärger rechnen. Da kann es passieren, daß einige Petunien oder Geranien schlapp gemacht haben. Da sollte man sich nicht lange grämen und von unansehnlichen oder kränkelnden Pflanzen Abschied nehmen. Die Lücken sind schnell gefüllt, denn bei den Gärtnern gibt es meistens immer noch »Ersatz« an Sommerblumen und Balkonpflanzen.

Man kann auch das Sommerangebot der Gärtner und Fachgeschäfte nutzen. Da stehen Elatior-Begonien, blaue *Exacum*, so heißen die kleinen Büsche mit den hübschen blauen Blütchen und Fleißige Lieschen in schönen neuen Farben, bereit wie auch die in vielen Farben blühenden Sommerheiden *(Calluna)*, Herbstastern und große Mengen übriggebliebener Sommerblumen.

Ganz besondere Kübelpflanzen: Hochstämmchen

Hochstämmchen mit ihren prächtigen Blütenkronen und grünen Blätterkugeln sind so etwas wie die Hohe Schule der Balkon- und Kübelpflanzen. Fuchsien vor allem waren es, die den Ruhm der Hochstämmchen begründeten. In den dichten Blütenkronen dieses Balkonpflanzen-Klassikers entfalten sie den ganzen Charme der Fuchsienblüte.

Den Fuchsien, die in mehreren Sorten angeboten werden, an Blühdauer und Robustheit ebenbürtig, sind die Margeriten-Hochstämmchen und -büsche, die aussehen wie kugelrunde Blumenwiesen. Sie gibt es mit kleinen weißen und etwas größeren gelben Blüten. Lantanen sind als Hochstamm genauso erhältlich wie Geranien und Hibiskus, Oleander, Granatapfel, Bleiwurz, *Pittosporum* und Myrten. Süßduftende Engelstrompeten, rosarote Kapmalven, blaublütige *Solanum*-Arten, immergrüner Buchsbaum und Lorbeer, dessen Blätter in der Küche Verwendung finden können, gehören ebenso zum Kreis der Hochstämmchen. Angeboten werden sogar Kronenbäumchen von Hortensien und Liguster, der zu Körben, Kugeln, Hühnern und sonstigen Formen zurechtgeschnitten wird. Dieser Liguster ist im Gegensatz zu unseren Heckenpflanzen nicht winterhart.

Alle Hochstämmchen, außer Rosen, müssen wie andere Kübelpflanzen auch, im Spätherbst vor dem Frost in ein kühles (möglichst nicht über + 5° C) und möglichst helles Winterquartier (siehe Balkon- und Kübelpflanzen im Oktober). Im Sommer jedoch, wenn sie uns mit ihren prächtigen Blüten- oder Blätterkronen erfreuen, brauchen sie viel Wasser und von Juni bis August jede Woche reichlich Dünger. Etwa die doppelte Portion wie bei Balkonpflanzen. Ist ja klar, wo sie doch in so kleinen Gefäßen stehen.

Oben: Blaublütige Schmucklilie *(Agapanthus)*.

Unten: Reichblühende Engelstrompete *(Datura)*.

August

August

Im Blumengarten muß alles Verblühte abgeschnitten werden, einmal, weil verblühte Blumen keinen sonderlich schönen Anblick bieten, und zum anderen, weil durch die anschlie-
ßende Samenbildung die Pflanzen geschwächt
werden.

Herbstzeitlosen und Herbstkrokusse pflanzen

Nicht vergessen, jetzt Herbstzeitlose und
Herbstkrokusse zu pflanzen, und zwar nicht zu
weit auseinander, etwa in 10–15 cm Abstand.
Es ist Zeit für sie, weil sie schon im September
blühen. Es gibt eine ganze Zahl von Farben
und Sorten; bei den Herbstzeitlosen weiße,
lilarosa und purpurfarbene, bei den Herbst-
krokussen violette, reinweiße, hellblaue und
rosalila Sorten. Herbstzeitlosen blühen sogar
aus einer trockenen Zwiebel am Zimmerfenster – ganz ohne Erdberührung.
Je nach Art und Sorte blühen die Herbstkrokusse von September an bis in den Dezember
hinein. Bis − 7° C halten sie aus, diese kleine
Pflanzengestalten mit ihren feingeäderten Blü-
tenkelchen. Bei allen erscheinen die Blüten
vor den Blättern. Die herbstblühenden Krokusse werden 8–10 cm tief gelegt, wachsen in
jedem Gartenboden.

Herbstzeitlosen blühen in mehreren Farben.

Pflanzzeit für einige Stauden

Für verschiedene Stauden ist der August ein
günstiger Pflanzmonat. Schwertlilien *(Iris)*,
die es in traumhaften Farben gibt, können jetzt
gekauft und die Rhizome – so nennt man die
fleischigen Wurzelstöcke – flach gepflanzt werden. Pfingstrosen wollen möglichst lange am
gleichen Platz verbleiben, wer aber alte Stöcke
teilen bzw. neue Sorten beziehen möchte, sollte es jetzt tun. Flach pflanzen, so daß die
Knospen nur etwa einen Finger stark mit Erde
bedeckt sind!

Auch für Madonnen- und Königslilien ist jetzt
die richtige Pflanzzeit, ebenso für Steppenkerzen *(Eremurus)*. Bei Lilien, *Eremurus* und *Iris*
darauf achten, daß das Wasser nach Regenfällen gut nach unten abziehen kann.
Ende des Monats werden auch die Strauchpaeonien *(Paeonia-Suffruticosa*-Hybriden) gepflanzt und zwar gleich tief, wie sie in der
Baumschule standen. Sie dürfen im Herbst
nicht abgeschnitten werden, weil sie zu den
Sträuchern gehören. Die bekannteren und lange nicht so heiklen Staudenpfingstrosen setzt
man im Abstand von wenigstens 60 cm rund
um jede Pflanze herum. Dem Boden gibt man
Hornspäne bei und pflanzt an warme Plätze.
Etwas Winterschutz ist nötig.
Von allen Blütenstauden können die Taglilien,
Christrosen und Paeonien erfahrungsgemäß
am längsten an ihrem Standort verbleiben.
Auch in mehreren Jahrzehnten lassen diese
Pflanzen, wenn sie stets gut gedüngt werden,

mit ihrer Blütenschönheit nicht nach. Ist es aber aus irgendwelchen Gründen einmal erforderlich, Stauden-Paeonien zu verpflanzen, so soll dies ausschließlich im Monat August geschehen. Sie brauchen einen Platz in der vollen Sonne und etwas Geduld. Denn es vergehen nach dem Verpflanzen etwa 3 Jahre, bis der Blütenflor wieder befriedigt. Wichtig ist, daß die Wurzeln nicht flacher und nicht tiefer in den Boden kommen, als sie vorher gestanden haben. Im nächsten Jahr erhalten sie wie auch die alten Pflanzen eine Portion Volldünger.

Wenn Stauden krank werden

Leider ist die Freude an Stauden nicht immer ungetrübt, wenn sie auch im Vergleich zu den meisten anderen Gartenbewohnern aus dem Pflanzenreich ein fast immer kerngesundes Völkchen sind. Das mag nicht zuletzt darin liegen, daß viele von ihnen, vor allem die

Mehltau an Phlox-Blättern.

sogenannten Wildstauden, kaum züchterisch bearbeitet wurden und sie immer noch die Robustheit ihrer in Wald und Feld lebenden Ahnen besitzen. Aber auch die Prachtstauden, also alle jene Blütenschönheiten, die in den Katalogen mit Sortennamen ausgezeichnet werden, sind durchaus nicht empfindlich. Auch hat bei der Vielzahl der Arten ein bestimmter Schädling oder eine typische Krankheit kaum eine Chance, das ganze Staudenbeet zu vernichten.

Natürlich gibt es Ausnahmen. So ist auch bei Stauden Mehltaubefall anzutreffen; vor allem die Herbstaster *(Aster novi-belgii)* wird von Mehltau stark befallen. Weil hier »gesund spritzen« kaum hilft, sollten wir die ganze Pflanze (samt Wurzelwerk) entfernen und durch die *Aster novae-angliae* ersetzen, die seltsamerweise nicht befallen wird.

Diese rigorose Maßnahme ist auch beim Auftreten anderer Pilzkrankheiten, wie Astern-Welke, Rost- und Blattflecken-Krankheiten und Viren bei Pfingstrosen (Schadbild: gelb gefärbte Blätter) oder bei Lupinen (Schadbild: verkrüppelte Blütenschäfte), anzuwenden. Gegen Virosen gibt es heute noch kein Mittel. Selbstverständlich kann manche Krankheit durch vorbeugendes Spritzen mit 'Bioblatt-Mehltaumitteln', die auch bei Rosen und Gurken eingesetzt werden können, vermieden werden. Um Erfolg zu haben, muß man diese Maßnahmen aber regelmäßig durchführen. Der Versuch, kranke Pflanzen gesund zu spritzen, hat meist keinen Erfolg.

So bleiben Stauden gesund

Erfolgversprechend sind aber auf jeden Fall alle jene Maßnahmen, die die Stauden kräftigen und somit immun gegen jeden Schädlingsbefall machen. Krankheitserreger und Schädlinge suchen sich mit Vorliebe schwache Pflanzen für ihr schädliches Treiben aus. Wir unterstützen das Wohlleben unserer Stauden zuerst durch die Wahl des richtigen Standortes, das heißt. Stauden, die keine direkte Sonnenbestrahlung mögen, werden in den Halbschatten oder Schatten gepflanzt, und die Sonnenanbeter kommen auf Beete, auf denen sie voll

Taglilien *(Hemerocallis)*, Nelkenwurz *(Geum coccineum)* und Lilienschweif *(Eremurus)* in blütenschönem Nebeneinander.

in den Genuß des Sonnenlichtes kommen. Dann ist in heißen Sommern für ausreichende Feuchtigkeit zu sorgen, denn manche Stauden machen bei großer Hitze schlapp.

Mangel an Spurenelementen (Magnesium, Mangan, Bor, Eisen usw.), zuviel oder zuwenig Kalk im Boden, auch stauende Nässe kann das Wohlbefinden der Stauden erheblich stören. Hier hilft ausreichende Versorgung mit Volldüngern, die neben den Hauptnährstoffen auch Spurenelemente enthalten. Die Jahresration beträgt für die meisten etwa 20 g/m². Sie wird im Frühjahr gegeben, wenn die ersten Triebspitzen zu sehen sind. Dankbar sind Stauden auch für eine Bodendecke aus Komposterde.

Düngung

Eine ganze Reihe von Gartenpflanzen erhalten, falls noch nicht im Juli geschehen, jetzt tüchtige Dünge-Mahlzeiten. Laubgehölze brauchen Volldünger, und zwar 40–60 g/m². Nadelgehölze werden mit Spezial-Tannendünger versorgt (40 g/m²). Den zweiten Rosenflor fördern wir mit Rosendünger (70 g/m²); oft blühen sie dann besser als beim erstenmal. Dabei dürfen wir die Heckenpflanzen nicht vergessen, die stets hungrig sind. Das wundert niemanden, da sie so dicht nebeneinander stehen, wie keine anderen Pflanzen im Garten. Wir geben den grünen Gartenwächtern 50 g je laufenden Meter Volldünger, der leicht in den Boden eingeharkt wird. Einfacher geht es mit Flüssigdünger.

Heckenschnitt immergrüner Gehölze

Bei immergrünen Hecken aus Laub- und Nadelgehölzen gelten unterschiedliche Regeln. Geschnitten wird nur einmal im Jahr, am besten vor dem Austrieb im Frühjahr oder, noch besser, im Frühherbst, von August bis Anfang September. Von einem Schnitt im späten Frühjahr ist abzuraten, weil man sich dann um den Reiz des frischen Austriebs bringt.

Manche Gartenfreunde, die es gern recht ordentlich haben, schneiden zweimal im Jahr (und öfter).

Wie oft auch immer, der Schnitt sollte sich auf das Einkürzen beschränken, das heißt, ein beblätterter Teil des jeweiligen Jahrestriebes muß stehenbleiben.

Auch bei Hecken aus Nadelgehölzen ist es empfehlenswert, trapezförmig, also unten breiter als oben, zu schneiden. Dann fallen einige braun und kahl gewordene Zweige gar nicht auf.

gras *(Briza maxima)* dagegen kurz vor der Reife. Lampionblumen *(Physalis alkekengi var. franchetii)* müssen völlig ausgefärbt sein, und beim Ziermais *(Zea mays)* sollte man warten, bis die äußeren Hüllblätter gelb geworden sind. Kürbisse oder Kalebassen werden durch Einreiben mit Bienen- oder Bohnerwachs haltbar gemacht.

Trockenblumen und Früchte aus dem Garten: Strohblumen *(Helichrysum)*, die knospig geerntet werden sollen, Strandflieder, auch *Statice* genannt *(Limonium)*, rote Lampionblumen *(Physalis alkekengi var. franchetii)*, Blütenstände von Staudengräsern und Ziermais *(Zea mays)* in der Zinnschale.

Trockenblumen-Ernte

Wer Trockenblumen im Garten hat, sollte sich durch richtiges Ernten die Freude an diesen außergewöhnlichen Blütenpflanzen noch erhöhen. Strohblumen *(Helichrysum)* sollen geschnitten werden, bevor sich die Knospen öffnen und die Kelchblätter anfangen, sich zu lösen und die Blüten Farbe zeigen. Dann macht man kleine Sträußchen, bindet sie fest zusammen und hängt sie mit den Blüten nach unten im Keller oder Speicher auf. Kenner bestäuben die Blüten mit Schwefel, um die Leuchtkraft der Farben zu erhalten. Mit dem hübschen Sonnenflügel *(Helipterum)* – und zwar mit beiden Arten – verfahren wir genauso wie mit den Strohblumen: schneiden, wenn sich die ersten Scheinblüten öffnen. Die Stiele des Strandflieders *(Limonium* syn. *Statice)* werden dagegen erst geschnitten, wenn sich die Mehrzahl der Einzelblüten geöffnet hat; die Aufbewahrung zum Trocknen erfolgt wie bei Strohblumen. Mondviolen, auch Silberlinge *(Lunaria annua)* genannt, werden sofort nach der Reife abgeschnitten und wie die Strohblumen zum Trocknen aufgehängt. Das Hasenschwanzgras *(Lagurus ovatus)* und die Mähnengerste *(Hordeum jubatum)* schneiden wir vor dem völligen Aufblühen, das Zitter-

August

Der Rasen

Mancher Rasen ist nach Jahren am Ende. Trotz Düngung, Berieselung in Trockenzeiten und sorgfältigem Rasenschnitt, bilden sich Lücken, die nicht mehr zusammenwachsen, da verdrängen Moos und Unkräuter das Gras. Nichts geht mehr, um den Rasen wieder »englisch« werden zu lassen. Da bleibt wohl nicht anderes übrig, als ihn umzugraben und neu einzusäen. Davor scheut sich zu Recht auch der fleißigste Rasenfreund. Schon bei dem Gedanken an diese Schwerstarbeit zittern ihm die morschen Knochen. Aber es gibt noch eine andere, bewährte Art, zu neuem Grün zu kommen, ohne Motorfräse oder Spaten zu bemühen. Wir »erneuern« ganz einfach den alten müden Rasen nach folgender Methode, die von Mai bis September durchgeführt werden kann, ganz einfach deshalb, weil dann der Rasensamen am besten keimt. Dabei eignen sich die beiden genannten Monate besonders.

Zuerst den Rasen so kurz wie möglich schneiden, also regelrecht »rasieren«. Dann tritt ein Vertikutierrechen in Aktion, bei großen Flächen empfiehlt sich ein motorisch betriebenes Gerät, das Gartenfachgeschäfte heute sogar ausleihen. Vertikutieren bedeutet: Den Boden tiefgründig lockern, lüften, reinigen und entfilzen. Abgestorbene Rasengräser, Moos und Unkräuter bleiben dabei auf der Strecke. Anschließend wird der Rasensamen eingesät und mit einer dünnen Schicht Humusdünger zugedeckt. Gut eignet sich für diesen Zweck

Rasen-Renovierung in 6 Phasen:
1 Tief mähen.
2 Vertikutieren; dadurch wird der Rasen von Moos und abgestorbenen Gräsern gesäubert.
3 Mit einem Streuwagen neuen Rasen einsäen, anschließend damit Dünger verteilen.
4 Die gesamte Fläche mit einer dünnen Schicht Humusdünger bedecken.
5 Leicht walzen, damit sich Samen, Dünger und Boden fest verbinden.
6 Regelmäßig beregnen.

der Humusvolldünger Humobil, weil er dem verbrauchten Rasenboden die so dringend benötigten Nährstoffe und Spurenelemente zurückbringt und mit seinem natürlichen pflanzlichen Humus den ausgelaugten Boden auch biologisch wieder munter macht.

Wenn es lange nicht geregnet hat, sollte die ganze Fläche gewalzt werden. Somit kann man Unebenheiten ausgleichen, und der Samen bekommt »Bodenschluß«, wodurch eine bessere Keimung erzielt wird. Schönes Wetter ist nötig, weil sonst Humus und Samen an der Walze kleben bleiben.

Zur Keimung jedoch braucht der Rasensamen Feuchtigkeit. Falls es nicht regnet, stelle man den Rasensprenger an, der den Boden solange feuchthalten muß, bis frisches Grün zu sehen ist. Bis dahin dauert es je nach Temperatur ungefähr vier Wochen. Zum guten Schluß erhält der neuergrünte »alte« Rasen eine Düngung mit Rasenspezialdünger, der viel Stickstoff enthalten muß. Übrigens, da hat mal einer ausgerechnet, daß eine derartige Rasenerneuerung 80% weniger kostet als eine vollständige Neuanlage. Und das ist immerhin eine ganze Menge.

Obstgarten

Sauerkirschen-Ernte

Johannis- und Stachelbeeren sind fast überall bereits abgeerntet. Nur die sehr reichtragende Sorte »Heinemanns Spätlese« reift etwa sechs Wochen später als die übrigen. Die Sorte bringt säurereiche Früchte hervor und eignet sich deshalb am besten zur Geleebereitung.

Sauerkirschen sollte man nicht nach ihrer Farbe – sondern nach ihrer Süße pflücken, also etwas länger am Baum lassen. Allerdings setzt das einen ausreichenden Schutz vor Vogelfraß voraus.

Bei der Ernte ist besondere Sorgfalt ratsam, um nicht ganze Fruchtbüschel mit den kleinen Knospen an ihrer Basis abzureißen und die

Bewährt hat sich das Pflanzen von Erdbeeren in eine schwarze Folie.

Rinde zu verletzen. Wer die Ernte ohne Stiele nicht liebt, sollte die Früchte abschneiden, was bei ein oder zwei Bäumen im Garten durchaus möglich und zumutbar ist. Zeit ist jetzt noch für den Sommerschnitt (siehe Juli-Obstgarten). Einige Obstarten, wie Süß- und Sauerkirschen, vertragen den Sommerschnitt ohnehin besser als den Winterschnitt, weil zu diesem Zeitpunkt die Wundverheilung schnell erfolgt, was für diese gegen Holzerkrankungen empfindlichen Obstarten (Kirschen) wichtig ist.

Zu hohe Süßkirschbäume sind eine Gefahr bei der Ernte. Auch wird das Pflücken immer mühseliger und schwieriger. Es empfiehlt sich deshalb, die Kronenmitte von solchen hohen Bäumen durch Schnitt um einige Meter herunterzusetzen. Übrigens gibt es mittlerweile auch Süßkirschen in Buschform.

Erdbeeren pflanzen und pflegen

Erdbeeren kann man im August, aber auch gut im September pflanzen. Viel wichtiger als der Pflanztermin sind einige andere Regeln, die man bei der Pflanzung beachten sollte:

● Ein Platz für Erdbeeren findet sich überall im Garten, zum Beispiel unter Beerenobststräuchern oder gar an einem halbschattigen Platz.

August

- Der Erdbeerboden soll locker und humusreich sein. Sandböden, Lehmböden und Tonböden können mit Humus, zum Beispiel mit grobbrockiger Komposterde oder, wenn nicht vorhanden, mit Rindenmulch oder fertig abgepackten Humusprodukten wie beispielsweise Plantahum verbessert werden (ein Ballen je 50 m² Fläche 10 Tage vor der Pflanzung feucht einarbeiten). Einige Tage vor dem Pflanzen streut man einen speziellen Erdbeerdünger nach aufgedruckter Anweisung und arbeitet ihn mit Grubber oder Harke ein.

- Pflanzabstände betragen bei einjähriger Kultur von Reihe zu Reihe 40 cm, in der Reihe von Pflanze zu Pflanze 20 cm. Bei mehrjährigem Anbau pflanzt man von Reihe zu Reihe in 80–100 cm, je nach Wuchsstärke der Sorte, und in der Reihe von Pflanze zu Pflanze jeweils in 30 cm Entfernung.

- Gepflanzt wird möglichst in den Abendstunden. Das Pflanzloch wird mit der Hand oder der Pflanzkelle so tief ausgehoben, daß sich die Wurzeln ungeknickt nach unten und seitwärts ausbreiten können. Die Pflanze kommt so tief in die Erde, daß die Herzknospe etwas aus dem Boden herausschaut. Die Erde wird gut angedrückt. Zum Schluß wird kräftig angegossen. In einer Hitzeperiode schneidet man die äußeren Blätter vor dem Pflanzen so ab, daß nur zwei der inneren jungen Blätter verbleiben, das erleichtert das Anwachsen.

- Das Düngen erfolgt im Frühjahr während des Austriebs mit 30 g/m² und im August mit 60 g/m² mit einem Erdbeerspezialdünger. Der Dünger wird ausgestreut und flach eingeharkt. Immertragende Sorten erhalten außerdem nach der ersten Ernte im Juli nochmals 30 g/m² Dünger. Der Boden muß bei der Düngung feucht sein.

Lockerer, humusreicher Boden ist eine Voraussetzung für reiche Ernten.

Eine Rhabarberpflanze braucht 1 m² freien Boden um sich herum.

- Wiederholtes Hacken ist zur Unkrautbekämpfung und Bodenlockerung wichtig. Es muß aber flach gehackt werden, tiefe Bodenbearbeitung ist falsch, sie verletzt die Wurzeln.
- Zum Winter kann eine 5 cm hohe Schicht aus Rindenmulch ausgebracht werden, wobei aber die Blätter frei bleiben sollten. Sie schützt vor dem Austrocknen und Frost.
- Bei Trockenheit ist nach der Blüte reichliches Bewässern für die Fruchtausbildung günstig. Nach der Blüte ausgelegtes Stroh oder Holzwolle hält die Früchte sauber und trocken. Versuche haben gezeigt, daß Beregnen bzw. Gießen in der Zeit von Ende September und Anfang Oktober eine Ertragssteigerung im Folgejahr bis zu 20% bewirkt. In der Zeit von der Ernte bis Ende September soll dagegen nur bei großer Trockenheit zusätzlich Wasser gegeben werden.

Was heißt eigentlich »mulchen«?

Mulchen bedeutet, den Boden mit organischen Materialien wie Kompost, Grasschnitt, Laub, zerkleinerten Gemüse- und Blumenresten bedecken und den Boden auf diese Weise vor austrocknendem Wind und Sonnenschein zu schützen. Unter einer Mulchdecke, die vornehmlich im Nutzgarten angewendet wird, bleibt außerdem die Erde, selbst im Sommer, lange feucht und locker. Die organischen Stoffe werden von den so wichtigen Bodentieren als Nahrung angenommen und gleich zwischen Tomaten und Johannisbeeren in Humus umgesetzt. In diesem feuchtwarmen Biomantel fühlen sich Mikroorganismen genauso wohl wie der so nützliche Regenwurm. Wichtig: Die Höhe der Mulchdecke sollte nicht mehr als 6–8 cm betragen.

Gemüsegarten

Wer Platz im Garten hat, kann noch säen und pflanzen. Nicht nur aus reinem Nützlichkeitsdenken und dem Bemühen, einen hohen Ertrag aus dem Garten herauszuwirtschaften. Nein, das Motiv für solchen gärtnerischen Eifer liegt sogar der Bequemlichkeit verdächtig nahe. Bliebe der Boden brach liegen, würde er nicht nur ständig wertvolle Bodenfeuchtigkeit an die Luft abgeben, sondern auch an Gare verlieren. Außerdem siedelten sich dann Unkräuter an, die rasch in Blüte gehen und noch in diesem Jahr ihre Samen in die Nachbarschaft verstreuen.

Pflanzen und säen

Gepflanzt werden jetzt vor allem Frühsorten von Kopfsalat in 25 × 25 cm Abstand und Endivien in 30 × 25 cm Entfernung.
Ab Mitte August ist Feldsalat an der Reihe. Als Reihenabstand wählen wir bei Feldsalat 15 cm. Feldsalat nicht zu dicht säen, da sich

127

sonst die Pflänzchen nicht voll entwickeln können und die unteren Blätter gelblich werden. Man rechnet etwa mit 2 g Samen je m². Der Samen wird nur 1 cm hoch mit Erde bedeckt und anschließend das Beet mit einer Schaufel oder einem Brett gut angedrückt. Da Feldsalat besonders im Winter und zeitigen Frühjahr begehrt ist, sollte gegen Monatsende ein zweitesmal ausgesät werden.

Chinakohl kann man noch in den ersten Augusttagen säen, länger darf nicht mehr gewartet werden. Wir bringen 3 Reihen auf das Beet und verziehen nach dem Auflaufen der Sämlinge auf 30 cm in der Reihe. Ebenso wie Feldsalat ist Spinat eine klassische Kultur für den Augustanbau. Wir säen in Reihen von 20–25 cm, wobei sich eine Saatmenge von 5–7 g/m² bewährt hat. An Volldünger gibt man etwa 50 g, ungefähr eine Handvoll.

Zu Monatsbeginn kann man die weißen Frühlingszwiebeln in 25 cm Reihenabstand aussäen. Sie liefern im kommenden Frühjahr die ersten Zwiebeln für die Küche. Wer Wintersalat möchte, sät jetzt auf ein Freilandsaatbeet aus, damit einige Wochen später kräftige Pflanzen für das vorgesehene Beet vorhanden sind. Winterrettiche müssen in der ersten Augusthälfte in die Erde, damit sie bis zum Herbst fertig werden. Radieschen lassen sich dagegen noch den ganzen August über säen. Damit sie sich schön entwickeln können, brauchen sie genügend Platz. Deshalb Reihenabstände von 10 cm wählen und nach dem Erscheinen der Sämlinge auf 5–8 cm in der Reihe verziehen.

Wünscht man im nächsten Jahr frühzeitig Kohl zu ernten, kann man dieses Gemüse ebenfalls jetzt anbauen. Ausgesät und nach 4 Wochen gepflanzt, überwintert Kohl als junge Pflanzen am sichersten mit einer leichten Schutzdecke. Solche Pflanzen haben gegenüber der Anpflanzung oder Aussaat im Frühjahr einen zeitlichen Vorsprung von einigen Wochen. Das ist soviel wert, daß man sogar das Risiko von Ausfällen in Kauf nehmen kann.

Die Wintergemüse wie Kopfkohl (Weißkohl, Wirsing und Rotkohl) sowie Sellerie brauchen noch Nährstoffe, wenn sich die Knollen und Köpfe zu ihrer vollen Größe entwickeln sollen. Wegen der rascheren Aufnahme gebe man den Volldünger im Gießwasser aufgelöst: je 10-Liter-Kanne 50 g Volldünger und auf 4–5 m² verteilt. Diese Düngung kann sogar ein- bis zweimal wiederholt werden.

Aussaaten, die bereits im Juli von Chinakohl, Fenchel, Möhren, Frühlingszwiebeln, Rettichen und Radieschen gemacht wurden, werden jetzt auf die richtigen Abstände verzogen.

Von den Tomaten sollte man nach dem 5. bis 6. Fruchtstand alle noch erscheinenden Blüten entfernen, da die daraus gebildeten Früchte meist nicht mehr ausreifen. Auch die in den Blattachseln entstehenden Geiztriebe wegnehmen, sonst aber die gesunden Blätter schonen, denn darin zeugt die Pflanze die Baustoffe für ihre Früchte. Auch werden Tomaten nicht entspitzt, obwohl man es leider immer noch sieht. Das Längenwachstum läßt in diesen Wochen ohnehin nach.

Die Zwiebeln werden geerntet, wenn das Laub vollständig abgestorben ist. Die Blätter sollten auf keinen Fall niedergetreten werden, da dabei auch die Vegetationspunkte der Zwiebeln beschädigt und dadurch die Haltbarkeit beeinträchtigt würde. Man kann der Reife nachhelfen, indem die Zwiebeln mit der Grabgabel gelockert werden. Die geernteten Zwiebeln lassen wir noch ein bis zwei Wochen im Freien vor Regen geschützt nachtrocknen und bringen sie dann in den Lagerraum.

Nicht vergessen, Porree anzuhäufeln, damit die Stangen noch länger und bleicher werden. Herbstsorten von Kopfkohl laufen Gefahr, in den Köpfen zu platzen, wenn sie wieder zu wachsen beginnen. Ruckt man die Köpfe einmal kurz nach oben, werden die feinen Wurzeln zum Teil abgerissen, und die Gefahr des erneuten, für uns völlig überflüssigen Austriebs ist gebannt.

Kürbisranken sind in der Lage, viele Meter weit zu treiben. Sie erklettern sogar Zäune und Bäume. Kürbisse brauchen nicht zurückgeschnitten zu werden, denn je mehr Ranken, um so mehr Kürbisfrüchte. Nur an ganz dicht berankten Stellen werden Ranken, die keine

Blüten angesetzt haben, eingekürzt. Damit wird das Wachstum eingeschränkt zum Nutzen der Früchte, die »zentnerschwer« werden können.

Rhabarber pflanzen

Rhabarber sollte eigentlich in keinem Garten fehlen. Er ist ziemlich genügsam, kann 8–10 Jahre lang an einer Stelle bleiben und liefert alljährlich viele schmackhafte Stangen für Kuchen, Kompott und Marmelade. Es heißt zwar immer wieder, daß Rhabarber einen nährstoffreichen Boden wünscht, aber ganz so ernst ist das nicht zu nehmen. Alle Jahre im Frühjahr und im Sommer (nach der Ernte) eine Handvoll Volldünger rund um die Büsche gestreut, genügt völlig. Für einen Haushalt mit vier Personen reichen drei bis vier Stauden.

Wer neu pflanzt, der besorge sich die rotstieligen ertragreichen Sorten. Vor der Pflanzung wird für jede Staude 1 m² Boden vorgesehen und 2 Spatenstiche tief umgegraben; diese Erde sollte reichlich mit grobem ungesiebten Kompost vermischt werden. Die Wurzelstökke werden senkrecht so tief eingesetzt, daß die Knospen in Höhe des Erdreichs liegen. Abstand: 1 m von Pflanze zu Pflanze. Im ersten Jahr nach der Pflanzung läßt man die Stauden noch in Frieden und beginnt erst im zweiten Jahr mit der Ernte. Und nicht vergessen: ständig alle Blütenstände abschneiden; sie sind überflüssig und schwächen die Pflanzen nur unnötig.

Im Garten kommt es nicht allzu häufig vor, daß abgeerntete Beete leer bleiben. Sollte dies aber doch einmal der Fall sein, so sät man auf freie Beete Gründüngung ein. Fertige Packungen sind in Gartenfachgeschäften erhältlich. Die Gründüngung wird im Herbst eingegraben. Der Boden wird auf diese Weise mit wertvollen Humusstoffen angereichert.

Gründüngung

Ausgezehrte Böden benötigen jetzt eine Gesundungskur, Beschattung und eine Anreicherung mit Nährstoffen und Humus für eine aus-

Gründüngung macht müde Böden munter. Jetzt ist Zeit zum Aussäen.

reichende Fruchtbarkeit. Am einfachsten und preisgünstigsten löst man das Problem mit einer Spätsommeraussaat von Gründüngung. Sie bleibt bis zum Herbst oder bis zum Frost auf dem Beet und wird im Laufe der dann ohnehin fälligen Bearbeitung flach in die oberen Bodenschichten eingegraben. Dort warten Bakterien und Kleinsttiere, die pflanzliche Biomasse zersetzen und in Humus umwandeln, wobei die eingelagerten Nährstoffe wieder für die nachfolgenden Pflanzen verfügbar werden.

Es wird oft unterschätzt, was der jeweiligen Bodenart angepaßte Gründüngungspflanzen zu leisten vermögen: Sie ergänzen die immer aufwendiger werdende Humusversorgung mit Tortprodukten, sie sind ein vollwertiger Stallmistersatz, sie lockern und durchlüften den Boden bis in tiefe Schichten, bilden eine Lebensbasis für die Bodenlebewesen und sammeln, soweit es sich um Schmetterlingsblütler (Leguminosen) handelt, Stickstoff aus der Luft. Und zwar nicht wenig. Große Vorteile bringt die Gründüngung bei der Neuanlage von Gärten, deren Boden nach einem Neubau durch Baumaschinen festgefahren wurde. Solche, aber auch verunkrautete Flächen, lassen sich durch Gründüngung wieder rekultivieren. Die Landwirtschaft rechnet mit 150–200 kg reinem Stickstoff je Hektar, den diese »Düngerfabriken auf pflanzlicher Basis« durch eine Lebensgemeinschaft mit stickstoffsammelnden Knöllchenbakterien an den Wurzeln einlagern. Nach der Zersetzung wird diese Masse allmählich frei und reicht aus, um 2–3mal Spinat, 7–8mal Radieschen, 3mal Kopfsalat, 2mal Frühmöhren und jeweils 1mal Blumenkohl, Rot- oder Wirsingkohl mit diesem wichtigen Nährstoff zu versorgen.

Gründünger-Mischungen

Für den Gartenfreund gibt es fertige Mischungen im Fachgeschäft, die alle mit einer Gründüngung erreichbaren Ziele durch eine entsprechende Kombination der Pflanzenarten ermöglichen, zum Beispiel für leichte Böden »Grünhumus« mit verschiedenen Lupinen-, Klee- und Wickenarten, ferner *Serradella, Phacelia* (Bienenfreund), einem von Insekten besonders gern besuchten, schnell Schatten gebenden einjährigen Humuslieferanten. Für schwere Böden gibt es »Grünaktiv«. Hierin sind vor allem tiefenlockernde und stickstoffsammelnde Arten enthalten, die die Durchlüftung und Bodenbearbeitung erleichtern. Die Mischung »Schnellgrüner« ist wintergrün, schützt den Boden bis ins Frühjahr, bildet einen sogar mäh- und betretbaren provisorischen Rasen.

Natürlich kann man auch Einzelpflanzen verwenden, erreicht dann aber jeweils nur eine begrenzte Wirkung. Den vielfach verwendeten Senf muß man in dieser Hinsicht kritisch einschätzen. Er gehört zu den Kreuzblütlern, was angesichts der sich immer schneller ausbreitenden Kohlhernie (verdickte Wurzeln und zurückbleibendes Wachstum an allen Kohlarten) nicht gerade von Vorteil ist.

Gründüngung kann ab Ende März gesät werden. Wichtiger und sinnvoller sind jedoch die Aussaaten im Spätsommer, zur Verbesserung des Bodenzustandes im Schnellverfahren ohne Umweg über den Kompost. Gesät wird breitwürfig, der Samen wird in die obere Bodenschicht eingeharkt. Die letzten Saattermine liegen Ende August.

Geräte, Werkzeuge, Zubehör

Rasenscheren

Ein Rasenmäher, und sei er auch nach dem letzten Know-how erbaut, reicht nicht überall hin. Da sind zum Beispiel die Rasenkanten, die oft wie ausgefranst aussehen. Den meisten Gartenfreunden sind solche ungepflegten Ränder ein Dorn im Auge, und sie machen sich auf Knien rutschend und stöhnend an die Arbeit, um kunstgerecht die Rasengrenzen mit einer Gras- oder Rasenschere zu frisieren.

Solch eine Schere ist eigentlich auch wirklich unentbehrlich, vor allem dort, wo die Steine

Elektro-Rasenscheren halten, ohne daß man sich bücken muß, die Kanten sauber.

eines Gartenweges liegen oder wo ein Baum im Rasen wächst. Deswegen gibt es vielleicht auch so viele verschiedene Ausführungen, solche mit Vertiefungen am Griff, damit die Hand schön hineinpaßt und solche, deren Schneidblätter sich im Bereich von 180 Grad verstellen lassen. Kenner bevorzugen diese beweglichen Geräte, weil man damit waagerecht, senkrecht oder schräg an Mauern, Zäunen, Hecken und Rasenkanten herumschnippeln kann. Wer sich eine Rasenschere kauft, sollte nicht gleich die billigste nehmen, sondern ein paar ausprobieren, ob sie richtig in der Hand liegen. Wie schnell nämlich sind mit einem solchen Gerät die Finger gequetscht und Rasenbüschel ausgerissen.

Elektro-Rasenscheren

Gartenfreunde mit größeren Rasenflächen und auch solche mit kleineren schwören auf Elektro-Rasenscheren. Das sind beileibe keine Luxusgeräte –, sondern was recht Praktisches, zu vergleichen mit den Haarscheren der Friseure. Es versteht sich, daß mit diesen Akkubetriebenen Rasenkantenscheren viel Zeit und Kraft gespart wird, die im Garten wieder anderweitig eingesetzt werden kann. Die Nützlichkeit dieser Geräte also ist unbestritten und genauso groß wie das Angebot der Hersteller, deren Produkte sich durch Farbe, Schnittbreite, Schnittdauer und Schnittleistung voneinander unterscheiden. Bei manchen ist das Ladegerät mit der Schere eingebaut (und natürlich im Preis mit inbegriffen), andere wiederum können eine Zweihand-Sicherheitsschaltung aufweisen, und eine wiegt gerade eben noch ein Pfund, was Rasengroßgrundbesitzer wohl zu schätzen wissen.

So richtig komfortabel wird es aber erst, wenn diese »gewöhnlichen« Elektro-Rasenscheren einen Stiel aufgesetzt bekommen. Da gibt es dann kein Bücken und keinen Muskelkater mehr. Schön aufrecht geht es im Spaziergehen an den Kanten entlang; geschaltet wird am Handgriff und aufgeladen an der nächsten Steckdose. Eine Schere ist mit einem Teleskop-Drehstiel ausgestattet, der sich auf die Körpergröße einstellen läßt.

Die beliebteste Pflanze für Balkon- und Fensterkästen ist und bleibt die Geranie, von den Gärtnern Pelargonie genannt. Auch deshalb, weil sie schon mal Trockenperioden aushält und weil es so viele Sorten in unterschiedlichen Farben gibt. Das gilt für aufrechtwachsende wie herabhängende Arten.

Balkon- und Kübelpflanzen

Nach dem Urlaub im Sommer sehen die Pflanzgefäße oder, besser gesagt, die Pflanzen in den Gefäßen ziemlich zerzaust aus. Mit manchen ist überhaupt nichts mehr anzufangen. Regen und Wind, Hitzeperioden ohne das notwendige regelmäßige Gießen haben manchen Balkon- und Kübelpflanzen den Garaus gemacht.

Natürlich versuchen wir zu retten, was zu retten ist. Erst einmal alles Abgeblühte entfernen, bei Geranien kein Problem, und die Fuchsien »putzen« sich selber, sie lassen einfach die Blüten fallen. Bei Petunien haben wir etwas mehr Arbeit. Hier müssen die Samenstände abgekniffen werden, die sich sofort

August

nach der Blüte bilden. Gute Erfahrungen wurden bisher mit dem Rückschnitt der Petunien gemacht, eine Radikalkur, nach der die Pflanzen wenig später wie neu aussehen.

Diese Petunien, aber auch alle anderen erhalten in der ersten bis zweiten Augustwoche noch einen kräftigen Düngeguß. Das hilft ihnen beträchtlich auf die Beine. Sie brauchen diesen Dünger, weil die Nährstoffvorräte in den engen Gefäßen längst verbraucht sind. Wenn gar nichts mehr hilft, dann ist eine Neu- oder Zusatzpflanzung angebracht.

Pflanzen gibt es noch in Hülle und Fülle. Zu den im Frühjahr angebotenen Balkon- und Beetpflanzen kommen die hübschen Besenheiden *(Calluna)* hinzu, die später ihren Platz im Garten einnehmen können. Buschige Chrysanthemen in vielen interessanten Farben nehmen den Platz von abgeblühten Sommerblumen ein. Man sollte sie mehr verwenden. Ganz gleich, wozu man sich entschließt, alle jetzt in Gefäße eingesetzten Pflanzen blühen bis tief in den Herbst hinein, manche sogar bis zum ersten Frost. Was das Schöne ist, Chrysanthemen können in voller Blüte eingepflanzt werden.

Stecklinge von Balkonpflanzen

Wer einen kühlen, lichten Raum oder ein Kleingewächshaus besitzt, um Jungpflanzen von Balkonpflanzen zu überwintern, kann jetzt Stecklinge von Geranien, Fuchsien und Pantoffelblumen *(Calceolaria integrifolia)* schneiden.

Von den Geranien werden ab Ende August bis vor dem Einräumen frische, etwa fingerlange Triebe mit mindestens drei Blattpaaren sorgfältig mit einem scharfen Messer dicht unter dem letzten Blatt geschnitten. Hier an dem Blattknoten lagern die Reservestoffe für die Bildung von Seitentrieben und Blättern, die

Nur fingerlang sollen die Geranien-Stecklinge sein, deren letzte Blätter entfernt werden müssen. Nicht sofort nach dem Schneiden stecken, sondern ein paar Stunden warten. Auf diese Weise wird Fäulnis vermieden.

Vom Geranien-Rost befallene Pflanzen können nicht gerettet werden.

auch einer schnellen und besseren Wurzelbildung zugute kommen. Dabei sind alle Knospen und die an dem Stengel befindlichen Schuppen zu entfernen und, um die Verdunstungsfläche zu verkleinern, die beiden unteren Blätter um die Hälfte einzukürzen. Die Stecklinge bleiben etwa eine Stunde, bei Geranien noch länger, liegen, damit die Schnittstelle abtrocknet. Damit wird der Fäulnisgefahr vorgebeugt, denn Geranien-Stecklinge sind sehr empfindlich.

Die so behandelten Stecklinge dann vorsichtig in Schalen oder Töpfe stecken, die mit einem Gemisch aus Komposterde, Torf und Sand zu gleichen Teilen oder einfach mit fertiger Aussaaterde angefüllt sind. Diese Stecklinge beginnen mit ihrem Wachstum eigentlich erst im Frühjahr. Deshalb gießen wir nur leicht und stellen sie im Winter nicht zu warm, bei 8–10° C auf, zum Beispiel in einer hellen Diele oder im Treppenaufgang. Besonders gut geeignet ist ein geheiztes Kleingewächshaus.

Sind die Stecklinge gut angewurzelt, topfen wir sie einzeln in Blumentöpfe von 10–11 cm Durchmesser um. Das vielfach zur besseren Verzweigung empfohlene Einstutzen ist unnötig, da es die gewünschte frühe Blüte verzögert. Wir schneiden nur bis März die möglicherweise sich bildenden Knospen ab, deren Entwicklung das Gesamtwachstum hemmt.

Krankheiten und Schädlinge

Erfreulicherweise bleiben die Pflanzen in Pflanzgefäßen von Krankheiten und Schädlingen weitgehend verschont. Das liegt auch daran, daß wir sie besser unter Kontrolle haben als die Pflanzen, die auf Beeten und Rabatten wachsen. Vergessen werden darf aber nicht, daß alle Pflanzgefäße viel stärker der Trockenheit ausgesetzt sind als Gartengewächse, die mit ihren Wurzeln tief in der Erde stehen. Und darum geht es eigentlich. Voraussetzung für das Wohlleben der Pflanzen ist eine gute, ausreichend mit Nährstoffen angereicherte Erde und eine regelmäßige Wasserversorgung. Wo das alles nicht stimmt, machen die Pflanzen bald schlapp, und Krankheiten und Schädlinge stellen sich ein. Ihre Ausbreitung wird um so stärker, je mehr sie auf schwächliche, wenig widerstandsfähige Pflanzen treffen. Gegen hartnäckige Plagegeister gibt es verschiedene nützlingsschonende Mittel wie z. B. 'Neudosan AF' gegen saugende Insekten, 'Promanal' gegen Schildläuse oder 'Bioblatt-Mehltaumittel' gegen Echten Mehltau.

Übrigens, zur Gesundheitspflege gehört auch das Entfernen von gelben oder trockenen Blättern, vor allem abgeblühte und abgeknickte Pflanzenteile, denn Pflanzenhygiene hält Schaden fern.

September

September

Ziergarten

In diesem Monat kommen viele Gartenbewohner in die Erde: Stauden (siehe Ziergarten-April), Blumenzwiebeln, Ziergehölze aller Arten und Sorten, also auch Nadelgehölze. Wer Zweijahrsblumen ausgesät hat (siehe Mai-Ziergarten), kann jetzt mit der Pflanzung dieser blüheifrigen Gartenpflanzen beginnen. Vergißmeinnicht, Tausendschönchen, Primeln und Stiefmütterchen kann man aber auch, meist in voller Blüte, kaufen.

Man sollte nicht auf sie verzichten, denn jetzt füllen sie die Lücken, die abgeblühte Einjahrsblumen und Stauden hinterlassen haben und trösten uns über die blütenlose Zeit des Spätherbstes hinweg. Im Frühjahr sind sie dann mit ihren Blüten als erste wieder zur Stelle. Zu den Zweijahrsblumen zählen aber auch die Fingerhüte *(Digitalis)*, die Stockrosen *(Alcea)*, die Bartnelken *(Dianthus barbatus)*, die Marienglockenblumen *(Campanula medium)* und die imposanten Königskerzen *(Verbascum)*, die aber länger als zwei Jahre in unserem Garten aushalten. Sie sind in Staudengärtnereien und Gartenfachgeschäften erhältlich.

Immergrüne jetzt schon pflanzen

Damit sich in den nächsten Monaten die Arbeit nicht zu sehr drängt, pflanzen erfahrene Gartenfreunde bereits jetzt die vorgesehenen und gewünschten immergrünen Laub- und Nadelgehölze. Das ist überhaupt kein Problem, weil die meisten dieser Gehölze in sogenannten Containern, das sind so etwas wie große »Blumentöpfe« aus Kunststoff, stehen. Das bietet eine gewisse Garantie für ein sofortiges Weiterwachsen des Wurzelballens, so wie man es bei Topfpflanzen gewohnt ist. Natürlich brauchen die Immergrünen anschließend regelmäßig tüchtige Wasserportionen; damit auch rein gar nichts passieren kann. Zu empfehlen ist ein Abbrausen der gesamten Pflanze, also aller Zweige, Blätter und Nadeln, natürlich nur, wenn es nicht regnet.

Rosen bestellen

Soweit noch nicht geschehen, wird es Zeit für die Rosenbestellung, es sei denn, man kann die gewünschten Sorten im Fachgeschäft am Ort bekommen. Ab Mitte Oktober beginnt dann die Pflanzzeit. Nach Ankunft der Rosen packt man diese gleich aus und stellt die Pflanzen einen Tag lang ins Wasser. Vor dem Pflanzen werden die Wurzeln bis etwa auf Handlänge, die Triebe bis auf 15 cm zurückgeschnitten. Kletter- und Strauchrosen kürzt man vor der Pflanzung bis auf etwa 30 cm ein.

Rosen werden in verschiedenen Formen gehandelt: Traditionell mit nackten Wurzeln, so wie sie in den Baumschulen im Herbst gerodet werden. Es gibt sie einzeln oder in Bündeln mit 5 oder 10 Stück. Sie sind meist besonders preiswert und werden gelegentlich auch als Sonderangebot verkauft. Stimmt die Qualität, sollte man zugreifen.

Rosen in Tüten und Kartons

In Warenhäusern und anderen oft fachfremden Geschäften sind Rosen vor allem in Kunststofftüten oder Kartons erhältlich. Es handelt sich dabei um vorverpackte Rosen mit nackten Wurzeln, die in Moos oder anderen organischen Materialien eingepackt sind. Oft sind die Pflanzen mit Wachs eingesprüht (unschädlich), um die Verdunstung zu mindern. Damit die Rosen in die Tüten oder Boxen hineinpassen, wurden vom Lieferanten die Wurzeln und Triebe eingekürzt.

Vorgepackte Rosen mit Ballen

Sicherer wachsen vorgepackte Rosen mit pflanzfertigem Ballen an. Unter den Handelsbezeichnungen 'Plant-o-fix' werden bekannte Rosen-Sorten angeboten, die pflanzfertig geschnitten und oberirdisch ebenfalls mit einer dünnen Wachsschicht überzogen sind. Das Besondere: die Wurzeln sind balliert, wachsen also sofort weiter. Auch bei dem System 'Garten-Juwel' befinden sich die Wurzeln in einem Schutzbeutel, der abgezogen wird. Anschließend kann der von einem Netz umhüllte Wurzelballen in die Pflanzgrube gesetzt werden.

Hecke aus Weißfichte *(Picea abies)*. Nur durch regelmäßigen Schnitt von klein auf wurde dieses ansprechende Wachstum erzielt.

Hecken schneiden

Hecken von Nadelgehölzen, wie vor allem Lebensbäume und Fichten, können auch im September noch geschnitten werden. Weil gerade Fichten in den unteren Partien sehr leicht kahl werden, ist hier besonders auf eine Heckenform zu achten, die unten etwas breiter als oben ist.

Blumenzwiebel-Einkauf

Über die Qualität der Blumenzwiebeln entscheidet einmal die Größe. Faustregel: Je größer die Zwiebel, desto schöner die Blüte. Schöner heißt für Tulpen: größere Blüten, kräftigere Stiele und gesundes Blatt, für Hyazinthen mehr Einzelblumen pro Blütentraube. Bei Narzissen, die je eine Blüte »pro Nase« hervorbringen, sind bei Verwendung großer Zwiebeln die Pflanzen im ganzen kräftiger und blühfreudiger. Qualität zeigt sich bei allen Blumenzwiebeln auch durch das äußere Erscheinungsbild. Glatthäutig und möglichst unbeschädigt sollten die Zwiebeln sein, dazu hübsch prall und fest.

So werden Rosen im Fachhandel zum Verkauf angeboten:
1 Güteklasse A ohne Ballen
2 Güteklasse B ohne Ballen
3 im Container

Linke Seite: Heidegarten mit Sommerheide *(Calluna)* in verschiedenen Sorten, *Erica carnea,* Ginster und dazu passenden Nadelgehölzen.

Links Mitte: Blumenzwiebeln erst auslegen, dann pflanzen.

Links unten: Schneeglöckchen und Winterlinge *(Eranthis).*

Rechts: Botanische Tulpen und Narzissen.

Rechts Mitte: Hohe Tulpen zwischen Vergißmeinnicht. Je mehr von einer Sorte gepflanzt werden, um so schöner werden die Gartenbilder.

Rechts unten: Duftende Hyazinthen in allen erhältlichen Farbsorten.

September

Hat sich die braune, weiße oder violette Haut von der Zwiebel gelöst, so ist das halb so schlimm: Ein leichter Daumendruck genügt, um festzustellen, ob die Zwiebel nicht zu trocken ist. Wurzeln sollten sich noch nicht gebildet haben. Nur die Kaiserkrone macht da eine Ausnahme. Sie darf in Tüten und Kartons bereits ihre langen Wurzeln entwickeln, um so schneller wächst sie im Garten dann heran. Übrigens, es gibt auch wunderschöne gelbblühende Kaiserkronen.

Blumenzwiebeln im Schatten und vor Gehölzen

Für Blumenzwiebeln findet sich selbst im »überfüllten« Garten immer ein Platz: für die »Kleinen«, die Traubenhyazinthen (*Muscari*), Anemonen, Botanische Tulpen, Zwiebel-Iris und Schneeglöckchen am Beetrand oder vor den Gehölzen und für die Größeren überall

dort, wo die Sonne hinscheint, auch an einer »toten« Ecke, wo hoch- und breitwachsende Pflanzen keine Chance haben. Sie blühen auch an Plätzen, von denen selbst erfahrene Gärtner meinen, daß dort gar nichts wächst, im tiefen Schatten zum Beispiel, unter Bäumen und Gehölzen, die rundherum den Boden ausgelaugt und ihre Wurzeln bis in die oberste Erdschicht geschickt haben.

Wahre Hungerkünstler sind das, bescheiden in den Ansprüchen, aber nicht minder blütenschön als ihre Anverwandten, die in nährstoffreichen Humusböden leben. Die Waldanemone (*Anemone sylvestris*) gehört dazu wie die wunderschönen Hundszähnchen (man sollte für sie endlich einen besseren, wirklichkeitsnäheren Namen erfinden), die die Botaniker *Erythronium dens-canis* nennen. Der Märzenbecher (*Leucojum vernum*) fühlt sich hier wohl, genauso wie der Spanische Blaustern

Wuchshöhen und Pflanztiefen der schönsten im Frühjahr blühenden Blumenzwiebeln. Die Arten sind nach der Blütezeit (von links nach rechts) geordnet.

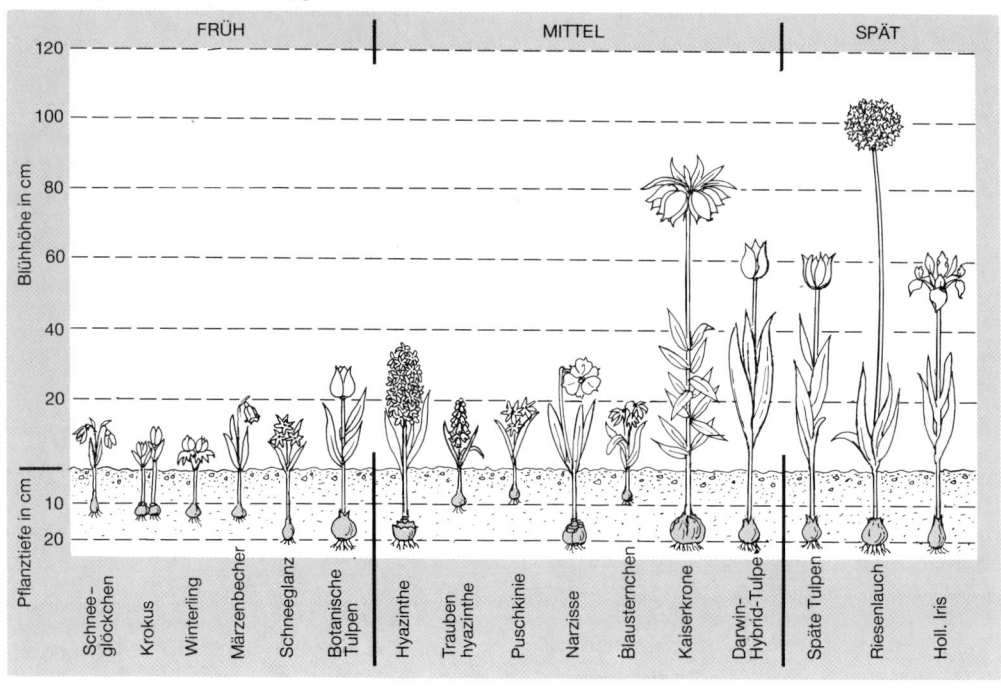

(Hyazinthoides hispanica, früher *Scilla)* und der Sibirische Blaustern *(Scilla sibirica).* Dann ist da noch eine ganze Reihe von Zierlauchen, wie *Allium caeruleum, A. flavum, A. karataviense* und *Allium moly,* die sich an diesen scheinbar pflanzenfeindlichen Plätzen prächtig entwickeln. Sie sind auch zum »Verwildern« geeignet, was nichts anderes heißt, als daß sie sich, läßt man sie ungestört, immer mehr verbreiten. Das gilt auch für die ganze Flächen überziehende *Anemone sylvestris,* für Krokusse, für blaue und weiße Traubenhyazinthen *(Muscari),* für die Märzenbecher, Schneeglöckchen, Winterlinge *(Eranthis),* die lustig-bunten Kiebitzeier *(Fritillaria meleagris)* und die bereits genannten Blausterne.

Kenner, die blütenschöne Bodendecker schätzen, empfehlen auch noch Puschkinien, den Schneestolz *(Chionodoxa luciliae)* und die Waldtulpe *(Tulipa sylvestris).* Sie geben auch gleich noch einen Tip mit auf den Weg: Je mehr man von einer Art und Sorte pflanzt, um so schneller wird im Frühjahr der Boden zu einer kunterbunten Frühlingsblumendecke.

Die Tulpen

Hauptdarsteller auf der Blumenzwiebelbühne sind jedoch die Tulpen, von denen man gar nicht genug im Garten haben kann. Wer beim Einkauf der Tulpenzwiebeln auf die Blütezeiten der einzelnen Gruppen achtet, kann sich von März bis Juni an blühenden Tulpen erfreuen. Zu den ersten gehören die Fosteriana-, Kaufmanniana- und Greigii-Tulpen und die einfachen frühen und gefüllten Sorten. Anschließend blühen die höherwachsenden Mendel-, Triumpf- und Darwin-Hybrid-Tulpen, gefolgt von den eleganten Lilienblütigen, den Papagei-, einfach- und gefüllt blühenden und späten Tulpen. Eine Klasse für sich sind die Gefransten und die Viridiflora-Tulpen.

Man sollte sich diese Reihenfolge merken oder, noch besser, sie für den Einkauf oder die Bestellung extra auf einen Zettel schreiben, damit es ohne Pause im Tulpengarten blüht. Sorten gibt es in Hülle und Fülle.

Tulpen sind problemlos und wachsen in jedem normalen Gartenboden. Ein Tip: Tulpen immer zu mehreren nebeneinander pflanzen, sonst gibt es kein Bild, Übrigens sollte man Tulpen wie andere Gartengewächse pflanzen: nicht in Reih und Glied auf abgezirkelten Beeten, sondern gruppenweise auf Beete und Rabatten, in Stein- und Vorgärten, vor Gehölzen oder in Blumenschalen und Trögen.

Gute Partner sind Blütensträucher, Einjahrsblumen und Zwergsträucher, weil die meisten von ihnen erst nach den Tulpen blühen und weil sie später dann mit ihren Blättern und Blüten die abtrocknenden Tulpenblätter zudecken. Tulpen schaffen so den Übergang zu den Sommerblühern und lassen vom frühen März an blütenloses Grün im Garten gar nicht erst aufkommen.

Die Hyazinthen

Hyazinthen duften von Beeten und Rabatten, aus Balkonkästen und anderen Pflanzgefäßen oder »angetrieben« im winterlichen Zimmer. Was bei Hyazinthen überrascht: Zum Duft gesellt sich auch noch eine langanhaltende Farbenpracht der Blüten.

Hinzu kommt auch noch die Genügsamkeit der Hyazinthen. Sie schätzen nur einen Platz an der Sonne, wollen möglichst mit mehreren Artgenossen zusammen stehen und müssen in eine mit Kompost oder Rindenmulch gelockerte Erde. Hyazinthen verströmen ihren Duft und erfüllen damit ganze Gartenräume. Man muß also nicht die Nase an die Blüte halten. Es gibt viele schöne Sorten, deren farbenfrohe Blüten nicht ungerochen bleiben sollen.

Narzissen sind nicht nur Osterglocken

Wer von Narzissen spricht, meint meistens Osterglocken, ohne die ein Frühling im Garten undenkbar ist. Sie werden auch Trompeten-Narzissen genannt und sind in mehreren Farben in reinem Gelb und Weiß und mit zweifarbigen Blüten zu haben. Sie machten die Narzissen-Familie weltberühmt. Es gibt aber noch eine ganze Anzahl anderer Arten und Sorten, die sicher, reich und lange blühen und die man alle einmal ausprobieren sollte. Verdient hätten sie es, die gefüllt blühenden, die mehrfarbigen, die groß- und kleinkronigen und die

Sorten mit mehreren Blüten an einem Stiel. Wunderschön ist das Farbenspiel. Gelb in vielen Abstufungen dominiert, oft in wirkungsvoller Verbindung mit weißen, orangefarbenen bis roten Tönen. Diese Vielfalt an stets ruhigen Narzissen-Farben macht diesen Frühjahrsblüher auch zu einer Schnittblume ersten Ranges.

Neben den hochwachsenden, großblumigen Sorten, die auch alte Gärten wieder jünger machen, sollte man an kleinbleibenden Arten nicht vorbeigehen, deren Charme nur noch von ihrer Anspruchslosigkeit übertroffen wird. Sie heißen Engelstränen- und Alpenveilchen-, Dichternarzissen und Tazetten, und eignen sich gleichgut für Steingärten, Pflanzgefäße, in Sumpfgärten, an Wasserbecken und für Plätze unter Sträucher und Bäumen. Die kleinen wie die großen wachsen und blühen ungerührt in Sonne und Schatten, bei Dauerregen und anderen Witterungsunbilden.

Ihre Bewährungsprobe bestanden sie auch als Farbtupfer in Blumenwiesen und Blumenrasen, vorausgesetzt, daß nicht vor Anfang Juni gemäht wird. Auf einem kurz geschnittenen Rasen, wo statt Gräser gar nichts wächst oder Moos sich angesiedelt hat, könnten Narzissen diese unfreiwilligen Lücken füllen. Man könnte ein Narzissen-Narr werden, auch deshalb, weil sie jahrelang an einem Platz ausharren, ohne daß sich Blüten und Wachstum verringern.

Pflanz-Regeln

Alle Blumenzwiebeln, gleich wie sie auch heißen, sind problemlos, benötigen ein Mindestmaß an Pflege und passen sich jedem Klima an. Sie blühen noch schöner, wenn man 3 Regeln beachtet.

Wann pflanzen? Blumenzwiebeln, die im Frühling blühen, können je nach Art von Anfang September bis Mitte Dezember gepflanzt werden. Auf jeden Fall vor den ersten stärkeren Bodenfrösten. Dabei hat es nur wenig Einfluß auf den Blühbeginn im Frühling, ob die Zwiebeln früh oder spät im Herbst gepflanzt werden. Werden die Zwiebeln nach

dem Kauf noch einige Zeit im Haus gelagert (besser ist es, sie sofort in die Erde zu legen), so sollen sie luftig, kühl und trocken aufbewahrt werden.

Wo pflanzen? Blumenzwiebeln gedeihen in jedem Boden. Er muß nur locker sein, damit für ausreichenden Wasserabzug gesorgt ist. Die Blüten werden um so schöner, je mehr organische Humusstoffe darin enthalten sind. Schwere Böden werden deshalb mit Kompost verbessert. Tulpen möglichst sofort pflanzen, wo vorher keine Tulpen gestanden haben. Blumenzwiebeln blühen an allen Plätzen mit voller Sonne oder in lichtem Schatten, nie aber in dunklen Ecken.

Wie tief pflanzen? Im allgemeinen pflanzt man die Zwiebeln so, daß ihre Spitze ungefähr so tief wie der doppelte Zwiebelumfang in der Erde liegt. Die Spitze zeigt dabei nach oben.

Gemüsegarten

Die Ernte steht im Mittelpunkt des Geschehens, so daß sie die notwendige Pflege anderer Gemüse beinahe zur Nebensache abwertet. Bis Mitte September können freiwerdende Gemüsebeete nochmals bestellt werden, danach aber bleiben sie brach liegen. Was jetzt an Gemüsen geerntet wird, ist zu einem großen Teil schon für den Winter bestimmt – soll also lagerfähig sein.

Erntereife fördern

In den letzten Wochen vor der Ernte kommt es daher darauf an, die Erntereife zu fördern und vor allem zu verhindern, daß sie sich verzögert oder sich wieder verliert. Wenn wir schon im Garten Gemüse anbauen, die Kosten für Saatgut, Jungpflanzen, Dünger und Pflanzenschutzmittel tragen und den Aufwand für die Pflege der Pflanzen übernehmen, dann wollen wir auch Gemüse ernten, das lagerfähig ist.

Wenn der September regnerisch wird, könnte es eintreten, daß manche Gemüse nicht rechtzeitig ausreifen oder vielleicht sogar erneut zu wachsen beginnen. Bei Zwiebeln und Herbstkohl kann man dieser unerwünschten Wachstumstätigkeit mit einem kleinen Trick vorbeugen. Man braucht nur an einer Seite der Pflanzenreihen mit dem Spaten schräg unter die Pflanzen zu stechen. Dadurch wird stets ein Teil der Wurzeln zerschnitten und die Aufnahme von Wasser und Nährstofflösung eingeschränkt, so daß die Pflanzen trotz Regens erntereif werden. Für Kopfkohl gibt es noch ein zweites Mittel mit gleicher Wirkung. Die Köpfe werden einzeln einmal kurz im Boden hochgerissen oder besser angeruckt.

Ist der Monat September aber trocken, braucht man nur beim Wässern des Gartens alle die Gemüse auszulassen, die erntereif werden sollen. Das gilt besonders für Möhren und andere Wurzelgemüse, für Zwiebeln und Kopfkohl. Um so mehr Wasser brauchen jetzt noch bei Mangel an Niederschlägen die Gemüse, die erst im Oktober geerntet werden – also später Kopfkohl, Sellerie, Porree und andere. Sie alle vertragen nicht nur Wasser, sondern auch noch Dünger, denn manche dieser Gemüse wachsen in diesen Wochen noch erheblich.

Arbeit gibt es auch sonst genug. Kohl, Sellerie, Porree und Möhren wünschen, falls es die Sonne noch sehr gut meint, regelmäßige Wassergaben. Den Ernteerfolg erhöht man durch eine Nährstoffmahlzeit von 30 g Volldünger je m², der als Flüssigdünger in die Reihen gegossen oder als fester Dünger ausgestreut und eingehackt wird.

Oben: Paprika wächst am besten im Frühbeetkasten oder an einem sonnigen Platz.

Unten: Des Gärtners Stolz: Ein dicker Kürbis, der besonders gut auf dem Kompost und genausogut auf dem Hügelbeet gedeiht.

September

Ein Gemüsegarten mit hochrankenden Stangenbohnen und Gurken, die an einem stabilen Drahtgerüst wachsen; dadurch bleiben die Früchte sauber und trocken.

Zucchini ist die wohl zuverlässigste Gemüseart. Ihre Früchte erscheinen selbst in regnerischen Sommermonaten in großer Anzahl. Der Anbau ist kinderleicht.

Aussaaten sind noch möglich

Aber auch Aussaaten können noch gemacht werden, wenn Beete freigeworden sind, zum Beispiel von Radieschen. Jedoch nur auf Beete säen, die in voller Sonne liegen; der Boden muß stets feucht gehalten werden. Der Samen kommt nicht tiefer als 2 cm in die Erde. Auf jeden Fall sollten wir den schmackhaften und vitaminreichen Feldsalat säen. Das vorgesehene Beet bekommt vorher Humusdünger. Dann in 10 cm flache Rillen ziehen, sehr dünn aussäen, die Rillen zuharken und das ganze Beet bewässern. Weil der Feldsalat absolut winterhart ist, kann man ab November ernten und dann weiter bis zum März. Auch eine Aussaat von Winterspinat lohnt sich. Einige Sorten wie 'Monopa', 'Atlanta' und 'Rico' (im Gartenfachgeschäft erfragen) haben im Garten längst ihre Bewährungsprobe bestanden. Gesät wird in Reihen mit 20 cm Abstand. Ernte ab März. Der Samenbedarf für 1 m² ist 5–10 g.

Wer im Frühjahr bereits Möhren ernten will, der sollte jetzt Frühsorten höchstens einen Zentimeter tief säen, und zwar in Reihen mit 20 cm Abstand und zuharken. Die Reihen müssen im Winter leicht mit Fichtenreisig bedeckt werden, um die jungen Pflänzchen vor Frost und Wintersonne zu schützen. Von Rosenkohl, der noch keine Röschen angesetzt hat, brechen wir Mitte September die Endknospen aus. Dadurch wird die Entwicklung der seitlichen Röschen gefördert. Es empfiehlt sich, kälteempfindliche Gemüsearten wie Gurken, Tomaten, Kürbisse, Zucchini und Paprika mit Folie zu überbauen, vor allem Tomaten (Dachschlitz-Tomatenhauben). Dann kann man meist noch einige Wochen qualitativ hochwertiges Gemüse weiterernten.

Damit Schnittlauch auch im Winter zur Verfügung steht – mit Ernten aus Blumentöpfen, am Küchenfenster oder aus dem Kleingewächshaus –, sollten die dafür vorgesehenen Stauden jetzt ausgegraben werden. Die Wurzelballen bleiben einige Zeit liegen, damit sie eintrocknen, dann werden sie geteilt und in Blumentöpfe eingepflanzt. Danach werden die Töpfe in die Erde eingegraben, im November wieder herausgeholt, in der Badewanne mit warmem Wasser begossen und am Küchenfenster aufgestellt.

Obstgarten

Die Ernte von Äpfeln und Birnen hält an. Aber auch Steinobst ist noch mit den letzten Pfirsichen und den späten Pflaumen und Hauszwetschen vertreten. Damit tritt lagerfähiges Obst in den Vordergrund. Wenn es auch noch nicht die Sorten sind, die sich bis Weihnachten und länger lagern lassen, wird dennoch Sorgfalt bei der Ernte zu einer selbstverständlichen Forderung. Wenn es für die frühen Sorten von Kernobst empfehlenswert war, die Früchte etwas vor der Baumreife zu pflücken, so ist nun unbedingt auf den Eintritt der Baumreife zu warten. Man erkennt sie nicht an der Farbe. Manche Sorten bekommen sie erst im Lagerraum, in der Krone bleibt sie oft ganz weg, während sie außen an ihrem Rand schon da ist – schließlich kann fehlender Sonnenschein sie verzögern. Ebenso wenig läßt sich die Erntereife nach dem Kalender bestimmen; das Wetter hat auf die Baumreife in gleichem Maße einen Einfluß wie der Boden, eine ausreichende Ernährung oder die Baumform.

Woran man die Baumreife erkennt

Das sicherste Anzeichen dafür ist und bleibt immer noch die Drehprobe, bei der eine Frucht, in die Hand genommen und vorsichtig um ihre Längsachse gedreht, sich willig mit dem Stiel vom Fruchtholz lösen muß. Statt zu drehen, kann man auch die Frucht anheben. Bleibt dagegen ein Teil des Fruchtstieles am Fruchtholz – oder bricht man einen Teil des Fruchtholzes mit ab, dann warte man noch, dann ist die Frucht noch nicht baumreif. Als Ankündigung der Baumreife darf man noch werten, daß die madigen, wurmstichigen Früchte vom Baum fallen. Nun sollte aber auch geerntet werden, sonst gibt es Fallobst, das eine Einlagerung nicht lohnt. Die schonendste Methode ist und bleibt, die Früchte mit der Hand zu pflücken. Selbst wenn man sich auf der Leiter etwas ausrenken muß. Statt aber dabei die eigene Sicherheit außer acht zu lassen, ziehe man lieber einen entfernten Ast heran – oder stelle die Leiter um. Der Erntekorb sollte unbedingt gepolstert sein (mit Wellpappe, zerknülltem Zeitungspapier o. ä.), damit nicht nachträglich die Früchte Druckflecken bekommen; auch hineinwerfen soll man sie nicht, ebenso nicht nachher im Lagerraum einfach ausschütten. Solange die Tage noch warm sind, pflückt man erntereifes Obst am Morgen, bald nachdem der nächtliche Tau abgetrocknet ist. Von der Mittagssonne warmes Obst läßt sich selbst in einem kühlen Keller nur langsam abkühlen. Wärme in der Frucht aber verkürzt die Haltbarkeit im Lager.

Bei reichtragenden Obstbäumen sollte man die Äste abstützen. Gut geeignet sind einfache Asthalter, die man selbst basteln kann.

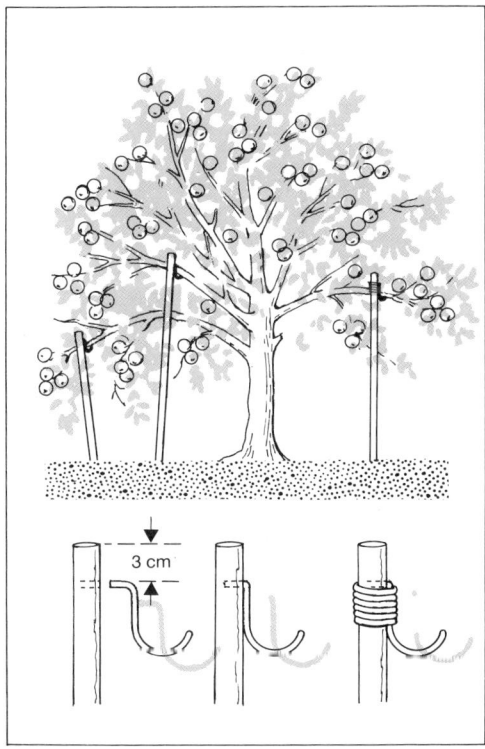

September

Fallobst sollte nicht unter den Bäumen liegen-
bleiben und so der Ausbreitung der Schädlinge
und Krankheiten Vorschub leisten. Außerdem
lassen sich Teile dieser gefallenen Früchte
noch verwerten. Der Abfall aber gehört in den
Mülleimer und nicht etwa auf den Kompost.

Beerenobst schneiden

Viel zu tun hat jetzt die Schere. Hier muß man
für Ordnung sorgen und darf die Sträucher
nicht einfach wachsen lassen, wie sie wollen.
Und dieses Auslichten sollte jetzt geschehen,
weil man in diesen Wochen einfach besser
überblicken kann, wo die Sträucher zu dicht
geworden sind. Also alles entfernen, was ineinander wächst, was sich kreuzt und reibt,
und alle Triebe, die älter als 4 Jahre sind.
Bei Stachelbeeren, an denen sich die Früchte
hauptsächlich an einjährigen Langtrieben und
an zwei- bis vierjährigen Kurztrieben entwik-
keln, sind alle älteren Zweige abzuschneiden;
man erkennt sie an der dunklen Rinde. Fachleute empfehlen, bei Stachelbeerbüschen bis
zu 10 Bodentriebe stehenzulassen, bei Hochstämmchen 5–8 Basistriebe aus verschiedenen
Jahren. Das heißt, in Kronen etwa ein Viertel
aller vorhandenen Jahrestriebe stehen lassen,
und zwar am besten diejenigen, die aus zwei-
jährigem Holz kommen.
Und noch eine Faustregel: Kronen und Büsche
sollten so ausgelichtet werden, daß man bequem und ohne sich zu verletzen ernten kann.
Wunden gibt es zwar bei der Ernte von roten
und weißen Johannisbeeren nicht. Trotzdem
sollen Büsche und Stämmchen genau so freige-
halten werden wie bei den Stachelbeeren.
Bitte auf den oft recht unterschiedlichen
Wuchs der Johannisbeeren achten. Sträucher,
die sich nur schwach verzweigen, müssen in
jedem Jahr stark zurückgeschnitten werden.
Bei starkwachsenden Sträuchern schneiden
wir die Verlängerungen der Äste auf 5–6 Knospen und die Seitentriebe auf 3–4 Knospen
zurück. Ganz anders verfährt man bei Schwarzen Johannisbeeren. Hier werden die älteren,
besonders starken Zweige geschont und nur

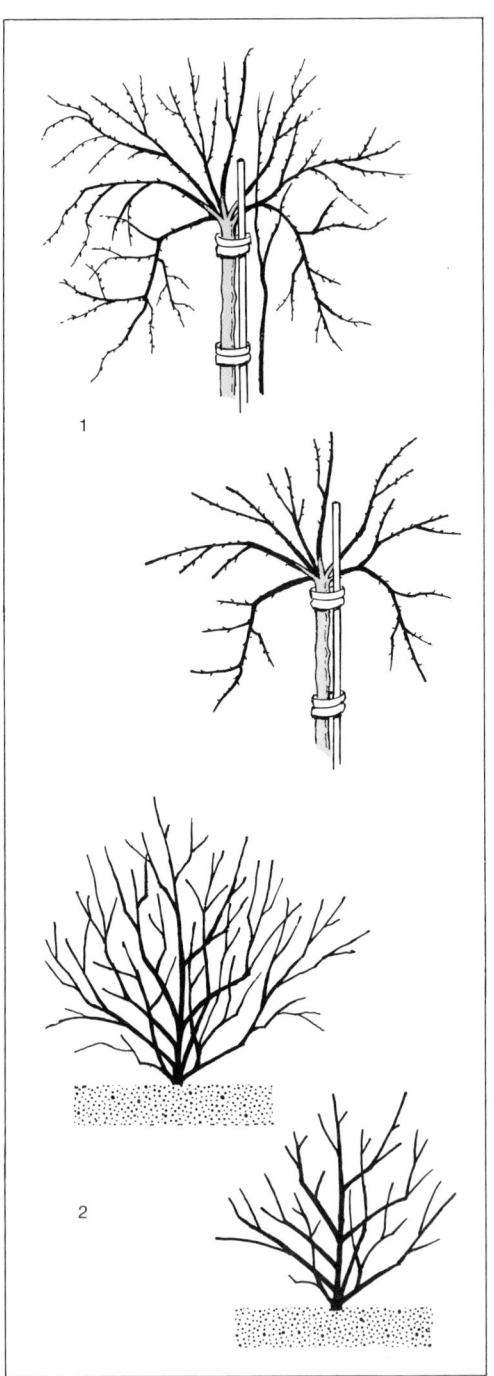

146

Links: Stachelbeerhochstamm (1) vor dem Schnitt (oben) und nach dem Schnitt (unten). Johannisbeerbusch (2) vor dem Schnitt (oben) und nach dem Schnitt (unten).

Auch der Herbst hat noch seine schönen Blütentage, wenn die verwaisten Pflanzgefäße zum Beispiel mit Topferiken, *(Erica gracilis),* Chrysanthemen, immergrünen Torfmyrten *(Pernettya mucronata),* Silberblättern und Efeu bepflanzt werden. Besonders bemerkenswert: die etwa meterhohe Eriken-Pyramide. Weitere Bepflanzungsbeispiele stehen auf der nächsten Seite.

schwache Triebe entfernt. Sehr alte Zweige sind allerdings zu nichts mehr nütze; man erkennt sie daran, daß sie an der Basis keine Triebknospen mehr zeigen. Wir sägen diese Zweige dicht am Boden ab.

Bei Himbeeren schneiden wir alle abgeernteten Ruten dicht am Boden heraus und werfen sie kleingeschnitten in den Mülleimer, um Infektionen vorzubeugen. Zu entfernen sind auch alle allzu schwachen und dünnen Ruten, die nicht lebensfähig sind und nur herumstehen. Der Fachmann empfiehlt, 8–10 Ruten je Meter stehenzulassen.

Bei Brombeeren werden die aus dem Wurzelstock entstandenen Jungtriebe an die freien Drähte angeheftet und so verteilt, daß sie gut belichtet sind. Je Pflanze beläßt man meist 6 Jungtriebe, natürlich die kräftigsten. Die abgetragenen Triebe schneidet man nach Beendigung der Ernte dicht über dem Boden ab und

September

schafft an den dadurch freiwerdenden Spalierdrähten Platz für die im nächsten Jahr erscheinenden Jungtriebe.

Erdbeeren lassen sich auch noch im September pflanzen. Bereits vorhandene Erdbeerbeete bekommen im September die letzte Teildüngergabe, etwa eine halbe Handvoll Erdbeer-Spezialdünger.

Auslichtungsschnitt ist biologischer Pflanzenschutz

Da bei Obstbäumen jährlich neue Triebe und Zweige entstehen, kommt es trotz jährlichem Schnitt im Lauf der Zeit zu immer dichteren Kronen, die die Gesundheit des Baumes gefährden. Alle 3–4 Jahre sollte man deshalb durch Heraussägen einzelner größerer Äste dafür sorgen, daß genug Licht und Luft in die Kronen gelangen können. Dann hat man weniger über Krankheiten und Schädlinge zu klagen. Der Auslichtungsschnitt kann gleich nach der Ernte erfolgen. Zwar sind Spätherbst und Winter dafür auch noch geeignet, doch verheilen größere Wunden jetzt besser. Wem noch die Erfahrung fehlt, kann jetzt genau erkennen, wo die belaubte Krone zu dicht ist. In Frage kommt der Auslichtungsschnitt bei Hoch-, Halb-, Viertel- und Niederstämmen von Äpfeln, Birnen, Pflaumen, Sauerkirschen und Pfirsichen. Diese erhalten noch eine Sonderbehandlung durch das Einkürzen der jungen Triebe.

Schattenmorellen leiden häufig unter Zweigmonilia. In diesem Fall nimmt man sämtliche abgestorbenen Triebe oder Äste bis auf gesunde Teile zurück. Regelmäßiger Schnitt gleich nach der Ernte ist erfahrungsgemäß eine wirkungsvolle Vorbeugungsmaßnahme gegen diese Krankheit, mit der leider ständig gerechnet werden muß.

Oft wird vergessen, kranke oder madige Früchte auszupflücken oder aufzusammeln und in den Mülleimer zu werfen. Das nämlich ist eine wirkungsvolle vorbeugende Maßnahme gegen die Verbreitung von Pilzkrankheiten und Schädlingen. Auf keinen Fall dürfen diese

kranken Früchte auf den Komposthaufen: Hier finden die Sporen, Maden, Larven und Fliegen nämlich ideale Verhältnisse vor, um sich zu vermehren.

Wer für den Herbst eine Neupflanzung von Obstbäumen plant, sollte bereits jetzt den Boden gründlich vorbereiten und die gewünschten Sorten bestellen. Die Bodenvorbereitung nimmt ziemlich viel Zeit in Anspruch, das eigentliche Pflanzen geht dagegen rasch vor sich.

Balkon- und Kübelpflanzen

Balkonbepflanzung im Herbst

Auch auf dem Balkon geht einmal das Blütenjahr zu Ende. Was nicht zu sein braucht, weil es eine Reihe blüheifriger Pflanzen gibt, die mit einem prächtigen Blütenflor die Balkonsaison um zwei bis drei Monate verlängern. Sie alle, die Topferiken (Erica gracilis) mit ihren roten, rosa oder weißen Blütenglöckchen und die vielen Chrysanthemen-Büsche mit den großen und kleinen, weißen, rosa, roten, gelben, orange- oder bronzefarbenen, einfachen oder gefüllten Blüten fühlen sich bei kühleren Temperaturen im Herbst und der höheren Luftfeuchtigkeit besonders wohl.

Zu diesen Pflanzen, die in voller Blüte erhältlich sind und die im Balkonkasten nicht weiterwachsen, sondern nur ihre Knospen öffnen, passen als wirkungsvolle Blattkulissen gelbgrüne Veronika oder grauweiße Silberblätter (Senecio bicolor). Wer etwas Besonderes sucht, der halte sich an die winterharten, immergrünen Torfmyrten (Pernettya), das sind kleine, etwa 50 cm hohe Sträucher mit hübschen lackglänzenden Blättchen, die den Herbst auf dem Balkon mit zahlreichen weißen, roten oder lilafarbenen Beeren noch schöner und abwechslungsreicher machen. Alle diese Gewächse eignen sich für Balkonkästen und auch für andere Gefäße.

148

Bepflanzungsbeispiele für 1 m lange Balkonkästen

1. Vorschlag: Rotblühende *Erica gracilis* (3 Stück) mit gelbgrünblättrigen Veronika (3 Stück), Wachstumshöhe: 25–35 cm.

2. Vorschlag: Rot- und weißblühende *Erica gracilis* gemischt (5 Stück), Wachstumshöhe: 25–35 cm.

3. Vorschlag: Chrysanthemen (5 Stück) in bunter Mischung mit gelben, roten, weißen und bronzefarbenen Blüten, Wachstumshöhe: 25–40 cm.

4. Vorschlag: Orangefarbene Chrysanthemen (3 Stück) und grauweiße Silberblätter (4 Stück), Wachstumshöhe: 25–40 cm.

5. Vorschlag: Torfmyrten, *Pernettya* (3 St.), mit weiß und lila gefärbten Früchten, dazwischen Silberblätter (3 Stück), Wachstumshöhe: 50 cm.

6. Vorschlag: Torfmyrten, *Pernettya* (2 Stück) mit roten Früchten, dazu gelbgrünblättrige *Veronika* (3 Stück), Wachstumshöhe 50 cm.

Es empfiehlt sich, Eriken nicht mit Chrysanthemen zusammenzupflanzen, da Eriken besonders hohe Wasseransprüche stellen. Die Wurzelballen der Heide dürfen niemals trocken sein. Es empfiehlt sich deshalb, den festen Wurzelballen vor dem Einpflanzen tief in einen Eimer Wasser zu tauchen.

Herbstlicher Blumenschmuck im Balkonkasten: weißfrüchtige Torfmyrte *(Pernettya mucronata)*, weißgerandeter Efeu, Blauzeder-Wacholder (*Juniperus squamata* 'Meyeri'), Topferika *(Erica gracilis)*.

Oktober

Oktober

Ziergarten

Die rauschenden Blütenfeste des Sommers sind vorüber. Die Einjahrsblumen verlassen nach und nach die Blumenbeete und Rabatten. Im Staudengarten blühen nur noch die Herbstastern, die Herbstanemonen, die Chrysanthemen und einige andere. Der tätige Gartenfreund spürt die Melancholie des Herbstes kaum, denn er hat genug zu tun mit dem Ernten und Pflanzen.

Zuerst aber werden weitere Grundsteine für ein frohes Blühen im Garten gelegt. Jetzt ist Hochsaison für das Pflanzen von Blütensträuchern, Heckenpflanzen, Nadelgehölzen, Rosen, Beerensträuchern und Obstbäumen. Und natürlich kommt jetzt die reizvolle Schar der Blumenzwiebeln in die Erde.

Dabei spielt es keine Rolle, ob es in Strömen regnet oder die Sonne scheint. Während einer wünschenswerten Schönwetterperiode empfiehlt es sich allerdings, die neugepflanzten Gehölze gut anzugießen und regelmäßig zu wässern, zumindest so lange, bis der Regen für eine ausreichende Wasserzufuhr sorgt. Um es gleich vorwegzunehmen: immergrüne Laub- und Nadelgehölze, also auch Rhododendron, Feuerdorn und Lorbeerkirschen, müssen im Winter, solange der Boden offen ist, gegossen werden, weil sie auch in der kalten Jahreszeit Wasser verdunsten und bei Wassermangel oft schneller vertrocknen als erfrieren.

Gehölzpflanzung

Grundsätzlich gilt für die Pflanzung aller Bäume und Sträucher, nie zu kleine Pflanzlöcher auszuheben, damit die Wurzeln, bzw. der Wurzelballen Platz genug hat, um sich auszubreiten. In enge Pflanzgruben hineingezwängte Gehölze wachsen schlecht. Man sollte auch unbedingt die Erde am Grund des Pflanzloches gut auflockern und zerkleinern. (Siehe auch Ziergarten-März.)

Angeschnitten werden die Wurzeln auch von solchen Laubgehölzen, Obstbäumen und Beerensträuchern, die nicht in Containern oder mit festen, in Leinen eingepackten Wurzelballen geliefert werden. Diese Ballentücher öffnet man erst, wenn sich die Pflanze am endgültigen Standort, also in der Pflanzgrube, befindet und nicht mehr hin- und herbewegt wird. Das geht ganz einfach vor sich: entweder die Verknotung lösen oder durchschneiden.

Wichtig:
Die richtige Pflanztiefe

Zu beachten ist auch die richtige Pflanztiefe. Gehölze mit umhüllten Wurzelballen und solche aus Töpfen oder Containern kommen nur soweit in die Erde, daß der Ballen nur wenige Zentimeter unter der Oberfläche liegt. Bäume und Sträucher ohne Ballen setze man so tief, wie sie in der Baumschule gestanden haben. Das ist an der sogenannten Erdmarke, die sich über der Wurzel befindet, gut zu erkennen. Beim Pflanzen der Obstgehölze aufpassen, daß sie nicht zu tief in die Erde versenkt werden; die Veredlungsstelle, an einer Verdickung am Stammgrund leicht erkennbar, muß in jedem Falle aus dem Erdreich herausragen. Die in das Pflanzloch eingefüllte Erde wird dann so festgetreten, daß ein nicht zu flacher Gießrand bleibt, damit das Wasser nicht fortläuft. Große Bäume, Stammrosen, Beerenobsthochstämme und schwergewichtige Nadelgehölze erhalten für's erste einen Haltepfahl.

Rosen pflanzen

Experten empfehlen, Rosen am besten im Herbst zu pflanzen, weil sie noch vor dem Frost lebenstüchtige Saugwurzeln entwickeln, die im Frühjahr dann gleich das lebensnotwendige Wasser und Nahrung aus dem Boden heraussaugen können. Damit nun auch jede Rose anwächst, sollte man diese »goldenen« Regeln beachten:

- Vor dem Pflanzen werden die Rosen mit nackten Wurzeln für mindestens 2 Stunden in einen Eimer mit Wasser gestellt.

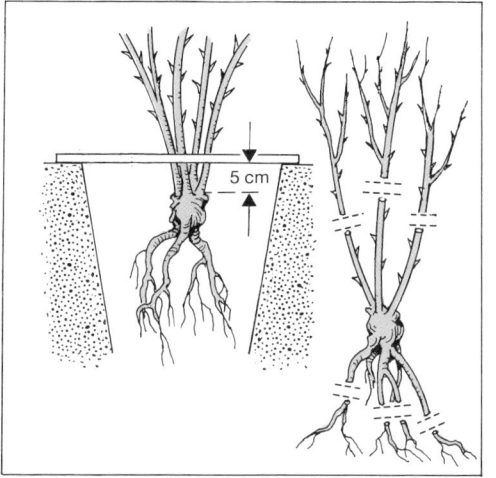
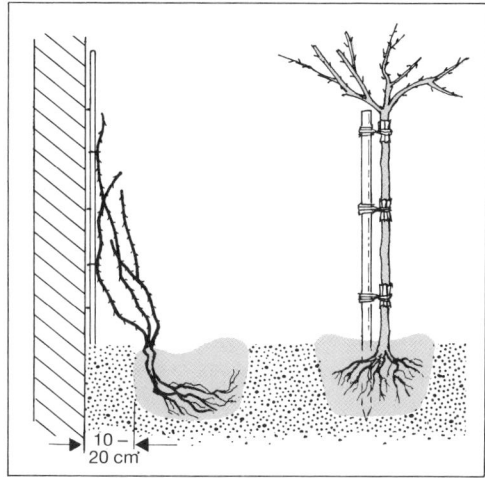

Bei Rosen soll die Veredlungsstelle etwa 5 cm unter der Erdoberfläche liegen. Vorher die Wurzeln und die Triebe (auf 10–15 cm) schneiden. Kletterrosen 10–20 cm von der Wand entfernt pflanzen. Hochstämme 5–8 cm neben den Pfahl setzen.

- Ebenfalls vor dem Pflanzen kommen die Rosen unters Messer: Die Wurzeln werden um ein Drittel ihrer Länge und die Triebe um etwa zwei Drittel eingekürzt.
- Eine gründliche Bodenvorbereitung entscheidet mit über Blüherfolg und Wachstumsfreude. Bei Rosen wird deshalb die Erde mindestens 30 cm tief gelockert und der Mutterboden mit Sand und grobbrockiger Komposterde gemischt. Es empfiehlt sich, den Durchmesser des Pflanzlochs so breit auszuheben, daß sich die Wurzeln am Boden gut verteilen können. Die deutlich sichtbare Veredlungsstelle am Wurzelhals soll etwa drei Finger breit (= 5 cm) unter der Erdoberfläche liegen.
- Beim Pflanzen die Rose mit einer Hand in die Pflanzgrube halten und mit der anderen Hand die Erde locker über die Wurzeln verteilen.
- Erde einfüllen, anschließend festdrücken oder festtreten, so daß um die Pflanze herum eine flache Mulde (Gießrand) entsteht.
- Die Mulde mit langsam fließendem Wasser füllen, bis das Wasser überzulaufen beginnt. Gießen bei sehr trockenem Boden

wiederholen, bis die Wurzeln gut eingeschlämmt sind.
- Nach dem Pflanzen die oberirdischen Triebe mit einem kleinen Erdhügel locker abdecken, so daß die Pflanze vor dem Austrocknen durch Sonne und Wind geschützt ist.

Spezialbehandlung für Hochstamm- und Kletterrosen

Bei Hochstammrosen wird die Pflanzgrube in der gleichen Weise vorbereitet wie bei anderen Rosen. Als erstes den Stützpfahl fest in die Erde schlagen. Das Holz sollte nach Möglichkeit mit einem pflanzenfreundlichen Holzschutzmittel getränkt sein. Die Pflanze 5–8 cm neben dem Pfahl in die Erde setzen. Am Stamm läßt sich erkennen, in welcher Pflanztiefe die Pflanze bis jetzt gestanden hat. Stamm durch ein Stück Reifengummi vor Verletzungen schützen und Stamm und Pfahl nicht zu eng miteinander verbinden.

Bei Kletterrosen das Pflanzloch ungefähr 10–20 cm von der Wand entfernt ausheben. Pflanze so tief einsetzen, daß die Veredlungsstelle unterhalb der Erdoberfläche liegt. Wurzeln sollen weg von der Wand zeigen. Pflanzgrube mit Erdaushub locker füllen, festdrücken und reichlich wässern. Wegen des zumeist trockenen Standorts an Häuserwänden die Kletterrosen besonders im ersten Jahr häufiger gießen.

Über die Klassifizierung der Rosen, ihre Einteilung nach Wachstums- und Blütenformen siehe Ziergarten-März.

Kletter- und Rankgehölze

Natürlich leben und Energie sparen – beides ist möglich: mit Kletter- und Rankpflanzen am Haus zum Beispiel. Mit Wildem Wein, Efeu, Glyzinen oder Kletterhortensien. Sie blühen und grünen nicht nur prächtig, sondern sind auch wirkungsvolle Wärmedämmer.

Es ist nachgewiesen, daß Kletterpflanzen keineswegs, wie oft behauptet, dem Putz schaden. Im Gegenteil: Die Blätter wirken wie eine zweite Haut. Und daß sie Singvögeln Schutz und Nahrung bieten, macht Kletterpflanzen nur noch sympathischer. Bei der Auswahl von Kletterpflanzen ist einiges zu beachten:

- Zuerst muß man sich entscheiden, ob eine Dauerbepflanzung mit Klettergehölzen wie zum Beispiel *Clematis* oder eine Berankung mit einjährigen Rankpflanzen wie Glockenreben *(Cobaea)* oder Kaiserwinden *(Ipomoea)* gewünscht wird.
- Entscheidend ist auch, ob beispielsweise die Pergola völlig von den Ranken zuwachsen oder nur locker begrünt werden soll – damit auch mal die Sonne durchscheint.

Fast alle Kletterpflanzen unter den Gehölzen sind sommergrün und lassen im Herbst wie andere Bäume auch die Blätter fallen. Nur der Efeu bleibt immergrün, dafür ist er auch ein bißchen langweiliger als zum Beispiel die vielen großblumigen *Clematis*-Sorten, von denen es reine Arten gibt, die sich für den naturnahen Garten eignen. Ganz Schlaue verbinden das Angenehme mit dem Nützlichen: Sie pflanzen Weinreben an die Pergola oder die schmackhaften Kiwis. Bitte beachten, daß nicht alle Kletterpflanzen ranken, sondern festgebunden werden müssen.

Rankpflanzen, die sich selber festhalten
Vom Wilden Wein, dessen Blätter sich im Herbst so wunderschön verfärben, gibt es zwei Sorten, die sich selbst an Wänden festhalten können.

Parthenocissus quinquefolia 'Engelmannii' hält sich mit Haftscheiben selber an rauhen Wänden, alten Bäumen, Zäunen oder Gerüsten fest.

Parthenocissus tricuspidata 'Veitchii' »klebt« sogar an glatten Mauerwänden. Hier kann man nichts falsch machen.

Auch bei Efeu *(Hedera helix)* gibt es keine Probleme. Die Ranken halten sich ebenfalls selber fest und zwar mit Hilfe von Kletterwurzeln. Auch die Trompetenblume *(Campsis radicans)* und die Kletterhortensien *(Hydrangea anomala* ssp. *petiolaris)* sind mit solchen Haftorganen ausgerüstet.

Schlingpflanzen, die eine Stütze brauchen
Die Schlinger brauchen mehr oder weniger senkrechte Stützen oder strahlenartige Gerüste. Sie können auch an einem Gerüst (Rankgitter) emporwachsen. Zu den Schlingpflanzen gehören Geißblattarten *(Lonicera)* in mehreren Arten und Sorten, der Schlingknöterich *(Fallopia aubertii* syn. *Polygonum aubertii)* und der wunderschöne Blauregen *(Wisteria sinensis)*. Von den Einjahrsblumen sind es: Prunkwinden *(Ipomoea)*, Zierhopfen *(Humulus scandens)*, Feuerbohnen und die Schwarzäugige Susanne *(Thunbergia alata)*. Dann gibt es noch die sogenannten Rankenkletterer, die sich mit Hilfe von Ranken festhalten und im Gegensatz zu den Schlingpflanzen keine senkrechten Stützen brauchen, die bekanntesten: Glockenreben *(Cobaea)*, Duftwicken, Zierkürbis und der Wilde Wein *(Parthenocissus quinquefolia)*.

Ziergehölze vermehren durch Steckhölzer

Steckhölzer werden im Spätherbst nach dem Laubfall von einjährigen, ausgereiften Trieben geschnitten. Der Schnitt sollte dicht unter ei-

Links oben: Selbstklimmender Wilder Wein (*Parthenocissus tricuspidata* 'Veitchi').

Links unten: Blauregen oder Glyzine *(Wisteria sinensis)*, ein reichblühender, starkwachsender Schlingstrauch.

Rechts oben: Prunkwinde *(Ipomoea tricolor)*, bis 3 m hochwerdende, einjährige Kletterpflanze.

Rechts unten: Die einjährige Kapuzinerkresse (*Tropae-olum*-Hybriden) blüht von Juni bis in den Herbst; daneben Pantoffelblumen.

Oktober

ner Knospe erfolgen, da so die Kallus- und Wurzelbildung erheblich gefördert wird.

Die zu kleinen Bündeln zusammengelegten, etwa 20 cm langen und 0,5 cm dicken Hölzer überwintern in einem Einschlag aus feuchtem Sand, der in einem nicht geheizten Keller angelegt wird. Hier hat man eine bessere Kontrolle als draußen im Freien. Die Steckhölzer sind völlig mit Sand zugedeckt.

Im Frühjahr, wenn sich der Boden auf 12° C erwärmt hat, kommen die Hölzer auf ein mit Kompost und Sand vorbereitetes Beet: Reihenabstand 20 cm, in der Reihe 2 cm Entfernung von Holz zu Holz.

Vorher jedoch werden die Steckhölzer mit dem Messer nachgeschnitten, und zwar oben gerade und unten schräg. Beim Stecken kommen etwa 3 Augen in die Erde, während 1 Auge aus dem Boden herausragt. Das Steckholzbeet ist ständig feucht zu halten. Mit Steckhölzern lassen sich zum Beispiel vermehren: Schmetterlingsstrauch, Deutzien, Forsythien, Heckenkirschen, Garten-Jasmin, Efeu, Jungfernrebe, Schlingknöterich, Zierjohannisbeere, Hunds-Rose, Apfel-Rose, Weiden, Holunder, Spiräen, Schneebeeren, Tamarisken, Schneeball, Weigelien, Zwergmispeln.

Ziergehölze vermehren durch Ausläufer und Teilung

Auch eine Vermehrung durch Ausläufer ist möglich, zumindest bei einigen Gehölzen wie Ranunkelstrauch *(Kerria)*, Essigbaum *(Rhus)*, Fiederspiere *(Sorbaria)*, Sanddorn *(Hippophae)*, Spiersträucher *(Spiraea)*, Schneebeere *(Symphoricarpos)*, Schneeball *(Viburnum)* und einigen anderen.

Diese Gehölze bilden unterirdische Rhizome, aus denen sich junge Pflanzen bilden, die durch Spatenstiche von der Mutterpflanze getrennt und einfach ausgegraben werden. Wegen der geringen Wurzelbildung empfiehlt es sich, die oberen Teile zurückzuschneiden.

Bei der Teilung muß man die ganzen Pflanzen ausgraben (Eriken, Deutzien, Vinca, Spiräen, Mahonie), mit einer Schere zerschneiden oder

mit einem Spaten zerteilen. An jedem Teilstück muß sich wenigstens ein Trieb mit Wurzeln befinden. Die Stücke werden dann eingetopft oder in ein gut vorbereitetes Beet eingepflanzt. Auch hier empfiehlt sich ein Rückschnitt der oberen Triebe, um die geringe Wurzelbildung auszugleichen.

Blumenzwiebel-Pflanzzeit

Wer etwas von Blumenzwiebeln versteht, weiß: die ersten sind die besten. Die Freunde der farbenfrohen und blühsicheren Frühlingsmacher besorgen sich deshalb ihre Zwiebeln so früh wie möglich, um sie dann ohne langen Aufenthalt daheim in die Erde zu bringen. Ist noch kein Platz im Garten, dann empfiehlt es sich, die Zwiebeln trocken und luftig aufzubewahren und mit Beginn der Heizperiode auch möglichst kühl. Ein vor Regen und Mäusen sicherer Platz im Freien ist dabei einem warmen Keller vorzuziehen. Recht früh in die Erde sollten vor allem Schneeglöckchen und Narzissen, die bei später Pflanzung, zum Beispiel im Dezember, zwar auch noch blühen, wenn auch mit kürzeren Blütenstielen (Siehe auch September-Ziergarten).

Das große Aufräumen

Die Gartenarbeit im Oktober beschränkt sich aber nicht etwa nur auf das Pflanzen. Es muß auch schon einiges von dem getan werden, was man das große herbstliche Aufräumen des Gartens nennt. Beginnt man nicht frühzeitig damit – dort, wo es schon möglich ist, dann häuft sich die Arbeit im November und kann nicht rechtzeitig beendet werden, besonders dann, wenn durch regnerisches Wetter die Freude an der Gartenarbeit verständlicherweise nachläßt.

Auch im Staudengarten beginnt das große Aufräumen. Dabei schneiden wir die abgeblühten Prachtstauden, wie Goldrute *(Solidago)*, Sonnenbraut *(Helenium)*, Sonnenhut *(Rudbeckia)*, Phlox, Herbstastern, Staudensonnenblumen und andere bis auf den Boden herunter. Bei Wildstauden, die in Gemeinschaft mit Gehölzen stehen, bleiben dagegen die Fruchtstände erhalten. Wenn sich dann Rauhreif und Schnee auf Waldgeißbart, Astilben, Wiesenraute und Silberkerzen legen, »blühen« diese Stauden ein zweites Mal auf.

Auch die Gräser lassen wir, wie sie sind. Anschließend wird der Boden zwischen den Prachtstauden oberflächlich mit der Grabgabel gelockert und vorhandenes Unkraut entfernt. Zwischen Wildstauden nehmen wir nur das Unkraut heraus. Eine Lockerung entfällt hier, da der Boden ohnehin meist mit niedrigen Bodendeckern zu ist. So kann die Pflanzung gepflegt in den Winter gehen, und im Frühjahr sind wir froh, wenn wir nicht gleich mit diesen etwas lästigen Arbeiten beginnen müssen.

Was an Einjahrsblumen verblüht ist, kann bereits in Richtung Komposthaufen verschwinden. Auch Gladiolen-Blätter verfärben sich ebenfalls schon gelb. Wenn es so weit ist, dürfen die Knollen mit der Grabegabel aus dem Boden gehoben werden, nachdem vorher der Trieb bis auf einen Rest von 10 cm Länge weggeschnitten wurde. Auch alle anderen nicht winterharten Knollen- und Zwiebelgewächse werden so behandelt: Canna, Tigerlilie (*Tigridia*), Milchstern (*Ornithogalum*), Sommerhyazinthe, Sterngladiole (*Acidanthera*), Gartenfreesie und Knollenbegonien.

Es empfiehlt sich, die Knollen zur Überwinterung anstehenden Knollenpflanzen vorher auf kranke oder beschädigte Teile hin zu überprüfen. Dabei soll man die Knollen nach dem Ausgraben etwa zwei Tage auf den Beeten liegenlassen; allein deshalb, weil sich dann die Erde leicht abschütteln läßt und die Knollen nicht mit großen Klumpen behaftet überwintern müssen. Gut bewährt hat sich an Stelle der problematischen Lagerung in Torf die Überwinterung in Plastiktüten. Zur Sicherheit und besseren Kontrolle läßt man die Tüten zunächst offen und beobachtet den Verlauf des Ruheprozesses. Neigen die Knollen zu allzu starker Trockenheit, so fülle man trockenen Torf in die Tüten ein. Manchmal ist es nötig, die Knollen umzupacken, um entstandene Fäulnisstellen zu entfernen. Der Überwinterungsraum soll kühl aber frostfrei sein.

Hecken »auf Form« schneiden

Der Formschnitt der Hecken ist von Oktober bis Februar durchzuführen, in einer Zeit also, in der die Pflanzen nicht wachsen. Mit diesem Schnitt können wir entscheiden, ob die Hecke höher oder niedriger, ob sie breiter oder schmaler wachsen soll: Die Hecke erhält ihre Form – ihre Figur wird korrigiert. Der Schnitt ist problemlos, schon deshalb, weil alle als Heckenpflanzen verwendeten Laubgehölze sich jeden Schnitt, auch in das alte, mehrjährige Holz, gefallen lassen. Dabei braucht man sich also nicht auf das Zurückschneiden der neuen jungen Triebe zu beschränken, sondern kann, wo es nötig ist, schon einmal zu Radikalkuren greifen, also tief zurückschneiden, um neues Leben aus unterentwickelten Zweigen zu erwecken. Und diese geschnittenen Zweige reagieren schnell mit vielen frischen Trieben.

Warum Heckenpflanzen trapezförmig und nicht kerzengrade geschnitten werden sollen,

Dahlien zum Überwintern 10 cm über den Knollen abschneiden und dann in Sägemehl oder Sand legen.

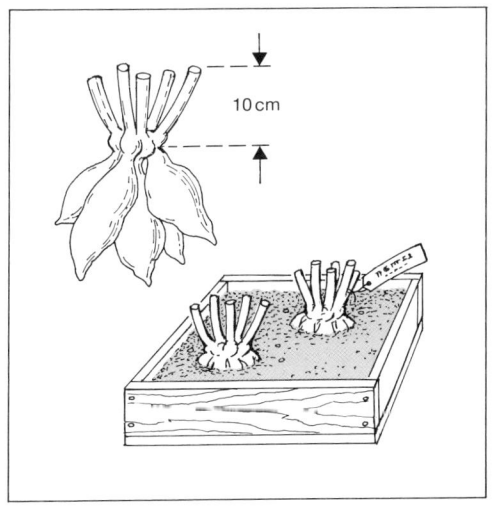

ist schnell erklärt. Die als Heckenpflanzen umfunktionierten Sträucher wie Hainbuchen, Liguster, Feldahorn oder Weißdorn sind als »normale« Pflanzen unten breit und oben schmal. Diesem natürlichen Wachstum kommen wir durch einen entsprechenden Schnitt entgegen, und das Kahlwerden der unteren Zweigpartien tritt nicht ein.

Schnitt der immergrünen Hecken

Bei immergrünen Hecken aus Laub- oder Nadelgehölzen gelten andere Gesetze als bei Hecken aus laubabwerfenden Sträuchern wie Liguster oder Hainbuchen. Geschnitten wird nur einmal im Jahr, am besten ab Anfang September. Vom Schnitt im Frühjahr ist abzuraten, weil man sich bei Nadelgehölzen um den Reiz des frischgrünen Austriebs bringt. Manche Gartenbesitzer schneiden zweimal im Jahr, so wie die Gärtner die Tierfiguren, Kugeln und Pyramiden in hochherrschaftlichen Gärten. Wie oft auch immer, der Schnitt beschränkt sich auf das Einkürzen der Jahrestriebe; einschneidendere Maßnahmen sind fehl am Platze.

Auch bei Nadelgehölzhecken ist, wie bei Hekken aus Laubgehölzen, zu empfehlen, trapezförmig, also unten breiter als oben, zu schneiden. Dann nämlich fallen einige braun und kahl gewordene Zweigpartien gar nicht auf. Wichtig ist auch für diese Hecken, daß durch ständige Feuchtigkeit dem winterlichen Vertrocknen vorgebeugt wird. Man sollte den Wasserverbrauch nicht unterschätzen.

Kopfsalat unbedingt vor dem Frost ernten.

Gemüsegarten

Bei Gemüsen heißt es, die Erntereife zu fördern und alles zu unterlassen, was sie verzögern könnte. Das gilt um so mehr für die im Oktober zu erntenden Wintergemüse. Das heißt also, nicht mehr gießen, außer bei einer langanhaltenden Trockenperiode. Der letzte Dünger wurde im September verabreicht, so daß Nährstoffe ebenfalls die Erntereife nicht mehr verzögern können. Bei der Ernte der Gemüse wird die Reihenfolge vom Wetter bestimmt. Wer sich vor Überraschungen sichern will, sollte die Gemüse nach der Skala ihrer Frostempfindlichkeit ernten, und die ist sehr unterschiedlich.

Ernte nach Kälteempfindlichkeit

Nach dem Maßstab der Empfindlichkeit gegenüber Kälte und Nässe sind die Fruchtgemüse Tomaten, Kürbis, Gurken und Melonen zuerst zu ernten. Die grünen Tomaten reifen im Schatten besser nach, als auf einem sonnigen Fensterbrett. Größere Mengen kann man auch in Kisten einzeln in trockenen Torfmull legen, wie es bei späten Winteräpfeln möglich und üblich ist. Der Torf wirkt zugleich vorbeugend gegen Fäulnis.

Auch Kopfsalat, Kohlrabi und Blumenkohl sollte man vor dem Frost ernten. Da aber nach ein oder zwei Nächten mit Frost oft noch eine Periode schönen, milden Wetters folgt, lohnt sich hierfür der Einsatz von Folien oder Folientunnel.

Gemüse, die leichten Frost vertragen

Nach diesen empfindlichen Gemüsen folgen solche, die einen leichten Frost vertragen, wie Weißkohl, Wirsing und Rotkohl. Man braucht also deren Ernte nicht zu überstürzen. Ebenso unempfindlich sind die Wurzelgemüse – einmal, weil ihr nutzbarer Teil in der Erde steckt, zum anderen, weil das Laub einen zusätzlichen Schutz bietet.

Die letzte Gruppe sind die frostharten Gemüse Rosenkohl und Grünkohl, die eigentlich nur

Erntereifer, prächtig gewachsener Blumenkohl. Geerntet wird unbedingt vor dem Frost. Blumenkohl gehört zu den empfindlicheren Gemüsearten.

feucht eingelagertes Gemüse wird schnell von Pilzen und Bakterien befallen und beginnt dann zu faulen. Gemüsearten, die zum Einwintern bestimmt sind, sollen auch nicht in der Sonne herumliegen und dürfen auf keinen Fall gewaschen werden. Selbstverständlich kann nur unbeschädigtes Gemüse für den Winterbedarf aufbewahrt werden. Wurzelgemüse ernten wir deshalb am besten mit der Grabegabel, weil dann kaum Beschädigungen auftreten.

Wintergemüse kann draußen bleiben

Soweit noch Endivien im Garten stehen, kann dieser mit Wurzelballen aus dem Boden genommen und im Frühbeet eingeschlagen werden. Zuckerhut-Salat hält bis etwa minus 10° C aus und kann deshalb noch auf dem Beet verbleiben.

Für Rosenkohl und Porree gilt dasselbe. Sie werden nur in rauhen Gebieten oder wenn Hasenfraß zu befürchten ist, mit Wurzelballen aus dem Boden genommen und an einer geschützen Stelle eingeschlagen. Grünkohl bleibt auf dem Beet. Wenn Gefahr von Hasen- oder Kaninchenfraß besteht, muß er allerdings mit einem engmaschigen Drahtgeflecht geschützt werden. Wintergemüse wird am besten im Frühbeet oder einer kleinen Miete eingelagert. Der häusliche Keller muß heute meist ausscheiden, da dieser in der Regel zu warm und zu trocken ist. Ideal wäre eine Lagertemperatur von plus 3–5° C und eine relative Luftfeuchtigkeit von 70–80%.

für den jeweiligen Bedarf des Haushaltes geerntet werden. Auch Porree kann man so behandeln, vor allem, wenn im Keller nicht genug Platz ist.

Ernte der Wurzelgemüse

Abgesehen von der letzten Gruppe ist das Gemüse in drei Folgen zu ernten. Setzt man für jede Gruppe eine Woche an, so empfiehlt es sich, spätestens in der zweiten Oktoberwoche mit der Gemüseernte zu beginnen. Ebenso wie bei Obst gehört zur Gemüseernte auch ein wenig Sorgfalt. So sollten Wurzelgemüse stets mit der Grabegabel geerntet werden, die dabei schräg unter die Reihen gestochen wird, um die Wurzeln hochzuheben. Anhaftende Erde wird vorsichtig abgeklopft – ohne die »Wurzeln« zu beschädigen. Für diese Arbeit suchen wir möglichst einen trockenen Tag aus, denn

Wohin mit den grünen Tomaten?

So mancher Tomatenstrauch sitzt voller grüner Früchte, die keine Chance mehr haben, rot zu werden. Was tun? Für den Komposthaufen sind sie zu schade. Also werden sie ins Haus gebracht und auf die Fensterbank gelegt. Am besten dort, wo sich ein Heizkörper befindet, weil Temperaturen so um +20° C den Reifevorgang ganz beträchtlich fördern. Pflücken Sie die Tomaten nicht einzeln ab, sondern lassen Sie die Früchte an den Zweigen, wenigstens aber an den Stielen.

Oktober

Der Reifeprozeß wird noch gefördert, wenn man reife Äpfel zwischen die grünen Tomaten legt und alles mit Papier abdeckt. Warum das so ist? Weil das von den Äpfeln ausgeschiedene Äthylen die Tomaten schneller reifen läßt. Am besten werden jene Früchte rot, die bereits eine leichte Gelbfärbung aufweisen.

Rosmarin und Petersilie

Rosmarin kann in milden Gegenden leicht geschützt im Freiland bleiben. Wo aber regelmäßig strenge Winter herrschen, bringen wir ihn in den Keller, ins Kleingewächshaus oder stellen ihn ganz einfach ans Küchenfenster. Wir dürfen nie vergessen, den Wurzelballen anzufeuchten, da er sonst eintrocknet und die Pflanze abstirbt. Rosmarin kann getrocknet werden und behält dabei sein intensives Aroma.

Petersilie wächst auch im Winter bei niedrigen Temperaturen von 6–8° C. Wenn wir das Beet mit einem Kasten umbauen und Fenster auflegen oder einen Folientunnel darüberspannen, wird sie noch an Tagen wachsen, an denen es außerhalb bereits kälter ist. Frische Petersilie ist stets aromatischer als eingefrorene oder gar getrocknete.

Obstgarten

Bei vielen Obstarten ist der Herbst die beste Pflanzzeit. Die Bäume entwickeln dann bereits bis zum nächsten Frühjahr kleine Faserwurzeln und haben einen guten Start. Lediglich bei Pfirsichen, Aprikosen, Quitten, Weinreben und Brombeeren hat sich eine Frühjahrspflanzung im allgemeinen bewährt. Wer aber unbedingt will, kann natürlich auch diese Obstsorten im Oktober in die Erde bringen. Beim Pflanzen sollte man auch daran denken, daß dabei gewissermaßen in einem Arbeitsgang nicht mehr befriedigende Obstbäume und Beerensträucher entfernt werden. An solchen Baumruinen und faulen Trägern sollte unser Herz nicht hängen.

Die Pflanzung

Und so werden Obstgehölze gepflanzt: Bevor die immer möglichst geräumige, nie zu kleine Pflanzgrube ausgehoben wird, mustern wir die Wurzeln und schneiden mit einem scharfen Messer oder einer guten Gartenschere alle geknickten Teile an der Bruchstelle ab und die starken Wurzeln etwas zurück; geschnitten wird dabei immer von oben nach unten. Aber jetzt kommt das Bäumchen oder der Strauch noch immer nicht in die Erde, denn vor dem Pflanzen muß erst ein Baumpfahl gesetzt werden; er gibt dem Gehölz für die ersten Jahre Halt und Schutz.

Wenn die Vorbereitungen so weit gediehen sind, beginnt die eigentliche Pflanzung. Wir achten darauf, daß die Obstgehölze nie zu tief in die Erde »versenkt« werden; die Veredlungstelle – an einer Verdickung am Stammgrund leicht zu erkennen – muß in jedem Fall über dem Erdreich bleiben! Wichtig ist auch, daß die Erde sich fest an die Wurzeln anschmiegt, damit diese möglichst bald ihre Tätigkeit beginnen können. Deshalb braucht man einen Helfer, der das Bäumchen nicht nur hält, sondern es auch während des Einfüllens der Erde tüchtig hin und her rüttelt, weil sonst leicht Hohlräume zwischen Wurzeln und Erde entstehen. Danach wird die Erde fest angetreten. Hierbei gehen Sie nicht zu zaghaft vor. Der Baum nimmt keinen Schaden. Im Gegenteil, er wächst schneller und besser an.

Da die lockere Erde – man mische der ausgehobenen Erde noch Kompost, Steinmehl oder Algenkalk bei – sich nach dem Pflanzen noch etwas senkt, setze man das Gehölz am besten auf einen kleinen Hügel, der dann bald von selbst verschwindet.

Sehr zu empfehlen ist eine Abdeckung der sogenannten Baumscheibe mit Gras oder Laub; diese Schutzschicht verhindert das Austrocknen der locker liegenden Erde. Danach wird natürlich des öfteren kräftig gegossen, denn frisch gepflanzte Bäume sind immer durstiger als ältere, die schon länger in unserem Garten Wohnrecht genießen und sich eingewöhnt haben.

Der erste Schnitt

Die Neuen machen auch gleich Bekanntschaft mit der Schere – aber nur die, die im Frühjahr gepflanzt werden; im Herbst gepflanzte Obstgehölze erhalten ihren ersten Schnitt im folgenden Frühjahr. Dieser erste Obstbaumschnitt braucht für den Gartenfreund kein Buch mit sieben Siegeln zu sein. Man merke sich: Die Triebe etwa um die Hälfte oder um ein Drittel zurücknehmen, so daß sie alle auf gleicher Höhe stehen. Nur der Mitteltrieb bleibt länger als die ihn umgebenden Seitentriebe. Die junge Krone sollte aus etwa 3–5 Seitentrieben bestehen, alles übrige fällt der Schere zum Opfer. So hat von allen Seiten das Licht ungehindert Zutritt. Und deshalb muß auch das oberste Auge an jedem Trieb nach außen zeigen.

Pfirsiche sind besonders stark zurückzuschneiden. Mit ihrem weichen Holz verdunsten sie nämlich nach der Pflanzung mehr Wasser, als sie mit ihren noch nicht voll funktionstüchtigen Wurzeln aufnehmen können, so daß nur ein kräftiger Rückschnitt die Verdunstungsgefahr beseitigt.

Obsternte und Lagerung

Die Obsternte geht weiter. Bitte immer daran denken, daß der Aufbewahrungsort für Äpfel und Birnen kühl, dunkel, sauber und keimfrei sein soll. Nicht alle Keller bieten diese Voraussetzung. Notfalls genügt ein frostfreier Raum. Bei 2–4° C und 85–90% relativer Luftfeuchtigkeit ist die Haltbarkeit am besten. Thermometer und Hygrometer (Feuchtigkeitsmesser) sind deshalb zur Kontrolle wichtig. Besonders praktisch ist die Lagerung der Winteräpfel in flachen Obsthorden oder -steigen, die übereinandergestellt wenig Platz einnehmen. Die Früchte sollen nur ein- bis höchstens dreischichtig gelagert werden. Äpfel auf dem Stiel, Birnen auf der Seite oder auf dem Kelch. Man kann die Äpfel auch in Seidenpapier einzeln einwickeln, mit Packpapier oder Haushaltsfolie bedecken oder in Torf lagern. Man sollte alles einmal ausprobieren.

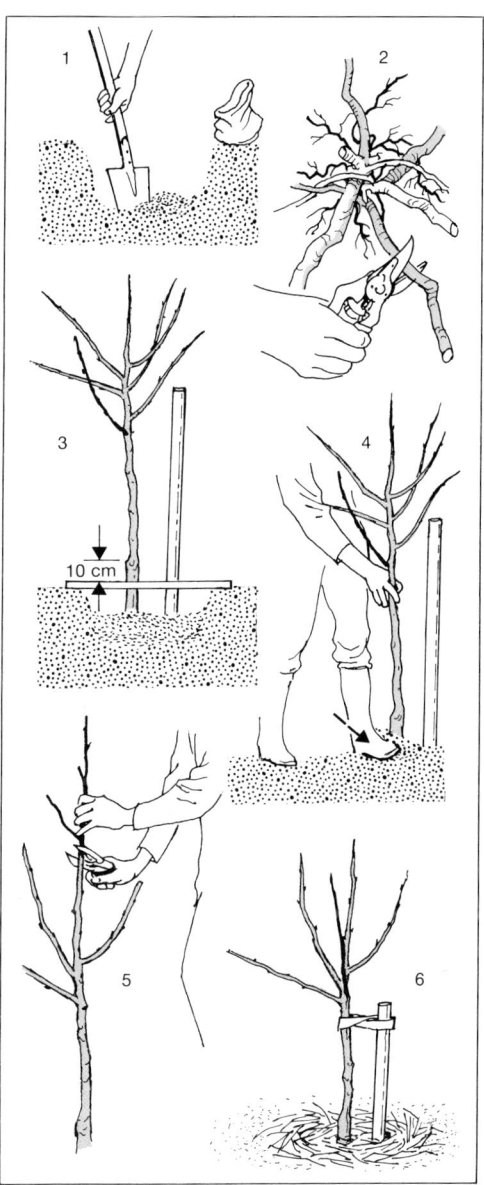

Obstbaumpflanzung:
1 Grube ausheben und eventuell Bodenverbesserungsmittel untermischen
2 Wurzelschnitt
3 Veredlungsstelle 10 cm über dem Boden
4 Festtreten
5 Pflanzschnitt
6 Festbinden und Mulchen.

Oktober

Leimringe und Fruchtmumien

Es empfiehlt sich, im Herbst Leimringe um die Stämme zu legen, ein bewährtes biotechnisches Fangmittel, das Frostspanner-Weibchen davon abhält, im Spätherbst und Winter ihre Eier in den Obstbäumen abzulegen. Leimringe helfen auch im Sommer Ameisen abzuhalten. Wichtig ist auch das Absammeln und Entfernen (in den Mülleimer) der sogenannten Fruchtmumien – das sind die verfaulten Überreste von Früchten, die im Frühjahr gefährliche Infektionsherde werden.

Termin-Kalender für die Obstbaumdüngung

Die Düngung zählt zu den wichtigsten Arbeiten im Obstgarten. Von ihr hängen Regelmäßigkeit und Höhe der Ernten ab. Ähnlich wie im Gemüsegarten ist auch hier die regelmäßige Versorgung des Bodens mit organischen Materialien, also mit Kompost, verrottetem Stallmist oder getrockneten Rinderdung, die Grundlage jeder Düngung. Daneben muß der Nährstoffbedarf in Form von mineralischen oder organischen Düngemitteln gedeckt werden. Es empfiehlt sich, einen Teil der Jahresration bereits im Oktober/November auszubringen. Dies gilt vor allem für Halb- oder Hochstämme mit tiefreichendem Wurzelwerk, ganz besonders, wenn sie im Rasen stehen.
Solange der Boden nicht gefroren ist, sind nämlich die Wurzeln durchaus in der Lage, Nährstoffe aufzunehmen. Als Faustzahl gilt, bereits im Spätherbst ein Drittel der Gesamtdüngermenge auszustreuen, das ist in etwa 1 Handvoll Volldünger je m^2.
Der Dünger muß dabei mindestens 1 m über die Kronentraufe hinaus gestreut werden, weil die Wurzeln der Obstbäume sehr weit reichen. Haben wir eine Spindelbuschreihe, so wird die ganze Fläche gedüngt. Im März des nächsten Jahres und, bei starkem Behang, eventuell nochmals im Mai/Juni geben wir wieder 1 Handvoll Volldünger, insgesamt also je Jahr und m^2 2–3 Handvoll.

Es handelt sich bei diesen Empfehlungen selbstverständlich nur um Faustzahlen. Anstelle der für Spätherbst und Frühjahr vorgesehenen Düngermenge kann diese insgesamt im März flüssig gegeben werden.
Damit die Nährstofflösung rasch in den Wurzelbereich gelangt, stechen wir je m^2 2–3mal mit dem Spaten oder einer Schaufel in den Boden und heben kleine Löcher aus, bzw. öffnen kleine Spalten, in die später die Düngerlösung gegossen wird. Auf einer Rasenfläche braucht nur die Grabegabel eingestochen und etwas hin und her bewegt zu werden. Dann rühren wir die Düngerlösung an. Das geht so vor sich: In eine Gießkanne oder in einem Eimer auf 10 l Wasser 500 g Volldünger auflösen und von dieser Lösung je m^2 im Wurzelbereich etwa 2–3 l ausbringen. Bei sehr flach wurzelnden Spindelbüschen erübrigt sich diese Arbeit, hier bringen wir die Düngerlösung gleichmäßig auf den Boden aus. Düngen wir auf diese einfache Weise, so werden unsere Obstbäume sowohl Früchte tragen als auch Blütenknospen für das kommende Jahr ausbilden und im gleichen »Atemzug« reichlich neue Triebe entwickeln.

Balkon- und Kübelpflanzen

Viele Langzeitblüher aus sommerlichen Tagen wie Lobelien, Begonien und Tagetes überraschen im Herbst mit einem Blütenflor, dem erst der Frost ein Ende setzt. Für den Platz, der schon vorher frei geworden ist, stehen Topferiken (*Erica gracilis*) bereit, die regelmäßig Wasser haben wollen und niedrigblühende Chrysanthemen, die beide in voller Blüte eingesetzt werden können. So schön sie sind, so unkompliziert geben sich diese vielblütigen Farbbringer des Herbstes, deren Wirkung noch durch das Weiß des Silberblattes (*Senecio bicolor*) erhöht wird.
Dazu gesellt sich die Besenheide (*Calluna*), ein niedrigbleibendes Sträuchlein, das in vielen Sorten, so mit roten, rosalila oder violetten

Blütenbüscheln erhältlich ist. Die Blüte dieses Heidekrautes wird durch die Winterheide *(Erica carnea)* fortgesetzt, die je nach Sorte im November zu blühen beginnt und deren Flor den härtesten Winter überdauert. Ein richtiger kleiner Garten im Quadrat entsteht, wenn den Heidekräutern buntgefärbte Zwergnadelgehölze mit blaugrünen oder goldgelben Nadelkleidern zugesellt werden. Diese Zwerge aus der Familie der Nadelgehölze wachsen langsam, sind anspruchslos an Erde und Nahrung und deshalb für einen Aufenthalt auf dem Balkon und in Fensterkästen gut geeignet.

Das gilt auch für den immergrünen Efeu, dessen kleinblättrige Formen sich besonders gut für Pflanzgefäße eignen und deren Ranken wirkungsvoll über Kästen und Tröge hängen. Wer einen gartenähnlichen Balkonkasten haben möchte, der pflanze zum Efeu noch Torfmyrten *(Pernettya),* das sind frostvertragende Kleingehölze mit vielen kugelrunden weißen oder roten Früchten.

Überwinterung

Wer von überwinterten Balkonpflanzen im nächsten Jahr wieder zufriedenstellendes Wachsen und Blühen erwartet, erreicht das nur durch einen allen Ansprüchen genügenden Überwinterungsraum und einen richtig durchgeführten Rückschnitt.

Der Kellerraum sollte so hell wie möglich sein, und das Thermometer darf niemals über + 8° C klettern; noch besser sind Temperaturen zwischen + 5 und + 6° C, unter den Nullpunkt sollten sie jedoch nicht absinken. In diesen Kellern ist die Luftfeuchtigkeit auch erfreulicherweise ziemlich hoch, so daß wir die Pflanzen nur selten anfeuchten – nie richtig gießen – müssen. Geranien sollen regelmäßig »geputzt«, das heißt, die welken Blätter entfernt werden.

Steht ein solches Ideal-Quartier nicht zur Verfügung, weil Heizrohre die Kellerräume durchziehen oder der Heizkessel sich in unmittelbarer Nachbarschaft befindet, helfen wir durch Offenhalten des Kellerfensters, durch

14tägiges Gießen und durch Überbrausen des Bodens nach.

In diesen warmen Kellerräumen ist natürlich besonders auf einen hellen Standort zu achten. Der Schnitt der Geranien, Fuchsien, Engelstrompeten, Margeritenbäumchen erfolgt am besten vor dem Einräumen, um eine Weiterentwicklung der Pflanzen im Winterquartier gleich von Anfang an zu unterbinden.

Pflanzen, die erst im Frühjahr geschnitten werden, müssen sich dagegen sehr beeilen, um den Vorsprung der im Winter behandelten aufzuholen. Haben sich selbst in einem kühlen und hellen Keller krautige Triebspitzen von mehr als acht Zentimeter Länge gebildet, so empfiehlt es sich, diese zu stutzen, um einen recht buschigen Wuchs zu erzielen.

Die Geranien und Fuchsien überwintern am besten im Balkonkasten. Etwa Ende Februar bis Anfang März werden sie ohne Beschädigung des Wurzelballens herausgenommen und in den mit neuer Erde versehenen Balkonkasten wieder eingesetzt. Wir stellen die Kästen dann an einen möglichst hellen Platz und etwas wärmer (bis + 15° C) auf und steigern die Wassergaben je nach der nun stetig zunehmenden Entwicklung von Trieben, Blättern und Knospen und nach der im Aufenthaltsraum herrschenden Temperatur.

Es geht aber auch anders: Manche Blumenfreunde stellen ihre Margeritenbäumchen, Feigen, Bleiwurz, Drazänen, Palmen und andere Kübelpflanzen in einen hellen Flur oder Treppenaufgang dicht ans Fenster und gießen je nach Temperatur (kühl = wenig, warm = mehr Wasser). Gar nichts passieren kann, wenn man diese Kübelpflanzen, vor allem die Margeriten, an einem hellen, vom nächsten Heizkörper möglichst weit entfernten Platz im Wohn- oder Schlafzimmer wachsen und blühen läßt. Bei ständigem Entfernen von allem Abgeblühten blühen dann zum Beispiel die Margeritenbäumchen den ganzen Winter hindurch. Natürlich werden solche Margeriten vorher nicht zurückgeschnitten. Eine absolute Ruhezeit dagegen brauchen die Engelstrompeten *(Datura),* die sich mit ihrem ständigen Blühen erschöpfen würden.

November

November

Ziergarten

Gepflanzt werden können immer noch Blumenzwiebeln, Blatt- und Blütenstauden, Laub- und Nadelgehölze, Hecken und Rosen. Diese Arbeit kann fortgesetzt werden, solange der Boden offen ist, oft bis weit in den Dezember hinein. Leichte Bodenfröste schaden dabei nicht.

Hecken pflanzen

Wer eine Hecke pflanzen will, sollte vorher bedenken: Für kleine Gärten niedrigbleibende Gehölze pflanzen oder solche, die man scharf zurückschneiden kann. Für Hecken bis zu 1 m Höhe sind das: Zwergberberitzen, Mahonien, Buchsbaum, Zierquitten und Kornelkirschen.

Auf 1–2 m Höhe können gehalten werden: Feldahorn, Hainbuchen, Liguster, Hartriegel, Rotbuche, Weißdorn, Eiben *(Taxus)* und Lebensbäume *(Thuja)*.

Die Auswahl ist groß, ganz gleich, ob es sich um blattabwerfende oder um immergrüne Gehölze handelt. Die Auswahl der Heckenpflanzen je m richtet sich nach Wachstumsart und Größe. Um die Sache nicht zu komplizieren, empfehlen die Baumschulen, etwa 6–7 Pflanzen je 2 m zu setzen. Nähere Angaben siehe März-Ziergarten.

Gepflanzt wird in einem Graben, der mindestens 50 cm breit und 30–50 cm tief sein soll. Die ausgeworfene Erde wird zur Hälfte mit Komposterde oder Humusdünger verbessert, festgetreten und angegossen. Wichtig ist der Rückschnitt, der nicht zu zaghaft vorgenommen werden sollte: Laubgehölze sollte man bis auf die Hälfte oder gar ein Drittel zurücknehmen. Das gibt dann breitere Büsche.

Winterschutz für Stauden

Einige Stauden brauchen auf jeden Fall Winterschutz. So bindet man die Blätter der Fak-

kellilie *(Kniphofia)* oben schopfartig zusammen und legt einige Fichtenzweige rund um die Wurzel. Das Pampasgras will ebenso warm und trocken eingepackt werden, sonst fault es. Auch auf die Steppenlilien *(Eremurus)* geben wir eine Decke aus Fichtenzweigen.

Oft wird darüber geklagt, daß die Gartenchrysanthemen im Frühjahr nicht mehr austreiben. Ein Tip: Die Pflanzen jetzt ausgraben und an einem vor Nässe geschützten Platz nahe der Hauswand eingraben (bis knapp über die Wurzeln), wo sie den Winter über trocken stehen. Im Frühjahr kommen diese hübschen Stauden dann wieder an die altgewohnte Stelle. Mit dieser einfachen Methode hat man sicherlich Erfolg, denn es ist meist nicht die Kälte, sondern die winterliche Nässe, die den Gartenchrysanthemen schadet.

Vor dem Winter von den Staudengräser die Halme abschneiden. Beim Pampasgras werden sie fest zusammengebunden.

Oben: Für Hecken brauchen nicht Hainbuche
oder Liguster gepflanzt zu werden. Hübsch
sieht zum Beispiel in der Blütezeit auch eine
streng geschnittene Forsythien-Hecke aus.

Rechts: Winterschutz für Rosen: Beet- und Edelrosen
10–15 cm mit Erde oder Rindenmulch zudecken.
Zweige darüberlegen, damit der Rindenmulch nicht
wegfliegt (oben). Junge oder dünntriebige
Hochstammrosen herunterbiegen, mit mehreren
Haken am Boden befestigen und die Krone mit Erde
oder Torf anhäufeln.

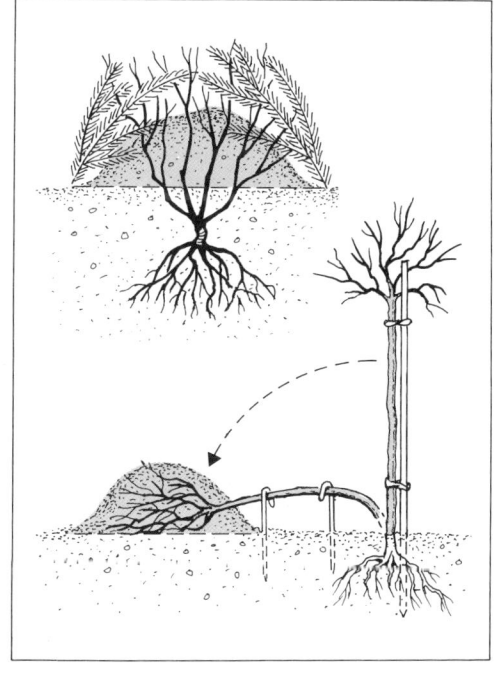

Winterschutz für Rosen

Im Gegensatz zu den meisten anderen Gehölzen brauchen Rosen Winterschutz. Ausge-
nommen von diesen Sicherheitsmaßnahmen
sind nur die Wildrosen und die einmalblühenden Strauchrosen. Nur im ersten Winter nach
der Pflanzung empfiehlt es sich, auch diese
robusten Arten und Sorten vor Frost zu schützen.

November

Strauch- und Kletterrosen

Öfterblühende Strauchrosen kommen zwar ohne Winterschutz aus, können aber bei einem starken Wechsel zwischen sehr niedrigen und höheren Temperaturen Schaden erleiden. Vorbeugend wird bei den Strauchrosen die Veredlungsstelle beim Pflanzen tiefer (etwa 5–10 cm) gesetzt und genauso wie bei Edel- und Buschrosen angehäufelt. Das gilt auch für Kletterrosen, die in klimatisch ungünstigen Gebieten, aber auch bei anhaltendem Wintersonnenschein gefährdet sind. Also ebenfalls tiefer pflanzen und anhäufeln. Die an Gerüsten, Rosenbögen, Pergolen oder Spalieren angebundenen Triebe kann man durch dachziegelartig zwischen die Triebe gestecktes Fichtenreisig vor Frostschäden bewahren.

Einfacher ist es, eine Schilfmatte vor den Kletterrosen oder darumherum aufzustellen. Bei älteren Exemplaren sind diese Maßnahmen nur mühsam oder gar nicht durchzuführen. Da muß dann ein Winterschutz unterbleiben. Es ist auch nicht schlimm, wenn einzelne Ranken (oder alle) bis zum Boden gefrieren. Die Kletterrose treibt von unten wieder aus.

Edelrosen, Beet- und Zwergrosen

Der wirksamste Winterschutz ist das Anhäufeln. Dabei wird ab Mitte November, bei warmem Wetter auch später, der Fuß der Rosen mit einem etwa 20–30 cm hohen Erdhügel umgeben. Gut eignen sich dafür Gartenerde, Rindenmulch, Kompost oder abgelagerter Stallmist. Auf keinen Fall Torf verwenden, denn damit wird genau das Gegenteil erzielt. Torf speichert Wasser, das bei Frost gefriert und im extremen Fall die ganze Rose vernichtet.

Mit Kompost gibt es dagegen keine Probleme, im Gegenteil. Überall dort, wo Rosen dicht bei dicht auf Beeten stehen, ist ein Anhäufeln oft nicht möglich. Hier schütte man zu je 3–4 Rosen einen Eimer möglichst grobe Komposterde, die im Frühjahr als willkommene Humusgabe zwischen die Pflanzen verteilt wird. Die Rosen sind auf diese Weise bestens gegen winterliche Kälte geschützt, aber auch gegen

Die an Rosenbögen angebundenen Zweige kann man durch zwischen die Triebe gestecktes Fichtenreisig schützen.

die genauso schädlichen Trockenheitsperioden in der kühlen Jahreszeit.

Es hat sich bewährt, vor dem Anhäufeln alles abgefallene Laub zusammenzurechen und in die Biotonne zu werfen. Das gilt besonders für Rosenbeete, wo der Sternrußtau sein Unwesen getrieben hat. Die Sporen dieses Schadpilzes überwintern nämlich in den herabgefallenen Blättern. Die Überwinterungsformen der Mehltaupilze befinden sich dagegen in den Triebspitzen, weshalb ein spätherbstlicher Rückschnitt der Edel-, Beet- und Zwergrosen um ein Drittel ihrer Länge unbedingt vorgenommen werden sollte.

Stammrosen

Am sichersten ist immer noch die alte Methode, Stammrosen vom Stab zu lösen, dann bis zur Erde umzubiegen und mit über Kreuz gesteckten Stäben am Boden festzuhalten. Die Krone wird dann mit Erde bedeckt. Dabei muß die Kronenbasis und die Veredlungsstelle etwa 10 cm hoch mit Erde zugedeckt sein. Es empfiehlt sich auch hier, die Triebe vorher um ein Drittel zu kürzen und noch vorhandene Blätter zu entfernen. Alte Stammrosen, die beim Niederlegen brechen könnten, schütze man durch Umhüllen der Krone und der Veredlungsstelle mit Fichtenreisig, Stroh (auch Schilf oder Bambus) oder Sackleinen. Nie Kunststoff-Folie oder Ölpapier nehmen, damit sind spätere Frostschäden schon vorprogrammiert.

Was sonst noch zu tun ist

Immergrüne Gehölze, vor allem Rhododendron und Koniferen, noch einmal durchdringend wässern. Boden mit Laub, grobem Kompost und Pflanzenabfällen dick bedecken. Das Verjüngen von Hecken und das Auslichten zu dichter Ziersträucher, vor allem der Frühlings- und Frühsommerblüher, kann in diesen Wochen schon beginnen. Je früher das geschieht, desto kräftiger wird der Austrieb im kommenden Frühjahr sein.

Warum man Gehölze schneidet

Alle Gehölze brauchen einen regelmäßigen Schnitt, damit sie hübsch in Form bleiben, nicht in den Himmel wachsen und nicht die Pflanzennachbarn im Garten bedrängen. Mit regelmäßigen Scherenschnitten wird das Wohlbefinden der Pflanzen gefördert und sogar Pflanzenkrankheiten und Schädlingsbefall vorgebeugt, denn in Büschen oder Bäumen mit lockeren, luftigen Kronen, wo Sonne, Luft und Licht stets Zutritt haben, besteht für Plagegeister keine Chance.

Nun entscheidet nicht etwa die Höhe des Holzhaufens über die Qualität der Schnittmaßnahmen. Man sollte wissen: Starker Schnitt belebt das Wachstum, leichter dagegen sorgt für bessere Blüten- und Fruchtbildung. Experten empfehlen, die Schnitte schräg zu führen, damit Regenwasser von den Schnittstellen ablaufen kann. Und damit keine Parasiten in die Wunde eindringen können, sollten die Schnittstellen von mehr als 1 cm Durchmesser mit Baumwachs versiegelt werden.

Wie ein Baum verpflanzt wird

Man sollte sich vorher überlegen, ob sich ein Verpflanzen überhaupt lohnt und ob nicht ein junger, neuer Baum oder Strauch besser wäre. Denn es macht Spaß, Kindheit und Jugend einer Magnolie oder eines Fächerblattahorns mitzuerleben.

Wer sich trotzdem für ein Verpflanzen größerer Gehölze entscheidet, sollte in der Zeit der Wachstumsruhe mit dem Spaten einen nicht zu kleinen Wurzelballen schaffen, diesen mit Maschendraht ode Juteleinen umhüllen, vorsichtig ausheben und an den neuen Platz bringen.

Hier wird das Gehölz genauso tief eingepflanzt wie es am alten Platz gestanden hat. Anschließend wird der Strauch oder die Krone des Baumes um 20 30% verkleinert und tüchtig angegossen, wie überhaupt eine reichliche Wasserversorgung beim Anwachsen eine entscheidende Rolle spielt.

November

Gemüsegarten

Auf den Gemüsebeeten bleiben nur noch Feldsalat, Spinat, Rosenkohl und Grünkohl aber auch, so man hat, Schwarzwurzeln und Winterporree auf den Beeten. Damit wir sie auch nach Frosttagen leicht aus der Erde nehmen können, bedecken wir diese Gemüse mit einer dicken Schicht aus Laub und Torf, unter der die Erde frostfrei bleibt. Das Wurzelgemüse soll recht lange im Freien bleiben, damit es ausreift und sich dann im Winterlager um so länger hält. Bevor jedoch starke Fröste einsetzen, muß die Ernte beendet sein. Das gilt vor allem für Möhren, Kohl und Rote Rüben, Rettiche und Sellerie. Das zur Einlagerung bestimmte Gemüse ist bei trockenem Wetter zu ernten und so wenig wie möglich zu beschädigen. Nur einwandfreie Wurzeln und Knollen sind haltbar.

Das Kraut der Roten Rüben darf nicht zu nah an der Rübe weggeschnitten werden, sonst »verblutet« sie.

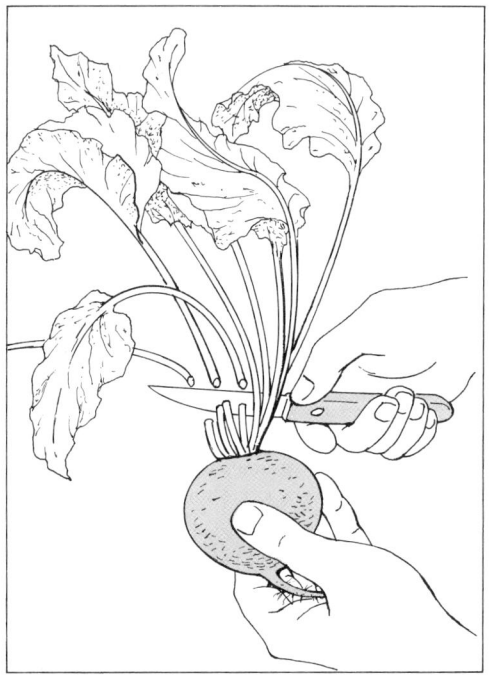

Reifen Tomaten infolge der kühlen Nächte nicht mehr voll aus, so kann man gut entwickelte, halbreife Früchte grün pflücken, diese in durchlässige Plastiktüten oder Papiertüten sowie Holzwolle einpacken und bei einer Temperatur von 18–20° C nachreifen lassen. Licht ist dazu nicht erforderlich, es wirkt sich sogar nachteilig aus.

Meerrettich ausgraben

Sofern Schwarzwurzeln und Pastinaken angepflanzt wurden, können auch diese Wurzelgemüse bis zum Verbrauch draußen bleiben. Sie sind winterhart genug. Nicht ratsam ist aber ein solcher Freilandaufenthalt für Meerrettich, denn im Frühjahr treibt jedes kleine Wurzelstückchen aus. Allzuleicht ist dann der Gemüsegarten bald »verunkrautet«. Deshalb sollte man Meerrettich restlos ausbuddeln, die starken Stangen einschlagen, einige der dünnen Wurzeln für den Nachbau aufbewahren und alles übrige wegwerfen. Meerrettich ist schwer wieder auszurotten, wo er einmal Fuß gefaßt hat.

Lagergemüse nicht zu früh ernten

Die Ernte für die Lagerung von Roten Rüben erfolgt frühestens Ende Oktober und kann bis in den November hinein anhalten, wobei die Blätter von der Rübe abgedreht oder abgeschnitten werden. Für alle Lagergemüse gilt: Nicht zu früh ernten. Damit sie sich den Winter über gut halten, lassen wir alle Spätgemüsearten möglichst lange im Boden. Diese Gemüse nehmen, wie Rote Rüben, im Oktober noch ganz beachtlich an Größe und Gewicht zu.
Wir sollten deshalb erst gegen Ende Oktober oder Anfang bis Mitte November ernten, am besten an einem trockenen Tag. Auch wenn es im November bereits einmal Nachtfrost gibt, so ist dies meist nur von kurzer Dauer. Wir brauchen nicht besorgt zu sein, denn alle Lagergemüse halten solche ersten Fröste ohne Schaden aus.

Spätmöhren und Grabegabel

Auch die Spätmöhren werden zu diesem Zeitpunkt geerntet. Dabei stechen wir mit der Grabgabel in den Boden und ziehen die Möhren büschelweise heraus. Anschließend werden die Blätter abgedreht. Überhaupt ist die Grabegabel das wichtigste Erntegerät für alle Wurzelgemüse, ganz gleich, ob es sich um Möhren, Rote Rüben, Sellerie oder Schwarzwurzeln handelt.

Bei Sellerieknollen werden nach der Ernte, die ebenfalls spät erfolgen soll, der größte Teil der Wurzeln sowie die Blätter bis auf einige frischgrüne Herzblätter entfernt. Wollen wir ein paar Knollen zu baldigem Verbrauch nicht in einer Miete überwintern, sondern im Keller aufbewahren, so schlagen wir sie am besten in feuchtem Sägemehl oder Sand ein. So halten sie sich auch in einem etwas warmen, trockenen Kellerraum recht gut. Dazu können wir immer wieder eines der an den Knollen verbliebenen Herzblätter zum Würzen abnehmen.

Endivien und Porree

Wenn Endivien in Abständen von nur etwa 30 × 30 cm ausgepflanzt wurden, stehen die Blätter zur Erntezeit so dicht zusammen, daß die inneren gut gebleicht werden. Außerdem gibt es selbstbleichende Sorten wie 'Jeti', 'Diva', 'Golda', 'Malan' und andere. Wer trotzdem die Pflanzen noch zusätzlich zusammenbinden möchte, um den leicht bitteren Geschmack weiter abzumildern, soll dies nur bei trockener Witterung tun und immer nur so viele Pflanzen gleichzeitig binden, wie in einer Woche benötigt werden.

Porree kann auch den Winter über auf dem Beet verbleiben. In rauhen Gebieten ist es aber besser, die Stangen herauszunehmen und an einer geschützten Stelle in Hausnähe bis zum Verbrauch dicht an dicht einzuschlagen. Bei Frost gibt es gelegentlich noch Probleme mit dem Porree.

Rosenkohl und Grünkohl

Auch bei Rosenkohl ist diese Methode empfehlenswert. Auf diese Weise ist er besser gegen Kälte geschützt, man hat ihn auch den

Kohl eignet sich als Lagergemüse in Mieten. Vorher werden die Umblätter entfernt.

Winter über gleich griffbereit und kann die Röschen in der Wohnung abpflücken. Wenn man die mit Röschen besetzten Strünke ziemlich schräg einschlägt, werden sie bald vom Schnee bedeckt und bekommen dadurch zusätzlichen Schutz. Grünkohl können wir dagegen unbesorgt auf dem Beet belassen, im Gegenteil, er schmeckt erst so richtig, wenn er Frost abbekommen hat. Die Blätter werden hier ganz nach Bedarf von unten nach oben abgepflückt.

Wintersalat, Frühlingszwiebeln und Artischocken werden mit Fichtenzweigen abgedeckt, aber nur sehr locker, da sonst die Pflan-

zen ersticken würden. Feldsalat- und Spinat-
beete werden ein letztes Mal von Unkräutern
gesäubert.

Bodenvorbereitung
für eine Spargelanlage

Etwa 50 m² sind für eine vierköpfige Familie
gerade richtig. Von einer Pflanze darf jährlich
etwa ein Pfund Spargel erwartet werden. Auf
gut gepflegten Anlagen sogar das Doppelte
und mehr. Also, Spargel lohnt den Anbau. Zu
klären wären allerdings noch die Bodenverhältnisse. Spargel liebt keine nassen »Füße«,
der Grundwasserstand soll nicht zu hoch, am
besten unter einem Meter liegen. Leichter
Sandboden wird genauso willig von den Wurzeln durchzogen wie lehmiger Sand oder sandi-
ger Lehm, doch darf hier mindestens 6 bis 8
Jahre kein Spargel gestanden haben. Allzu
schwere Tonböden sind ungeeignet, es sei
denn, man lockert sie auch, indem man je m²,
bis 50 cm Tiefe, einen Eimer Sand einarbeitet.
Da Spargel tief in den Boden kommt, muß die

Fläche entsprechend bearbeitet werden, und
zwar die gesamte Fläche, nicht etwa nur die
Reihen. Gegraben wird im Herbst, gepflanzt
im Frühjahr.
Bei den angegebenen Flächen ist ein Reihenabstand von 1,25 m vorgesehen. Rückt man
die Reihen näher zusammen, zum Beispiel auf
1 m, so erntet man jährlich etwas weniger und
vermindert außerdem die Ertragsdauer von
etwa 20 auf 15 Jahre.
Das Spargelbeet sollte in voller Sonne liegen.
Durch 60 cm tiefes Graben, das sind mindestens 2 Spatenstiche, wird die Anlage vorbereitet. Zweckmäßig teilt man das Beet in zwei
gleiche Streifen und gräbt auf dem einen hin,
auf dem anderen zurück. Anschließend kann
auf die rauhe Scholle noch Kalk gestreut werden, den der Spargel liebt.

Rechts: Nach wenigen Jahren besteht das flacher
werdende Hügelbeet (S. 175) aus bestem Kompost.

Unten: Für den Kompost sollte genügend Platz
vorhanden sein. Ideal ist eine schattige Gartenecke.

Nach wenigen Jahren besteht das flacher werdende Hügelbeet aus bestem Kompost.

Der Komposthaufen

Wer noch keinen Komposthaufen hat, sollte sich schleunigst einen anschaffen. Sachgerecht angelegt braucht er nicht zu riechen oder häßlich auszusehen. Geld muß er auch nicht kosten, es sei denn, man wünscht sich einen Kompostsilo aus Asbestzement, Holz oder Drahtgeflecht. Eine selbstgebastelte Umrandung aus Holz in einer (stets!) schattigen Ecke im Garten reicht völlig aus. Ist mehr Platz vorhanden, so wird überhaupt nichts gebaut oder aufgestellt, sondern nur ein Verrottungshaufen von 70–80 cm Höhe angelegt und das Material hintereinander an einer Längsseite aufgeschichtet. Damit es ganz schnell geht, wird Kompostbeschleuniger ausgestreut und gut verteilt. Dadurch wird der Rottevorgang um Wochen verkürzt.

Wir bekommen Kompost aber auch ohne diesen oder andere Dünger, wenn man sich ent-

schließt, den wirkstoffreichen Frischkompost anstelle des Reifekompostes herzustellen. Frischkompost, das ist »roher« Kompost, durch dessen Reichtum an Mikroorganismen die Nährstoffe besser erschlossen und den Pflanzen leichter zugänglich gemacht werden. Dieser Kompost wird überall erzielt in Spezial-Silos oder nur auf einfachen Kompostplätzen.

Voraussetzung ist dabei, daß die wichtigste Kompost-Regel auch hier beachtet wird: Auf jede 20–30 cm hohe Lage aus Garten- oder Küchenabfällen ein paar Schaufeln Erde oder halbverrotteten Kompost schütten (wenn nicht anders möglich, tun es auch Zweige), damit die für eine schnelle Verrottung nötige Luftzufuhr gewährleistet ist. Die Zersetzung wird mit Hilfe eines sogenannten Kompostbeschleunigers oder Kompoststarters nicht unwesentlich beschleunigt. Diese »Pflanzenhilfsmittel« wie beispielsweise der Radivit Universal-Komposter enthalten wichtige Kompost-bakterien und Pilzkulturen. Zugesetzte Nähr-stoffe dienen den Mikroorganismen als ver-daulichen Nährboden und ermöglichen so eine rasche Rotte, auch von nährstoffarmen Mate-rialien wie Herbstlaub und gehäckseltem Baumschnitt.

Der Komposthaufen, früher als Sparbüchse des Kleingärtners bespöttelt, erfüllt heute wichtige ökologische Aufgaben: Er hilft Müll vermeiden auf eine natürliche Art und Weise. Grund genug, diese Brutstätte der Boden-fruchtbarkeit besonders pfleglich zu behan-deln. So ist der Kompost kein Abfallhaufen.

Und nicht alles ist geeignet, hier zu fruchtbarer Erde zu werden. Erlaubt sind alle organischen Abfälle aus dem Garten wie Pflanzen, Strün-ke, Laub und kleingeschnittene Zweige von Hecken, Sträuchern und Bäumen.

Rasenschnitt kommt angewelkt oder als 1 cm hohe Schicht dazu. Aus der Küche wandern Gemüse-, Obst- und Kartoffelreste auf den Kompost wie auch verblühte Sträuße, die Schalen von Südfrüchten, Kaffeesatz und Tee-beutel, Holzasche, abgestorbene Topfpflan-zen und zerkleinerte Eierschalen. Mit einge-mischt wird der Mist von Kleintieren wie Ka-ninchen und Hühnern wie auch der Einstreu von Hamstern und Katzen.

Nichts zu suchen auf dem Komposthaufen ha-ben samentragende Unkräuter, verdorbene Speisen oder Speisereste, Staubsaugerbeutel, Brikett- oder Kohlenasche, Papier, Pappe und natürlich auch nicht Glas, Kunststoff und Tex-tilien.

Auch sind kranke Pflanzen und Pflanzenteile vom Kompost fernzuhalten. Vor allem moni-liakranke Sauerkirschenzweige, von Mehltau befallene Johannisbeertriebe und die kranken Blätter der Rosen haben auf dem Kompost nichts zu suchen.

1 Die unterste Schicht besteht aus grobem Material, wie kleingeschnittene Zweige.
2 Auf die Laubschicht wird 50 g/m² Spezial-Kalkstick-stoff gestreut.
3 Zum Schluß kommt Kompost- oder Gartenerde auf das Hügelbeet.

Anlage eines Hügelbeetes

Zeit wird es auch für die Anlage eines Hügelbeetes, da jetzt viel organisches Material, wie Abgeblühtes, Gemüsereste oder Zweige anfallen, die als »Grundlage« für solche Hügelbeete dienen.

Das Hügelbeet läßt sich mit einem Komposthaufen vergleichen. Durch die Verrottung des aufgeschichteten organischen Materials bildet sich vor allem in den ersten beiden Jahren Wärme, die das Pflanzenwachstum günstig beeinflußt. Vom Vorteil ist auch, daß die verschiedenen Schichten (Höhe etwa 1 m) Staunässebildung und den dadurch entstehenden Sauerstoffmangel im Wurzelbereich verhindern, was zum Beispiel bei Gurken zu Welkekrankheiten führen kann.

Die Anlage eines Hügelbeetes kostet einige Mühe. Immerhin bleibt es bis zu 6 Jahren an Ort und Stelle, ohne daß größere Arbeiten verrichtet werden müssen. Vor allem entfällt im Herbst das Umgraben. Ein Auflockern des Beetes im Spätherbst genügt vollkommen. Auf keine andere Art und Weise läßt sich im Garten so einfach und sinnvoll organisches Material, Kleingeschnittenes von Bäumen, Sträuchern, dazu Laub, Rasenschnitt, halbverrotteter Kompost und anderes unterbringen.

Aus dem Hügelbeet ist nach 5–6 Jahren eine etwa 30–40 cm starke Komposterdeschicht entstanden, die in ihrer Qualität höchsten Ansprüchen gerecht wird. Die einzelnen Schichten, auch Äste und Zweige, sind vollkommen verrottet. Mit der Anlage eines Hügelbeetes wird der Gemüsegarten auf gleicher Fläche bis zu einem Drittel vergrößert.

Neben diesen Vorzügen gibt es auch Probleme. Die größte Gefahr liegt im Trockenwerden bei unsachgemäßer Pflege. Das Regen- oder Gießwasser läuft je nach Bodenart und Zustand oft sehr schnell ab, ohne daß es bis zur Mitte vordringt.

Wenn sich im 2. oder 3. Jahr der Hügel gesetzt hat, gibt es diese Schwierigkeiten nicht mehr. Deshalb nach Möglichkeit in den ersten Jahren, vor allem im Sommer, keine Aussaaten, sondern nur Pflanzungen vornehmen. Lassen sich Aussaaten nicht vermeiden, so sollten die Samenkörner immer 3 cm tief gesät werden, wo sie weniger dem häufigen Wechsel zwischen Trockenheit und Feuchtigkeit ausgesetzt sind. Kluge Gartenfreunde verlegen oben, in der Mitte des Beetes, einen Riesel- oder Tropfschlauch, der für eine regelmäßige Feuchtigkeit sorgt. Außerdem wird das Verschlämmen der Erde vermieden.

Werden mehrere Hügelbeete angelegt, so empfiehlt es sich, zwischen den einzelnen Beeten einen Abstand von 70 cm zu lassen, um bequem arbeiten zu können. Auch ist es ratsam, zwischen den einzelnen Beeten Platten zu verlegen.

Der Gemüseanbau erfolgt am besten in Mischkultur in einzelnen Reihen. Der übliche Saat- bzw. Pflanzabstand ist, infolge des guten Wachstums, auf jeden Fall einzuhalten. Auch beim Hügelbeet kommt man nicht ohne zusätzliche Nährstoffgaben aus. Ob diese in organischer Form oder in mineralischer Form verabreicht werden, spielt keine bedeutende Rolle.

Hier in Kurzform, was bei der Anlage eines Hügelbeetes zu beachten ist:

- Anlage in Nord-Süd-Richtung an sonniger Stelle, im Herbst oder Frühjahr. Breite nicht mehr als 1,50 m, Länge nicht unter 4 m.
- Beet abstecken und Humusschicht abtragen, Humus seitlich lagern. Nicht tiefer als 25 cm ausgraben.
- Als unterste Schicht grobes Material, zum Beispiel Kleingeschnittenes von Gehölzen, Bäumen, Hecken u. a. (auf 30 cm geschnitten), einbringen und halbkreisförmig etwa 40 cm hoch aufschütten, festtreten und je m² Fläche 100 g Spezial-Kalkstickstoff ausstreuen.
- Die zweite, ungefähr 15 cm starke Schicht kann im Idealfall aus Rasensoden bestehen. (Mit Wurzeln nach oben legen!) Wer keine hat, kann auch eine Mischung aus Strohhäcksel, Gartenerde, Grasabfall und Torf aufgebracht werden.
- Darüber folgt eine 30 cm starke Laub-

Buschobst oder Niederstammobst paßt auch in kleine Gärten.

schicht. Trockenes Laub wird gut gewässert und ebenfalls mit 50 g/m² Spezial-Kalkstickstoff bestreut.

- Darauf folgt eine 20 cm starke Frischkompostschicht, die mit organischem Dünger, etwa 100 g/m², versehen wird. Von Mineraldünger werden 60 g/m² gestreut.
- Den Abschluß bildet eine Schicht aus guter Kompost- oder mit Horn- und Blutmehl oder Guano reichlich versetzter Gartenerde, wobei die seitlich gelagerte Humusschicht verwendet werden kann.

Obstgarten

Für Obstgehölze ist der Herbst – wegen der anhaltenden Bodenwärme – die bessere Pflanzzeit als das Frühjahr. Nur Pfirsiche,

Aprikosen, Walnüsse, Weinreben und Brombeeren machen eine Ausnahme, sie sind am besten im Frühjahr zu setzen.

Obstbäume, die in jeden Garten passen

Wer Obstgehölze kauft, sollte vorher überlegen, daß die Pflanzung später nicht mehr korrigiert werden kann. Hierbei begangene Fehler wirken sich während der gesamten Standzeit des Obstbaumes aus. Ein Baum, der nicht gleich bei der Pflanzung einen auch im Alter angemessenen Standraum zugebilligt bekommt, wird ebenso wenig Freude bereiten wie ein Baum, dessen Baumform bei der Pflanzung zu groß gewählt wurde. Gerade die Baumgröße gibt oft bereits nach wenigen Jahren Anlaß zur Klage. Nur kleine Baumformen passen überhaupt in unsere Gärten. Hoch- und Halbstämme früherer Zeiten mit einem Platzanspruch von 60–80 m² je Baum haben keine Daseinsberechtigung.

Bei Äpfeln gibt es die meisten Baumformen. Durch eine Vielzahl von Unterlagen hat man die Auswahl zwischen Spindeln (Stammhöhe 40 cm), Büschen (Stammhöhe 60 cm) und Viertel- bzw. Meterstämmen mit einer Stammhöhe von 100 cm. Die geeigneten Unterlagen hierfür sind Typ M 9 oder 26 für Spindeln, M 7 für Büsche auf guten und M 4 für Büsche auf geringeren Böden und für Viertelstämme.

Die Spindel, häufig auch als Pillarbaum bezeichnet, scheint die geeignete Baumform für einen Hausgarten zu sein, weil sie mit einem Standraumanspruch von 3–4 m² die Möglichkeit gibt, auf begrenztem Raum möglichst viele Bäume verschiedener Sorten unterzubringen, was wiederum eine gleichmäßige Apfelversorgung aus dem eigenen Garten und eine verlustlose Verwendung der Ernte im eigenen Haushalt ermöglicht. Darüber hinaus tragen Spindeln früh und liefern gute Qualität.

Anders ist das bei Birnen, weil es schwerfällt, Spindeln zu erziehen. Nur schwach wachsende Sorten, wie zum Beispiel Williams Christ oder Alexander Lucas, auf Quitte veredelt, erlauben eine solche Erziehung. In der Regel ist daher nur der Buschbaum für Birnen empfehlenswert. Dabei bleiben die auf eine Quittenunterlage veredelten Bäume etwas kleiner als jene auf der Birnsämlingsunterlage.

Auch für Pfirsiche (auf Pfirsich-Sämlinge) und für Sauerkirschen (auf *Prunus mahaleb*) für leichte, trockene, durchlässige und auf Vogelkirsche für schwere, feuchtere Böden ist der Busch die geeignete Baumform.

Lediglich Pflaumen, Zwetschen, Mirabellen und Renekloden sollte man unabhängig von jeder Unterlage als Viertelstämme pflanzen. Erfreulicherweise gibt es jetzt auch Süßkirschen als Büsche, und damit haben alle Garfreunde Gelegenheit, frische Kirschenfrüchte mühelos im eigenen Garten zu ernten.

Aber allein schon die niedrigen Meterstämme erleichtern die Schnitt-, Pflanzenschutz- und Erntearbeiten sehr.

Bodenbearbeitung unter Bäumen

Durch die Erntearbeiten ist der Boden unter den Obstgehölzen festgetreten worden. Solcher Boden mit verdichteter Oberfläche beeinträchtigt die notwendige Durchlüftung des Bodens, die überhaupt erst die Wurzeln atmen läßt. Der Boden unter den Obstgehölzen wird daher nach der Ernte wieder gelockert, aber nur flach (mit einem Kultivator oder einer Ziehhacke), damit keine Wurzeln beschädigt oder gar abgestochen werden. Der Spaten ist für diese Arbeit völlig ungeeignet.

Will man danach den Obstbäumen etwas Gutes tun, bedecke man die Wurzelscheibe mit Kompost, Laub oder Humusdünger. Besonders früh austreibende Arten und Sorten sind für eine solche Sonderbehandlung, die zugleich auch Winterschutz ist, dankbar.

Vorbeugender Pflanzenschutz ohne Spritze

Eine Schadensbekämpfung mit chemischen Mitteln scheint auch aus vielerlei Gründen für manche Gartenfreunde nicht empfehlenswert zu sein. Immerhin können wir jetzt etwas gegen die Plagegeister tun, indem wir die Erntereste, wie Blätter und Kohlstrunken, tief vergraben oder in den Mülleimer werfen. Das ist eine bewährte vorbeugende Maßnahme, wenn sie einen Schädlingsbefall im nächsten Jahr auch nicht völlig verhindern kann.

In den Kronen von Kernobst und Pflaumen ist nach »Fruchtmumien« zu fahnden. Sie sind abzunehmen und in den Mülleimer zu verbannen. Eine Kompostierung würde ebenso wie wie beim Obstlaub einer Konservierung gleichkommen, denn Fruchtmumien sind eine »geballte Ladung« von Monilia-Sporen. Außerdem werden beim Sammeln der Fruchtmumien auch Raupennester aus den Kronen entfernt und ebenso verbrannt. Sieht man dabei auch die spiraligen Eigelege des Ringelspinners, meist an bleistiftstarken Zweigen, sollte man sie zerdrücken, denn mit den Winterspritzmitteln sind sie kaum zu vernichten.

Fütterung der Vögel im Garten

Es fällt gewiß schwer, aber wir kommen nicht drumherum: Die Winterfütterung ist nur dann zu vertreten, wenn man das Verhalten freilebender Vögel aus der Nähe betrachten möchte. Das ist besonders für Kinder sehr lehrreich, bietet aber auch älteren Menschen Freude und Entspannung.

Wichtig ist, erst dann mit dem Füttern zu beginnen, wenn den Tieren andere Nahrungsquellen nicht mehr zur Verfügung stehen, also bei dichter Schneedecke und anhaltendem Frost. Vogelfreunde richten auch mehrere Futterplätze ein, einmal wegen der Katzen und um den Konkurrenzkampf zwischen den einzelnen Arten möglichst gering zu halten. Futtersilos garantieren Sauberkeit und Ausschluß von Infektionen. Auf jeden Fall sollen Futterstellen durch ein Dach vor Regen geschützt sein.

Es gibt Naturfreunde, die eine Winterfütterung der Vögel strikt ablehnen und auf den natürlichen Ausleseprozeß verweisen. Sie vergessen dabei, daß die Umwelt weitgehend verändert, ja zerstört ist. Die hier überwinternden Vögel finden kaum noch Futter auf natürliche Weise. Aus diesen Gründen ist eine Winterfütterung zu bejahen. Wichtig: Das einmal versorgte Futterhäuschen bei niedrigen Temperaturen regelmäßig füllen. Übrigens: Neben den käuflichen Meisenringen und Knödeln werden von den Meisen auch Haferflocken, Rindertalg und Kokosfett angenommen.

Geräte, Werkzeuge, Zubehör

Messer, Gartenscheren, Sägen, Heckenscheren

Im Garten von heute wächst nichts mehr, das nicht regelmäßig geschnitten werden muß. Das beginnt beim Rasen über Hecken, Obst- und Ziergehölzen bis hin zu Rosen und vielen Blumen. Und für alle und alles gibt es Messer, Scheren und Sägen.

Jeder braucht zur Erstausrüstung erst einmal ein zünftiges Gartenmesser, mit dem man Blumen schneiden und im Obstgarten Wunden glattschneiden und auch Veredlungen durchführen kann. Dazu gehören dann auch eine oder mehrere Gartenscheren, am besten eine mit möglichst starker Hebelwirkung, mit denen sich Zweige bis zu 15 mm Durchmesser abschneiden lassen.

Die alte »Rosenschere«, mit der man sich so oft Blasen an den Fingern geholt hat, wurde von formschönen und funktionstüchtigen Allzweckscheren überholt, mit denen das Schneiden wirklich Spaß macht. Diese Super-Scheren schneiden Äste bis zu 35 mm Stärke, besitzen kunststoffummantelte, handgerecht geformte Griffe, auswechselbare Messer und eine bequem zu handhabende Verriegelung an der Griffachse. »Preiswerte« Scheren dagegen beanspruchen oft nicht die Muskeln, sondern die Haut. Übrigens gibt es auf Wunsch auch Scheren für Linkshänder. Mit einer sogenannten Raupenschere wird sogar eine Leiter überflüssig. Sie schneidet Zweige bis zu 3 cm Durchmesser, die in eine Höhe bis zu 5 m wachsen. Die Schere ist an einem langen Stiel angebracht und wird mit einem 4 m langen Nylonseil bewegt.

Passionierte Obstgärtner halten auch noch eine Astschere parat, ein Scherentyp mit langen Handgriffen und einer erstaunlichen Schnittleistung (schneidet Äste und Zweige bis 4,5 cm Stärke). Bis zu 85 cm lange Hebel geben diesen Scheren Kraft und setzen sie zudem in die Lage, hochsitzende Zweige abzuschneiden.

Gartenbäume und Ziersträucher müssen gelegentlich mit einer Schere kräftig zur Ordnung gerufen werden, damit sie sich nicht ungebührlich ausbreiten, während bei Obstgehölzen ein regelmäßiger Schnitt selbstverständlich ist. Diese Arbeit verrichten Baum- und Gärtnersägen, Bügel- oder Stielsägen.

Neben »normalen« Heckenscheren gibt es solche mit Motorantrieb und Elektro-Heckenscheren. Die Akku-betriebenen Motoren arbeiten ruhig und leise.

Balkon- und Kübelpflanzen

Liebhaber frühlingsblühender Blumenzwiebeln pflanzen Hyazinthen, Tulpen, Narzissen und Krokusse mit bestem Erfolg in Balkonkästen und andere Pflanzgefäße. Hier können auch *Anemone blanda*, Schneeglanz *(Chionodoxa)*, Winterlinge *(Eranthis)*, Zwiebel-Iris-Arten *(Iris danfordiae* und *I. reticulata)* und Blaustern *(Scilla)* wachsen und blühen.

Als Erde nimmt man für diese Gefäße entweder Gartenerde mit Sand und Torf oder abgepackte Blumenerde. Zu empfehlen sind Pflanzgefäße mit Abzugslöchern und einer 3 cm hohen Dränageschicht aus Kies oder Topfscherben. Die Zwiebeln kommen genauso tief in die Erde wie im Garten. Nur dichter werden sie gelegt, um den Platz gut auszunutzen. Die Überwinterung draußen im Freien kann nach zwei Methoden stattfinden. Erste Möglichkeit: Die Kästen oder Schalen in einer Ecke auf dem Balkon, der Terrasse oder in der Garage dunkel und kühl (bei 5–10° C, nie wärmer!) aufstellen, handhoch mit feuchtem Rindenmulch abdecken und bei Frost mit Säcken, dicken Plastikfolien (Torfsäcken) zudecken.

Eine weitere Möglichkeit: Holzkiste zimmern, diese innen mit Styroporplatten frostsicher isolieren, auf den Boden 5 cm hoch Rindenmulch ausbringen, Gefäße hineinstellen, mit 10 cm hoher Torfschicht abdecken und Deckel drauf. In geheizten Kellern ist eine Aufstellung der Gefäße nicht möglich. Aufpassen, daß die Erde nicht austrocknet. Etwa Ende Februar bis Anfang März sind dann die ersten Triebspitzen zu sehen. Dann holen wir die Pflanzgefäße aus ihrem Einschlag.

Dezember

Ziergarten 182

Gemüsegarten 185

Obstgarten 186

Dezember

Ziergarten

In diesen kalten Tagen zieht der Gartenfreund es vor, ein Papiergärtner zu sein und sich in der warmen Stube mit Katalogen, Gartenbüchern und Gartenplänen zu beschäftigen. Aber auch der winterliche Garten hat seine Reize. Im Immergrün der Tannen und Fichten, der Eiben und Wacholder glitzert der Rauhreif, und schon machen sich die der Kälte trotzenden Winterblüher wie die Winterheide *(Erica carnea),* die Zaubernuß *(Hamamelis)* und die Christrosen *(Helleborus)* daran, das winterliche Schweigen des Gartens reizvoll und farbenfroh zu unterbrechen.

Für den aufmerksamen Gartenfreund jedoch ist der Dezember nicht nur ein Monat des süßen Nichtstuns. An freundlichen, sonnigen Wintertagen unterzieht er seinen Garten einer kritischen und gründlichen Prüfung, der sich dann meist ein notwendiges Großreinemachen anschließt.

Winterschutz für Stauden und Wasserpflanzen

Um jedem unnötigen Risiko aus dem Weg zu gehen, erhalten, wenn noch nicht geschehen, die Stauden, Rosen, Rhododendron und die frisch gepflanzten Zwiebelblumen eine wärmende, vor Frostschäden schützende Decke aus lose übereinandergelegten Tannenzweigen. Laub dagegen darf nur als Decke für die Wurzel-Umgebung von immergrünen Gehölzen verwendet werden. Alle anderen Pflanzen schätzen die ihnen immer allzu dichte Laubdecke nicht, da sie die Gefahr eines Erstickungstodes heraufbeschwören kann.

Wasserbecken und Gartenteiche vor dem Winter

Wasserbecken mit senkrechten Wänden müssen im Winter entleert werden, weil der Eisdruck auf die Wandungen einwirkt und sie auseinander sprengt, weil gefrorenes Wasser sein Volumen um etwa 10% vergrößert.

In Kunststoff-Becken bleibt den ganzen Winter hindurch das Wasser drin.

Aber auch die Erde drückt gegen die Wandungen. Dies betrifft vor allem Becken aus Beton und gemauerte Steinbecken. Hier wird das Wasser abgelassen und auch dafür gesorgt, daß die Abläufe frei sind. Sind keine vorhanden, wie beispielsweise bei kleinen Betonringen, decken wir diese zu, damit sie weitgehend trocken bleiben.

Becken und Teiche aus glasfaserverstärktem Polyester, aus Polystyrol oder Acryl bleiben auch bei Frost mit Wasser gefüllt. Diese Materialien sind frostbeständig. Bei einer Entleerung besteht hier sogar die Gefahr, daß das ganze Becken durch den Frost hochgedrückt wird. Und das ist um so ärgerlicher, wenn Anschlüsse für die Pumpe zum Betrieb eines Wasserspieles und Kabeldurchführungen dabei abgerissen werden.

Dasselbe gilt für Folienteiche. Wassergräser, Binsen und andere Gewächse, vor allem Unterwasserpflanzen, bleiben drin, weil durch sie ein Luftaustausch, auch durch das Eis hindurch, stattfindet.

Der Luftaustausch kann auch durch ein Loch erfolgen, das eisfrei gehalten wird. Wir schlagen es aber nicht hinein, sondern legen Styroporplatten in das Wasser oder setzen einen Holzkasten, weil die Fische darunter leiden würden, mit Styroporplatten gefüllt, in das Wasser. Auch mit warmem Wasser läßt sich nachträglich ein Loch hineintauen.

Gut beraten ist, wer nach dem Zufrieren des Teiches durch die Öffnung so viel Wasser entnimmt, daß eine 5 cm starke Luftschicht zwischen Wasser und Eisdecke entsteht, die tiefes Zufrieren verhindert. Das Loch wird mit einigen Styroporplatten abgedichtet. Stroh ist nicht so günstig, weil es verwesende Teile ergibt. Bei Teichen um 80 cm Tiefe ist das Durchfrieren ohnehin kaum möglich. Das ist dann bedeutungsvoll, wenn Fische im Teich verbleiben, die im Winter einen stark reduzierten Stoffwechsel haben.

Man kann sich aber auch mit einem Teichheizer, einem Gerät wie ein Tauchsieder, behelfen, der wenig Strom verbraucht und für eine eisfreie Fläche in der zugefrorenen Eisdecke sorgt. Dadurch ist auf jeden Fall die Sauerstoffzufuhr für die Fische gewährleistet, auch bei geringeren Wassertiefen. Auch das Betreiben einer kleinen Sauerstoff- oder Durchlüftungspumpe ist möglich. Es kann dann an dieser Stelle, durch das ständige Sprudeln, das Becken nicht zufrieren.

Wichtig ist, den Gartenteich von hineingewehtem Laub, absterbenden Pflanzenresten und Schlammabsonderungen zu säubern, damit die Bildung von Gasen verhindert wird.

Wasser für Gehölze

Dem leider häufig beobachteten Erfrieren immergrüner Laub- und Nadelgehölze läßt sich auf eine verblüffende Weise vorbeugen: Durch reines Wasser. Die Erklärung dafür ist einfach: Alle Sträucher und Bäume mit einem immergrünen Blätterkleid verdunsten auch im Winter Wasser und brauchen deshalb in der kalten Jahreszeit regelmäßige Gießgaben, um nicht zu vertrocknen. Gegossen wird natürlich nicht mehr, wenn die Erde hart gefroren und damit für das Wasser undurchdringlich ist.

Soweit die Rosen noch nicht winterfest gemacht wurden (siehe November-Ziergarten) wird es für diese Arbeit höchste Zeit.

Frühlingsblühen mit Barbarazweigen

Viel Licht ist bei diesem »Antreiben« (schreckliches Wort!) von Blütenzweigen nötig. Die Zweige werden in einen Eimer gestellt, am besten in die Nähe der Heizkörper.

Die mit Blütenknospen besetzten Zweige frühjahrsblühender Gehölze tragen den Namen Barbarazweige, weil der 4. Dezember als frühester Termin gilt, an dem sie geschnitten werden dürfen. Nimmt man sie früher ab, dann gelingt es meist nur mühsam oder überhaupt nicht, sie aus der eben begonnenen Winterruhe zu wecken. Sie müssen erst einmal die Kraft des Winters verspürt haben, ehe sie zu neuem Blühen bereit sind.

Barbarazweige heißen sie also nicht, weil sie an diesem Tag oder bis zu diesem Tag, sondern weil sie von diesem Tag an bis in das Frühjahr hinein geschnitten werden können.

Zum Treiben geeignet sind deshalb auch nur die Zweige von solchen Gehölzen, die im Frühjahr blühen, also bis zum Triebabschluß im Herbst alle Blütenknospen voll entwickelt haben. Es ist allerdings nicht immer ganz einfach, den Knospen anzusehen, ob sie nun Blüten oder Blätter hervorbringen werden. Als Faustregel kann man sich merken, daß Blütenknospen meist etwas dicker und weniger spitz sind als Blattknospen.

Von den Obstbäumen nimmt man Blütenzweige besonders vorsichtig ab: Jeder Blüte könnte ein Apfel oder Pfirsich, eine Birne oder Kirsche werden. Bei Kirschen ist es ein bißchen schwierig zu erkennen, ob die Zweige wirklich blühen werden. Hat aber ein Baum, von dem geschnitten wird, im Vorjahr reichlich geblüht, ist meistens mit Erfolg zu rechnen. Das gilt ebenso für Zierkirschen, Zieräpfel und Zierquitten. Gern werden auch die Zweige von Mandelbaum, Schlehe und Magnolie genommen. Forsythien blühen willig, genauso wie Weidenkätzchen und Haselnußzweige. Ihre Haltbarkeit wird verlängert, wenn man die Zweige häufig mit Wasser besprüht, damit ihre Rinde nicht austrocknet.

Auch im Winter hat der Garten allerhand zu bieten. Hier zeigt sich eine Korkenzieher-Hasel (*Corylus avellana* 'Contorta') mit bizarr gedrehten Zweigen und hübschen Kätzchen von ihrer schönsten, der blattlosen Seite.

Gehölze an der Gartengrenze

Nachdem es jetzt kaum noch eilige, termingebundene Gartenarbeiten zu erledigen gibt, finden wir sicherlich Zeit, um einmal die Gehölzpflanzungen entlang der Nachbargrenzen zu überprüfen.

Äste und Triebe, die auf das Nachbargrundstück überhängen, werden dabei gleich so reichlich zurückgenommen, daß sie möglichst auch nach dem nächsten Frühjahrsschub auf dem eigenen Grundstück verbleiben. Am besten, man bespricht dies einmal mit dem Nachbarn. Er wird sich freuen, darüber zu reden. Vielleicht hat er auch gar nichts gegen den Überhang, so daß wir uns den Rückschnitt ersparen können. Auch Äste, die auf die Straße hinausragen, gehören mindestens bis auf eine Stammhöhe zurückgeschnitten bzw. am Stamm ganz entfernt, die es auch einem beladenen LkW ermöglichen, ohne weiteres vorbeizufahren.

Man berücksichtige dabei auch den winterlichen Schneedruck, unter dem zu lange, auf den Bürgersteig oder auf die Straße hinausragende Äste besonders gefährdet sind. Solche Situationen gibt es recht häufig, nachdem bei der Pflanzung immer wieder übersehen wird, wie groß manche Gehölze werden.

Im Keller werden Dahlien-, Gladiolen- und andere Blumenknollen von Erdresten und vergilbten Blättern gesäubert und in Plastiktüten (mit Löchern) gelegt, die dann aufgehängt werden.

Wassergefäße entleeren

Alle Wassergefäße, wie Becken, Tonnen oder Schalen, müssen wir unbedingt entleeren, mit Laub füllen oder umstülpen, damit der Frost ihnen nichts anhaben kann. Soweit noch nicht geschehen, müssen jetzt auch alle Wasserleitungen, die ins Freie führen, entleert werden. Andernfalls kommt es bei tieferen Temperaturen zu Schäden. Das gleiche gilt für das Gieß-wasserbecken, das nach dem Entleeren mit Brettern gegen Regen und Schnee abgedeckt wird. Man kann das Wasserbecken aber auch gefüllt lassen und nach den ersten Frösten ein paar recht kräftige Rundhölzer ins Wasser stellen. Wenn sich bei weiterem Gefrieren das Eis dehnt, fängt das weichere Holz den Druck ab, während die härteren Betonwandungen des Beckens unbeschädigt bleiben. Auf diese Weise hat man bereits im zeitigen Frühjahr für besondere Zwecke Gießwasser im Garten, ohne die Wasserleitungen anzapfen zu müssen.

Auch die Gießkannen und Schläuche sind zu überwintern, wie natürlich auch Regner und Pflanzenschutzspritzen, deren Ventile und Düsen eingefettet und eingeölt die Winterquartiere beziehen.

Gemüsegarten

Rosenkohl ernten

Bis auf die noch mit Rosenkohl, Grünkohl, Winterspinat, Feldsalat und Porree besetzten

Flächen werden die Gemüsebeete umgegraben. Wer es im November noch nicht getan hat, der lege auf die Spinat- und Feldsalat-Reihen Fichtenreisig, um sich die Ernte nach Frösten zu erleichtern. Das gilt auch für überwinterten Winterkopfsalat und Frühlingszwiebeln. Grün- und Rosenkohl schützen wir vor Hasenfraß durch Auflegen von Maschendraht. Apropos Rosenkohl: Die kleinen Röschen werden von oben nach unten geerntet. Wir nehmen zuerst die großen Rosen ab, weil die kleinen immer noch nachwachsen. Und bitte die Blätter nicht entfernen, sie schützen die Röschen vor Wind und allzu starken Frösten.

Soll der Rosenkohl noch draußen bleiben, werden die Pflanzen jetzt ausgegraben und an einer geschützten Stelle, vielleicht nahe der Hauswand, eingeschlagen. Die überhängenden Blätter dürfen dabei natürlich nicht entfernt werden, da sie ja den Röschen Schutz bieten. Eine andere Möglichkeit: Wir ernten jetzt die Röschen ab und frieren sie ein. Da hat man sie am schnellsten zur Hand.

Grünkohl schmeckt erst, wenn er so richtig Frost bekommen hat, und kann deshalb den ganzen Winter über unbeschadet im Freien verbleiben.

Rosenkohl, der Frost vertragen kann, wird von oben nach unten geerntet.

Schwarzwurzeln in eine Kiste legen, mit Torf bedecken, im Keller überwintern.

Dezember

Säuberungsarbeiten

Tomatenpfähle, Bohnenstangen, Erbsenreisig und die Drähte und Stäbe, an denen rankende Gemüse (und Einjahrsblumen) Stütze und Halt fanden, werden gründlich gesäubert und an einen wettergeschützten Platz gebracht. Wer diese unentbehrlichen Helfer der Pflanzen außerdem noch mit Desinfektionsmittel reinigt, das allen anhaftenden Krankheitserregern den Garaus macht, ist besonders gut beraten: Weil alle Pfähle aus Holz nach einer bestimmten Zeit sonst zu faulen beginnen.

Obstgarten

Eine kritische Beobachtung der Obstgehölze kann lebensnotwendig sein. Jetzt muß man nämlich die Obstschädlinge in ihren Winterverstecken aufstöbern. Und wer da glaubt, daß der Frost all den Raupen, Maden, Larven und Puppen ein Ende macht, irrt sich gewaltig. Gerade eine gleichmäßige strenge Kälte ist diesen ungebetenen Gästen aus dem Tierreich viel lieber als warme, sonnige Tage, die ihnen die winterliche Ruhezeit nur unliebsam unterbrechen. Von milden Temperaturen verführt, wagen sie sich dann aus ihren Verstecken und gehen an Nahrungsmangel oder Spätfrösten zugrunde. Doch darauf können wir uns nicht verlassen, sondern müssen uns schon bemühen, die Schädlinge ausfindig zu machen. So gehört zur winterlichen Arbeit im Obstgarten das Beseitigen von Baumruinen, das Auslichten der Baumkronen, die Reinigung der Stämme und Äste, das Abschneiden aufgefundener Raupennester, das Entfernen sogenannter Fruchtmumien, das sind eingetrocknete oder geschrumpfte Früchte von Steinobst, die oft voller Monilia-Sporen sind. Das ist eine Menge Arbeit.

Die Leimringe müssen noch »fangfähig« sein, damit die Frostspannerweibchen am Leim kleben bleiben. Bei nachlassender Klebkraft die Leimschicht aufkratzen und angeweichte Blätter entfernen.

Pflanzenschutz durch Rindenpflege

Durch regelmäßige Rindenpflege, die auch im Januar durchgeführt werden kann, stöbert man auf einfache und wirkungsvolle Weise die Schädlinge in ihren Winterverstecken auf. Wenn man sich schon im Dezember dazu entschließt, muß man diese Arbeit ebenso sorgfältig durchführen wie später.

An Geräten werden dazu ein Baumkratzer, eine Drahtbürste und eine ziemlich grobe Bürste mit harten Fasern benötigt. Je jünger der Baum ist, desto weicher muß das Material sein, mit dem die Rinde von der noch anhaftenden abgestorbenen Borke befreit wird. Könnte sie nicht auch ebensogut an der lebendigen Rinde bleiben und vielleicht sogar als Schutz dienen? Das wäre möglich, wenn die abgestorbene Borke nicht Tummelplatz und Unterschlupf vieler Schädlinge und Krankheitserreger wäre. Außerdem könnten bei der

Einfacher Maschendraht schützt die Obstbäume vor dem Appetit von Hasen und Rehen.

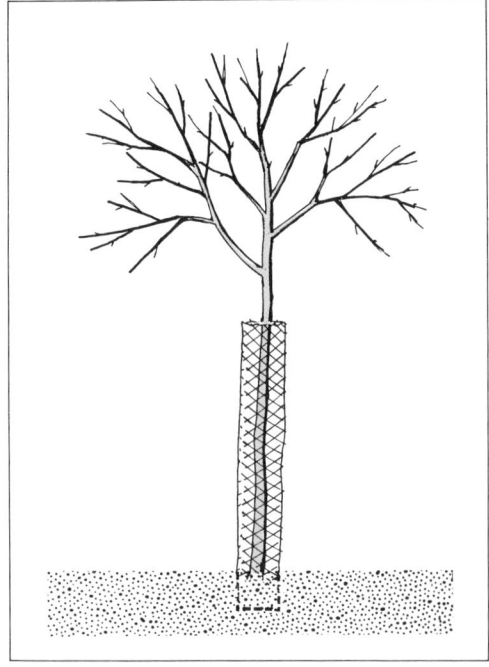

Austriebsspritzung die in den Mitteln enthaltenen rindenpflegenden Stoffe nicht auf die Rinde einwirken, wenn die abgestorbene Borke am Stamm bleibt.

Aus diesen Gründen ist die Rindenpflege auf jeden Fall zu empfehlen. Der Baumkratzer darf aber nur für Stamm und untere Teile der Kronenäste von älteren Obstbäumen verwendet werden. Auch die Drahtbürste ist mit aller möglichen Vorsicht zu handhaben – sonst gibt es Verletzungen der Rinde, und die Rindenpflege wird in ihr Gegenteil verkehrt.

Bei den im kleinen Garten heute üblichen niedrigen Baumformen wird daher meist eine harte Borstenbürste genügen. Unbedingt notwendig ist es allerdings, den von der Rinde abgelösten Abfall aufzusammeln und im Mülleimer verschwinden zu lassen.

Frostschäden vermeiden

So unglaublich es klingt: Im Winter richtet die Sonne manchmal großen Schaden an. Vor allem im Januar und Februar erzeugen die Sonnenstrahlen auf der Südseite der Stämme Temperaturen, die 10–20° C höher liegen als auf der Nordseite. Dadurch beginnt das Rindengewebe auf dieser Seite seine Tätigkeit früher, der Wassergehalt erhöht sich, und es besteht eine ständige Gefahr, daß Nachtfröste diese Rindenpartien zerstören können. Erst im Sommer sehen wir dann die Bescherung. Die tote Rinde löst sich von den beschädigten Stellen; man spricht dann von Frostplatten.

Frostrisse entstehen auf die gleiche Weise. Wenn die eine Seite des Baumes stark erwärmt wird, die andere dagegen kalt bleibt, entsteht im Holz eine Spannung, die zum Zerreißen des ganzen Stammes führen kann. Man sollte diese Risse keineswegs leicht nehmen, denn sie sind oft und gern benutzte Eingangspforten für die Erreger von Krebserkrankungen und Holzfäulnis. Was ist zu tun? Da Frostplatten und Frostrisse vornehmlich auf den jungen Stämmchen glattrindiger Bäume entstehen, müssen Laubgehölze in den ersten Jahren nach der Pflanzung, sorgsam umhüllt, also vor allzu

wärmenden Sonnenstrahlen geschützt werden. Das kann mit Schilfrohr oder durch Holzstäbe geschehen, die man jalousienartig mit Draht zusammenbindet. Bequemer ist das Anstreichen der Stämme mit 'Bio-Baumanstrich', der noch sicherer vor Sonnenbrand schützt.

Ein wachsames Auge sollte man im Winter stets auf die Erdbeerbeete haben. Nicht selten hebt der Frost die Büsche aus der Erde, so daß die Wurzeln freiliegen und bald erfrieren. Hier hilft Kompost oder Rindenmulch. Wir streuen ihn zwischen die Reihen und schützen somit die Erdbeerwurzeln vor dem Erfrieren.

Wurzeln vor Frost schützen

Die Obstbäume und Ziergehölze ruhen auch im Winter nicht. Zwar sind die Blätter abgefallen, kein Zweig macht Anstalten, sich zu regen, aber in der Erde arbeiten die Wurzeln weiter und halten Baum und Strauch am Leben. Und deshalb ist es eine wichtige Aufgabe für jeden Gartenfreund, das Wurzelwerk vor Frostschäden zu schützen. Gewiß, die Winter sind schon lange nicht mehr so kalt wie früher, aber das ist für die Pflanzen nur ein schwacher Trost. Denn oft hört man – selbst aus klimatisch günstigen Gebieten – von erfrorenen Gehölzen und Stauden. Zum Schutz gegen Bodenfröste werden die gefährdeten Sträucher mit Laub und Erde angehäufelt, und rund um die Bäume wird eine dicke Schutzschicht aus den gleichen Stoffen ausgearbeitet. Das Laub oder die Komposterde werden dann im Frühjahr mit untergegraben. Auf diese Weise erhalten die Bäume gleich eine zusätzliche Humusdüngung zum Frühlingsanfang. Wer keinen Kompost hat, kann einen Humusdünger oder Rindenhumus verwenden.

Eigentlich erfrieren Obstgehölze, wie Ziersträucher und Nadelgehölze, nur ganz selten. Viel mehr gehen sie an der winterlichen Trockenheit zugrunde. Das gilt vor allem für die immergrünen Gehölze, deren oberirdische Teile auch im Winter in voller Tätigkeit sind. Wenn ott der Wind weht und dazu noch die Sonne scheint, reicht die Feuchtigkeit für die Versorgung der Blätter und Nadeln oft nicht aus – die Pflanze vertrocknet.

Dezember

Alte Bäume auslichten

An alten Bäumen gibt es allerhand auszulichten. Eine wichtige Arbeit, denn damit betreiben wir gleichzeitig vorbeugenden Pflanzenschutz. Lichte Baumkronen können nämlich nach sommerlichen Regenfällen rasch abtrocknen, das heißt, daß Pilzkrankheiten – allen voran der Schorf – bei weitem keine so günstigen Lebensbedingungen finden wie in zu dichten Kronen. Nach der Arbeit werden Wunden, die größer als ein 5-Mark-Stück sind, mit Lac Balsam oder einem ähnlichen Wundverschlußmittel verstrichen (siehe auch Januar-Obstgarten). Dadurch wird die Überwallung der Wundränder gefördert, und pilzliche Erreger können nicht in das Holz eindringen.

Was noch zu beachten ist

Wo den Winter über mit Kaninchen- oder Hasenfraß zu rechnen ist, muß für einen dichten Zaun gesorgt bzw. die Baumstämme mit Hasendrahtgeflecht umgeben werden. Abgeschnittene Äste und Triebe bleiben in diesem Fall bis zum Frühjahr hin unter den Kronen liegen, damit sich die Hasen erst an diesen zu schaffen machen können.

Das eingelagerte Spätobst ist laufend nachzusehen und faulende Früchte herauszunehmen. Damit sich das Obst möglichst lange hält, wird bei frostfreiem Wetter reichlich gelüftet.

Wie bereits im Kapitel Gemüsegarten erwähnt, sollten auch die obstbaulichen Geräte durchgesehen und sauber gemacht werden. Vor allem gehören in einer ruhigen Stunde einmal die Sprossen der Leiter überprüft. Das Spritzgerät muß in einen frostfreien Raum gebracht werden, und das gleiche gilt für die Pflanzenschutzmittel. Sorgen Sie dafür, daß diese gut verschlossen aufbewahrt werden, damit vor allem keine Kinder herankönnen.

Da immer mit Stürmen oder doch starker Windbewegung zu rechnen ist, kontrollieren wir die Baumbänder an den neu gepflanzten Obstbäumen und Beerensträuchern. Wer keine Baumbänder besitzt, sollte sich Bänder aus Plastik anschaffen, die unverwüstlich und noch dazu leicht verstellbar sind.

Laub- und Nadelgehölze bieten im Raureif einen reizvollen Anblick.

Register

Register

Erfolgstips für Hobbygärtner

Martin Stangl
Gartenarbeit rund ums Jahr
Anschauliche und leicht nachvoll-
ziehbare Beschreibungen aller
notwendigen Arbeiten im Zier-,
Gemüse- und Obstgarten – vom
Pflanzen und Pflegen bis zu Ernte
und Lagerung von Obst und
Gemüse; Arbeitskalender.

David Stevens
Der wohnliche Garten
Wege, Zäune, Terrassen, Rank-
gerüste, Wasserbecken und vieles
mehr
Gartenprojekte mit einfachen
Mitteln preisgünstig und wirkungsvoll selbst herstellen – mit Schritt-
für-Schritt-Anleitungen.

Kurt Henseler
**Der Pflanzendoktor
für den Hausgarten**
Krankheiten und Schädlinge
erkennen. Obst, Gemüse und
Zierpflanzen richtig behandeln
Pflanzenschutzmaßnahmen,
Pflanzenschutzgesetz, Schnell-
diagnose durch Tabellen mit vielen
Fotos; Behandlungsmethoden.

**Martin Stangl's großer
Garten-Ratgeber**
Planung, Anlage, Geräte, Blumen,
Gehölze, Obst, Gemüse, Düngung,
Pflanzenschutz. Mit Arbeits-
kalender
Alle Themen rund um den Garten
– praxisgerecht aufbereitet und
leicht verständlich beschrieben:
Planung, Anlage, Geräte, Blumen,
Gehölze, Gemüse, Düngung,
Pflanzenschutz und vieles mehr.

Reinhold Kaub
Der »liebe« Nachbar
Rechtsfälle rund um Garten und
Grundstück
Rechtsberater, der zeigt, welche
Konflikte zwischen benachbarten
Gartenbesitzern auftreten können
und der die aktuelle Rechtslage
schildert.

Martin Stangl
**Tips und Tricks für
Hobbygärtner**
Das Geheimnis des gärtnerischen
Erfolgs: Tips, Tricks und Kniffe für
die Praxis – besonders anschaulich
und leicht nachvollziehbar
dargestellt; Arbeiten im Gemüse-,
Obst- und Ziergarten; Geräte,
Technik, Zubehör.